Die Autoren

Esther und Jerry Hicks stammen aus San Antonio, Texas, und haben die Lehren von *Abraham* seit 1989 weltweit in über 50 Metropolen vorgestellt. *Abraham* ist eine Gruppe außerkörperlicher Wesen, die ihre Botschaften durch Esther vermitteln und den Menschen bei der Weiterentwicklung ihres kosmischen Bewusstseins helfen wollen. Esther und Jerry Hicks widmen ihre Arbeit dem Ziel, es Menschen zu ermöglichen, einen Neuanfang für ein besseres, sinnvolleres und glücklicheres Leben zu machen. Dafür veranstalten sie in ihrem Heimatland USA landesweit äußerst erfolgreiche Workshops. Mit »The Law Of Attraction« landeten sie 2008 weltweit einen Bestseller, der sich auch in Deutschland bisher 150.000 mal verkaufte.

Esther & Jerry Hicks

The Law Of Attraction –
Geld

Reich mit dem Gesetz der Anziehung

Aus dem Amerikanischen übersetzt
von
Michael Nagula

Ullstein

Besuchen Sie uns im Internet:
www.ullstein-taschenbuch.de

Allegria im Ullstein Taschenbuch
Herausgegeben von Michael Görden

Die Originalausgabe erschien 2008 unter dem Titel MONEY AND
THE LAW OF ATTRACTION
im Verlag Hay House, Inc., Carlsbad, CA, USA

Mix
Produktgruppe aus vorbildlich
bewirtschafteten Wäldern und anderen
kontrollierten Herkünften
www.fsc.org   Zert.-Nr. SGS-COC-001940
©1996 Forest Stewardship Council

Dieses Taschenbuch wurde auf FSC-zertifiziertem Papier gedruckt.
FSC (Forest Stewardship Council) ist eine nichtstaatliche, gemeinnützige
Organisation, die sich für eine ökologische und sozialverantwortliche
Nutzung der Wälder unserer Erde einsetzt.

Ullstein Taschenbuch ist ein Verlag der Ullstein Buchverlage GmbH
Neuausgabe im Ullstein Taschenbuch
1. Auflage Dezember 2010
© der deutschen Ausgabe 2009 by Ullstein Buchverlage GmbH, Berlin
© der Originalausgabe 2008 by Esther & Jerry Hicks
Übersetzung: Michael Nagula
Lektorat: Marita Böhm
Umschlaggestaltung: FranklDesign, München
Titelabbildung: www.vietmeier.com
Gesetzt aus der Palatino und Nimbus
Satz: Keller & Keller GbR
Papier: Pamo Super von Arctic Paper Mochenwangen GmbH
Druck und Bindearbeiten: GGP Media GmbH, Pößneck
Printed in Germany
ISBN 978-3-548-74513-8

*Wir hatten die Ehre und das Vergnügen, einigen der
einflussreichsten Menschen unserer Zeit zu begegnen,
und wir haben niemanden kennengelernt,
der eine größere Quelle ständiger Freude gewesen wäre
als Louise »Lulu« Hay, die Gründerin
des Verlags Hay House – denn unter der Führung
von Lulus Vision ist Hay House durch seine Bücher,
CDs und Veranstaltungen mittlerweile zum
weltgrößten Anbieter für spirituellen Beistand
und Selbsthilfe geworden.*

*Deshalb widmen wir dieses Buch von Herzen
und mit tiefer Wertschätzung Louise Hay –
und allen, die sich von ihrer Vision angezogen fühlen.*

Inhalt

Teil 4:
Sichtweisen auf Gesundheit, Gewicht und Geist 187

Teil 5:
Karrieren – einträgliche Quellen der Freude 221

Vorwort

von Jerry Hicks

Was, glauben Sie, hat Sie an diesem Buch angezogen? Warum lesen Sie diese Worte Ihrer Meinung nach? Welcher Bestandteil des Titels hat Ihre Aufmerksamkeit geweckt? War es *Geld*? *Gesundheit*? *Reichtum*? Oder *dass man Anziehung lernen kann*? Oder war es vielleicht das *Gesetz der Anziehung*?

Aus welchem offensichtlichen Grund Sie auch immer auf dieses Buch aufmerksam geworden sind, die darin enthaltenen Informationen kommen zu Ihnen als Antwort auf etwas, worum Sie auf irgendeine Weise gebeten haben.

Wovon handelt dieses Buch? Es lehrt, dass das Leben sich gut anfühlen sollte und dass unser allgemeines Wohlbefinden unser natürlicher Zustand ist. Es lehrt, dass Ihr Leben immer noch besser werden kann, wie gut es auch bereits sein mag, und dass die Entscheidung und die Macht zur Verbesserung Ihres Lebens Ihrer persönlichen Kontrolle unterliegen. Und es bietet praktische Hilfsmittel, die es Ihnen – wenn Sie sich ihrer ständig bedienen – ermöglichen, noch mehr Wohlstand, Gesundheit und Glück zu erfahren, weil das Ihr natürliches Geburtsrecht ist. (Und ich weiß, wovon ich rede, weil es mir unablässig widerfährt. Während ich von einer kontrastreichen Erfahrung, die mir meinen Wunsch verdeutlicht, zu einem neuen Wunsch voranschreite und dann zur nächsten Manifestation, wird mein Leben immer besser.)

Das Leben ist schön! Heute haben wir den Neujahrstag 2008, und ich beginne mit der Arbeit an diesem Vorwort, während ich am Esszimmertisch unserer neuen »Zuflucht« im kalifornischen Del Mar sitze.

Seit Esther und ich uns 1980 das Ehegelöbnis gaben, haben wir es uns zur Gewohnheit gemacht, so oft wie irgend möglich diesen »Garten Eden« aufzusuchen. Und jetzt, nach all den Jahren als dankbare Gäste von San Diego, werden wir sogar als dankbare Teilzeitbewohner hier leben.

Warum sollten wir auch nicht dankbar sein? Da war unser Freund, der dieses Anwesen für uns fand. (Wir sagten ihm, dass wir nach einem Grundstück in der Nähe von Del Mar suchen, auf dem wir unseren dreizehn Meter langen Tourbus parken können.) Da waren Landschaftsgärtner, Ingenieure, Architekten, Zimmerleute, Elektriker, Installateure, Dachdecker und Kunstschmiede. Da waren all die talentierten, begnadeten Handwerker: Fliesenleger, Stuckateure, Maler und Spezialisten für Zäune, Tore und anderes. Da waren Bodenverleger und Experten für Frachtaufzüge, Schiebetüren, Holztüren und Buntglasfenster. Da waren Hightech-Leute für »High-End«-Anlagen, die das lutrongesteuerte Beleuchtungssystem installierten, das vielfach verkabelte Audio-Video-Computer-System, die (laut-lose) neue Trane-Klimaanlage für unterschiedliche Klimabereiche und die Saidero-Miele-Bosch-Viking-Küche samt Waschküchenbereich. Da waren jene, die unsere neuen Möbel platzierten, umplatzierten und wieder umplatzierten – während wir herauszufinden versuchten, was sich am besten anfühlte. Dann waren da noch die Arbeiterkolonnen, die Bagger und Schlepper gefahren, Gräben gezogen, Zement gemixt und Steine behauen haben, die voll ausgewachsene Bäume versetzten … Und noch die vielen Tausend Menschen, die an der Erfindung, Entwicklung und Verteilung unzähliger Produkte beteiligt waren und damit ihr Geld verdient haben … Das ist schon viel, wofür man dankbar sein kann.

Und dabei ist das nur die Spitze dessen, wofür wir dankbar sind. Da war nämlich noch die Entdeckung eines neuen Lieblingsrestaurants – samt Besitzern und Personal – nur wenige Minuten entfernt, und da waren noch diese unglaublich netten positiven Nachbarn, die uns in jeder Hinsicht unterstützten und auf eine Weise willkommen hießen, wie wir es noch nie irgendwo erlebt haben.

Und als wäre das nicht genug, sind da auch noch die atemberaubende Aussicht nach Süden in den urtümlichen Nationalpark von Torrey Pines auf der anderen Seite des Carmel Valley Creek mit dem Naturschutzgebiet für Wasservögel und der Lagune und unten die schäumende Brandung des Pazifiks, der unermüdlich Wellen auf den Strand von Torrey Pines spült. Oh ja, das Leben *ist* schön!

(Esther und ich kommen gerade von einem kurzen Spaziergang am Strand zurück, und jetzt bereiten wir uns auf den Abend vor, um letzte Hand an Abrahams neuestes Buch zu legen – *The Law of Attraction* – *Geld. Reich mit dem Gesetz der Anziehung.*)

Es ist schon mehr als vierzig Jahre her, seit ich im Zuge einer Anzahl Konzerte, die ich an Colleges überall im Land gab, auf einem Kaffeetisch im Motel einer Kleinstadt in Montana »zufällig« ein Buch liegen sah. Dieses Buch, Napoleon Hills *Denke nach und werde reich,* veränderte meine Überzeugungen über Geld so grundlegend, dass mein Einsatz dieser Prinzipien mir mehr finanziellen Erfolg bescherte, als ich jemals für möglich gehalten hätte.

Nachdenken und reich werden war etwas, was sofort mein Interesse weckte. Aber schon kurz bevor ich dieses Buch entdeckte, hatte ich beschlossen, mir eine andere Methode zuzulegen, mein Geld zu verdienen – und den Geldbetrag zu steigern, der mir zufloss. Und so stellte sich heraus, dass ich als unmittelbare Antwort auf das, worum ich »gebeten« hatte, auf Hills Buch aufmerksam geworden war.

Gleich nachdem ich in diesem Motel in Montana auf *Denke nach und werde reich* gestoßen war, begegnete ich in einem Motel in Minnesota einem Mann, der mir ein geschäftliches Angebot machte, das so sehr mit Hills Lehren übereinstimmte, dass ich mich neun freudvolle Jahre lang darauf konzentrierte, ein Geschäft aufzubauen. Im Laufe dieser Jahre entwickelte es sich zu einem mehrere Millionen Euro schweren internationalen Unternehmen. In dieser relativ kurzen Zeitspanne verbesserte sich meine finanzielle Lage von Grund auf. Früher kam ich immer gerade so über die Runden (was mir auch vollkommen genügt hatte), aber jetzt erreichte ich alle meine finanziellen Ziele.

Was ich aus Hills Buch gelernt hatte, funktionierte so großartig, dass ich dieses Werk als Leitfaden benutzte und seine Erfolgsprinzipien an meine Geschäftskollegen weitergeben wollte. Doch in der Rückschau wurde mir bewusst, dass die Lehren für mich zwar außerordentlich gut funktioniert hatten, aber nur wenige meiner Kollegen den gewaltigen finanziellen Erfolg erzielten, den ich mir für sie alle gewünscht hatte. Und so begann ich auf einer anderen Ebene nach Antworten zu suchen, die bei einer größeren Zahl von Menschen ihre Wirkung entfalten konnte.

Als Ergebnis meiner persönlichen Erfahrungen mit *Denke nach und werde reich* gelangte ich zu der Überzeugung, dass man Erfolg *lernen* kann. Wir müssen nicht in eine Familie hineingeboren werden, die schon herausgefunden hat, wie man zu Geld kommt. Wir müssen nicht gute Noten in der Schule gehabt haben, die richtigen Leute kennen, im richtigen Land leben oder die richtige Größe, Hautfarbe, Religion oder das richtige Geschlecht haben … Wir müssen nur ein paar einfache Prinzipien lernen und sie dann konsequent in die Praxis umsetzen.

Doch nicht alle lesen aus denselben Wörtern die gleiche Botschaft heraus – oder beziehen aus denselben Büchern die gleichen Resultate. Und so trat, kaum dass ich um ein größeres Verständnis zu »bitten« begonnen hatte, mehr oder weniger zufällig Richard Bachs erhellendes Buch *Illusionen* in mein Leben. Und obwohl *Illusionen* mir eines der berauschendsten »Aha!«-Erlebnisse aller Zeiten bescherte und mir einige Überlegungen nahebrachte, die meinen Geist für das Phänomen zu öffnen begannen, das ich bald erleben sollte, enthielt es keine zusätzlichen Prinzipien, die ich bewusst für mein Geschäft hätte nutzen können.

Die nächste »zufällige« Entdeckung eines für mich äußerst wertvollen Buches ereignete sich, als ich mir in einer Bibliothek in Phoenix die Zeit vertrieb. Ich »suchte« nach nichts Bestimmtem, doch weit oben in einem Regal fiel mir ein Buch auf, das *Gespräche mit Seth* hieß, von Jane Roberts und Robert F. Butts. Seth, ein »nichtkörperliches Wesen«, hatte durch Jane eine Anzahl von Büchern »diktiert«, die ich allesamt las. Und so seltsam ihre Art der Kommunikation den meisten Men-

schen damals auch erschienen sein mag (Esther fühlte sich damit
anfangs sehr unbehaglich), hatte ich doch immer dazu geneigt, den
Baum nach seinen Früchten zu beurteilen. Und so sah ich über diese
»seltsamen« Aspekte hinweg und konzentrierte mich auf das, was ich
für die positive, praktische Seite des Seth-Materials hielt, und das –
so hatte ich den Eindruck – konnte ich nutzen, um anderen dabei zu
helfen, ein besseres Leben zu führen.

Seth hatte eine andere Sicht auf das Leben als diejenige, die ich bis
dahin zum Ausdruck gebracht hatte, und besonders fasziniert war ich
von zwei seiner Aussagen: »Du kannst deine Wirklichkeit selbst erschaffen« und »Dein Ort der Macht liegt in der Gegenwart«. Obwohl
ich, so viel ich auch las, nie den Eindruck hatte, dass ich diese Prinzipien wirklich verstand, wusste ich doch irgendwie, dass sie die Antworten auf meine Fragen bereithielten. Doch Jane war nicht mehr in
körperlicher Gestalt unter uns, sodass »Seth« für eine weitere Klärung
nicht zur Verfügung stand.

Durch eine Anzahl weiterer »zufälliger« Begebenheiten begann
meine Frau Esther – auf eine Weise, die den Erfahrungen von Jane mit
Seth sehr ähnlich war – das Material zu empfangen, das inzwischen
als *Abrahams Lehren* bekannt ist. (Wenn Sie eine der Originalaufnah-
men hören möchten, auf denen Abraham ausführlich vorgestellt wird,
darf ich Ihnen eine 70-minütige Aufnahme empfehlen, *Introduction to
Abraham*, die Sie auf unserer Webseite www.abraham-hicks.com kostenlos herunterladen können; oder Sie lassen sich von unserem Büro
eine Gratis-CD zuschicken.)

Als dieses Phänomen 1985 bei Esther einsetzte, spürte ich, dass es
mir die Antworten auf meinen Wunsch geben würde, die *Gesetze
des Universums* besser zu verstehen, und auch, dass es uns gelingen
würde, bewusst mit diesen Gesetzen in Harmonie zu treten, um unsere Lebensaufgabe zu erfüllen, für die wir körperliche Gestalt angenommen haben. Und so setzte ich mich vor rund zwanzig Jahren mit
Esther und einem kleinen Kassettenrekorder hin und bombardierte
Abraham mit Hunderten von Fragen zu mehr als zwanzig verschie-

denen Themen, die sich meistens mit angewandter Spiritualität befassten. Und als dann andere von Abraham hörten und mit uns Kontakt aufnahmen, fertigten wir zwanzig Aufnahmen an und brachten sie in Form zweier Alben mit besonderen Themen heraus.

Als Ergebnis unserer vielen Bücher, Kassetten, CDs, Videos, DVDs, Gruppen-Workshops und Auftritte in Rundfunk und Fernsehen sind im Laufe von zwei Jahrzehnten Millionen Menschen auf Abrahams Lehren aufmerksam geworden. Außerdem begannen bald andere Bestsellerautoren Abrahams Lehren in ihren Büchern und bei ihren Auftritten im Radio, Fernsehen und bei Workshops einzusetzen ... Und dann, vor ungefähr zwei Jahren, trat eine australische TV-Produzentin mit der Bitte an uns heran, eine Fernsehserie über unsere Arbeit mit Abraham drehen zu dürfen. Sie begleitete uns mit ihrer Filmcrew auf einer unserer Kreuzfahrten durch Alaska, filmte die Auftritte und machte sich anschließend auf die Suche nach weiteren Schülern unserer Lehren, die sie in den (Pilot-)Film mit aufnehmen konnte, und der Rest ist – wie man so schön sagt – Geschichte.

Die Produzentin nannte ihren Film *The Secret*, und im Mittelpunkt steht die Grundaussage von Abrahams Lehren: das *Gesetz der Anziehung*. Obwohl die Dokumentation vom größten Fernsehsender Australiens (The Nine Network) nicht übernommen wurde, ging sie sofort auf DVD und wurde zu einem Buch umgearbeitet ... und inzwischen hat das Konzept vom *Gesetz der Anziehung* durch *The Secret* viele Millionen Menschen erreicht, die um ein besseres Wohlbefinden gebeten hatten.

Das vorliegende Buch beruht auf einer Transkription von fünf unserer ursprünglichen Aufnahmen, die vor mehr als zwanzig Jahren entstanden sind. Es ist das erste Mal, dass die gesprochenen Botschaften im Druck erscheinen. Sie entsprechen den Aufnahmen allerdings nicht Wort für Wort, denn Abraham ist die Originaltranskription Seite für Seite noch einmal durchgegangen und hat jeden Abschnitt bearbeitet, damit es dem Leser leichter fällt, die Zusammenhänge zu verstehen und unmittelbar für sich umzusetzen.

In der Welt des Lehrens gibt es eine Redewendung:»Sag ihnen, was du ihnen erklären willst. Dann erkläre es ihnen. Und dann erkläre ihnen, was du ihnen erklärt hast.« Deshalb werden Ihnen, wenn Sie beschließen, in diese Lehren einzutauchen, wohl viele Wiederholungen auffallen, während Sie voranschreiten, weil wir gewöhnlich durch Wiederholen am besten lernen. Sie können nicht dieselben alten Gewohnheiten und einschränkenden Gedankenmuster beibehalten und neue, uneingeschränkte Ergebnisse erhalten. Aber durch simples Üben und Wiederholen können Sie mit der Zeit bequem neue Gewohnheiten entwickeln, die Ihre Aussichten im Leben verbessern.

Auch in der Medienwelt gibt es eine Redewendung:»Die Menschen möchten lieber unterhalten als informiert werden.« Nun, solange Sie es nicht unterhaltsam finden, dass Sie lernen, das Leben auf neue Weise zu sehen, werden Sie dieses Buch wohl eher informativ als unterhaltsam finden. Statt es wie einen Roman durchzuschmökern, an dem Sie Ihren Spaß haben und den Sie dann für immer zur Seite legen, sollten Sie es vielmehr wie ein Fachbuch über die Prinzipien lesen, wie man zu Reichtum, Gesundheit und Glück gelangt – es regelrecht studieren und seine Ratschläge praktisch umsetzen.

Mein Wunsch, anderen bei der Steigerung ihres Wohlbefindens zu helfen, besonders auf dem Gebiet der finanziellen Freiheit, hat mich zu diesen Informationen geführt. Deshalb bin ich ganz besonders dankbar, dass dieses Buch über *Geld* jetzt zu den Menschen unterwegs ist, die sich die Fragen gestellt haben, die es beantworten wird.

Das vorliegende Buch, *The Law of Attraction – Geld*, ist das zweite von insgesamt vier geplanten *Law of Attraction*-Büchern. Vor zwei Jahren haben wir Ihnen *The Law of Attraction. Das kosmische Gesetz hinter »The Secret«* vorgelegt. Als Nächstes wird *Relationships and The Law of Attraction* erscheinen, und das abschließende Buch der Serie wird *Spirituality and The Law of Attraction* heißen.

Als wir dieses lebensverändernde Material für die Veröffentlichung in diesem Buch vorbereiteten, war das für Esther und mich eine wundervolle Erfahrung, denn wir wurden wieder an die grundlegenden

und einfachen Prinzipien erinnert, die Abraham uns damals am Anfang unseres gemeinsamen Austauschs so wirkungsvoll erklärte.
Von Anfang an haben Esther und ich versucht, unser Leben so zu
führen, wie es Abrahams Lehren entsprach. Und dabei haben wir
Wachstumserfahrungen gemacht, die ganz erstaunliche Ergebnisse
nach sich zogen: Auch nach zwei Jahrzehnten sind Esther und ich
immer noch ineinander verliebt. (Obwohl wir gerade mit dem Bau
unseres neuen Hauses in Kalifornien fertig geworden sind und jetzt
auf unserem Geschäftsgelände in Texas ein Haus bauen, sind wir so
gern zusammen, dass wir auch das nächste Jahr größtenteils damit
verbringen werden, in unserem dreizehn Meter langen Marathon-Bus
von Workshop zu Workshop zu reisen.) Seit zwanzig Jahren wurden
wir nicht mehr ärztlich untersucht (und leben ohne Versicherung).
Wir sind schuldenfrei, und die Einkommensteuer, die wir dieses Jahr
bezahlen, wird höher ausfallen als der gesamte Geldbetrag zusammen, den wir vor unserer Führung durch Abraham verdienten – und
obwohl uns all unser Geld und unsere gute Gesundheit nicht glücklich *machen* können, finden Esther und ich immer noch Mittel und
Wege, glücklich zu *sein*.

Und so dürfen wir Ihnen mit der allergrößten Freude versichern –
aus unserem eigenen persönlichen Erleben heraus: *Es funktioniert!*

Aus tiefstem Herzen,

Jerry

(*Anmerkung der Redaktion:* Bitte beachten Sie, dass unsere Sprache nicht
immer über die geeigneten Worte verfügt, um die nichtverbalen Ein-
drücke, die Esther empfängt, präzise umzusetzen. Deshalb erschafft
Esther manchmal neue Wortkombinationen und benutzt normale
Worte auf andere Weise – schreibt sie beispielsweise groß oder kursiv,
obwohl man das gewöhnlich nicht macht –, um neue Sichtweisen auf
die alten Sichtweisen des Lebens zum Ausdruck zu bringen.)

Teil 1

Der UMKEHRVORGANG
und das BUCH POSITIVER ASPEKTE

Deine Geschichte und das GESETZ DER ANZIEHUNG

Jeder einzelne Bestandteil deiner Lebenserfahrung wird durch das mächtige Gesetz der Anziehung *angezogen – als Reaktion auf die Gedanken, die du hast, und die Geschichte, die du über dein Leben erzählst. Dein Geld und finanzielles Vermögen, dein körperliches Wohlbefinden, deine Klarheit, Beweglichkeit, Größe und Gestalt, dein Arbeitsumfeld, wie du behandelt wirst, die Befriedigung, die deine Arbeit dir schenkt, und Belohnungen jeder Art – ja, sogar wie glücklich du in deinem Leben bist –, das alles beruht auf der Geschichte, die du erzählst.*

Wenn du es zu deiner vorherrschenden Absicht machst, den Inhalt der Geschichte, die du erzählst, an jedem Tag deines Lebens neu durchzugehen und zu verbessern, geben wir dir Brief und Siegel, dass dein Leben zu dieser sich ständig verbessernden Geschichte wird. So will es das mächtige GESETZ DER ANZIEHUNG!

Erscheint dir das Leben manchmal ungerecht?

Du wolltest mehr Erfolg und hast dich gut darauf vorbereitet, hast *alles getan, was dir die Menschen sagten, doch der Erfolg, den du such*test, hat sich nur zögerlich eingestellt. Du hast dich sehr angestrengt, all die richtigen Dinge zu lernen, besonders am Anfang ... *Aber oft hattest du den Eindruck, als würde sich einfach nichts ändern.*

Früher in deinem Leben, als du zum ersten Mal mit der Idee geliebäugelt hast, dass du Erfolg haben könntest, bereitete es dir Befriedigung, die Erwartungen der anderen, die die Regeln für den Erfolg aufgestellt hatten, zu erfüllen. Die Lehrer, Eltern und Mentoren, die dich umgaben, schienen zuversichtlich und überzeugend zu sein, als sie ihre Erfolgsregeln verkündeten:»Sei immer pünktlich, gib immer dein Bestes, vergiss nicht, hart zu arbeiten, sei stets ehrlich, strebe nach Größe, geh die Extrameile, ohne Leid kein Preis, und vor allem, gib niemals auf ...«

Doch mit der Zeit befriedigte es dich immer weniger, die Anerkennung jener zu gewinnen, die diese Regeln aufstellten, weil deren Erfolgsprinzipien – wie sehr du dich auch bemüht hast – nicht die angestrebten Ergebnisse brachten. Und noch entmutigender war es, als du einen Schritt zurücktratest, um dir das Gesamtbild anzusehen, und erkanntest, dass ihre Prinzipien auch *ihnen* meistens keinen *wahren* Erfolg brachten. Und dann wurde es noch schlimmer, als du anderen begegnetest, die diesen Regeln eindeutig *nicht* folgten und die unabhängig von der Formel, die du so gewissenhaft zu erlernen und anzuwenden versuchtest, Erfolg *hatten*.

Und so hast du dich schließlich gefragt:»Was geht hier vor? Wie können die, die so hart arbeiten, so wenig Erfolg haben, während die, die anscheinend so wenig arbeiten, so viel Erfolg haben? Meine kostspielige Ausbildung hat sich nicht im Geringsten bezahlt gemacht – trotzdem hat *dieser* Multimillionär die Schule abgebrochen. Mein Vater hat jeden Tag seines Lebens schwer geschuftet – trotzdem musste unsere Familie sich das Geld für die Beerdigung leihen ...

Warum zahlt sich meine schwere Arbeit für mich nicht so aus, wie sie es sollte? Warum werden so wenige wirklich reich, während die meisten von uns sich nur mit größter Mühe über Wasser halten? Woran fehlt es mir? Was wissen diese finanziell erfolgreichen Menschen, was ich nicht weiß?«

Reicht es nicht, sein »Bestes zu geben«?

Wenn man alles Erdenkliche macht und wahrlich sein Bestes gibt und das tut, was einem nach den Worten anderer den Erfolg bringen soll, aber er stellt sich nicht ein, dann kann man sich leicht angegriffen fühlen und schließlich sogar wütend werden auf die, die den Erfolg an den Tag legen, nach dem man sich so sehr sehnt. Manchmal stellst du sogar fest, dass du ihren Erfolg verdammst, weil es einfach so sehr wehtut, zu sehen, wie sie den Erfolg leben, der sich einem selbst ständig entzieht. Und deshalb – als Antwort auf diesen chronischen Zustand, was die finanziellen Angelegenheiten eurer Kultur betrifft – legen wir euch dieses Buch vor.

Wenn du den Punkt erreicht hast, an dem du den finanziellen Erfolg, nach dem du dich sehnst, öffentlich verdammst, kann sich dieser finanzielle Erfolg bei dir niemals einstellen – und nicht nur das, du verwirkst damit auch dein gottgegebenes Recht auf deine Gesundheit und dein Glück.

Viele ziehen daraus den falschen Schluss, dass andere in ihrem physischen Umfeld sich zu einer Art Verschwörung zusammengeschlossen haben, um sie an ihrem Erfolg zu hindern. Sie sind aus tiefstem Herzen der Überzeugung, dass sie alles Mögliche getan haben, um erfolgreich zu sein, und dass einige unfreundliche Kräfte am Werk sein müssen, die sie um etwas berauben, was ihnen zusteht, wenn der Erfolg ausbleibt. Aber wir möchten euch versichern, dass die Abwesenheit dessen, wonach ihr euch sehnt, oder die Anwesenheit von etwas, was ihr nicht in eurer Erfahrung haben möchtet, keinen solchen Hintergrund hat. Niemand hat jemals euren Erfolg verhindert oder hätte ihn verhindern können – oder für ihn gesorgt. Du allein bist für deinen Erfolg verantwortlich. Er unterliegt einzig deiner Kontrolle. Und wir schreiben dieses Buch, damit du jetzt endlich ein für alle Mal deinen Erfolg bewusst und willentlich unter Kontrolle bekommen kannst.

Was ich mir wünschen kann, kann ich auch erreichen

Es wird Zeit, dass du zur wahren Natur deines Wesens zurückfindest und bewusst den Erfolg lebst, den zu erlangen deine Lebenserfahrung dir in Aussicht gestellt hat. Und wenn du dich nun geflissentlich entspannst, tief einatmest und immer weiterliest, wirst du dich nach und nach, aber mit Sicherheit daran erinnern, woher aller Erfolg kommt, denn dieses Wissen ist bereits in dir, und deshalb wirst du zweifellos mit diesen absoluten Wahrheiten in Resonanz treten, wenn du hier über sie liest.

Die Ewigen *Gesetze des Universums* sind beständig und zuverlässig und halten immer die Verheißung von Ausdehnung und Freude bereit. Sie werden dir hier in einem machtvollen Rhythmus des Verstehens präsentiert, der klein in dir ansetzt und beim Lesen dann mit jeder Seite wächst, bis das Wissen um deine Lebensaufgabe und deine persönliche Macht wieder in dir erwacht und du dich erinnerst, wie du auf die Kraft des Universums, die Welten erschafft, zugreifen kannst.

Wenn dieser Raum-Zeit-Realität die Fähigkeit innewohnt, einen Wunsch in dir zu wecken, dann besitzt sie auch die Fähigkeit, dir die volle und befriedigende Manifestation dieses Wunsches zuzuführen. So will es das Gesetz.

Erfolg ist mein natürliches Geburtsrecht

Die meisten Menschen gehen normalerweise davon aus, dass, wenn es in ihrem Leben nicht so läuft, wie es ihrer Meinung nach laufen sollte, etwas außerhalb von ihnen die Verbesserung verhindert, weil ja niemand absichtlich den Erfolg von sich fernhalten würde. Nun mag man sich vielleicht besser fühlen, wenn man die Schuld anderen zuschreiben kann, statt die Verantwortung für unerwünschte Zustände selbst zu übernehmen, aber zu glauben, dass etwas außerhalb von einem der Grund für das Ausbleiben des eigenen Erfolgs ist, hat doch ziemlich starke negative Auswirkungen: *Wenn man den Verdienst für seinen Erfolg oder die Schuld an seinem Ausbleiben einem anderen zuschreibt, beraubt man sich der Macht, etwas daran zu ändern.*

Wenn du dir Erfolg wünschst, aus deiner Sicht aber gerade keinen hast, erkennst du auf zahlreichen tiefen Ebenen deines Wesens an, dass etwas nicht in Ordnung ist. Und während dieses starke Gefühl persönlicher Zerrissenheit dein Bewusstsein dafür schärft, dass du das Erwünschte nicht bekommst, setzt es noch andere kontraproduktive Annahmen in Gang, die Eifersucht auf diejenigen hervorrufen, die mehr Erfolg *haben,* und den Groll auf unzählige Menschen, denen du gern die Schuld an deinem fehlenden Erfolg geben würdest, oder du machst dir Selbstvorwürfe, was das schmerzhafteste und kontraproduktivste Vorgehen überhaupt ist. Und wir geben zu bedenken, dass diese unangenehme Hervorbringung nicht nur normal ist, sondern die meistverbreitete Reaktion auf das Gefühl ausbleibenden Erfolgs.

Dein emotionales Unwohlsein ist ein mächtiger Gradmesser dafür, dass etwas absolut nicht in Ordnung ist. Es ist dir bestimmt, Erfolg zu haben, und sein Ausbleiben *sollte* dir ein schlechtes Gefühl bereiten. Es ist dir bestimmt, dich gut zu fühlen, und Krankheit sollte *nicht* akzeptiert werden. Es ist dir bestimmt, dich auszudehnen, und Stagnation ist untragbar. Das Leben sollte dir ein gutes Gefühl bereiten – und wenn es das nicht tut, dann ist etwas *nicht in Ordnung*. Aber bei dem, was da nicht in Ordnung ist, handelt es sich nicht um eine Ungerechtigkeit, die sich ereignet hat, und es ist auch nicht so, dass die Glücksgöttin dir nicht gewogen ist oder dass ein anderer den Erfolg erzielt hat, der von Rechts wegen dir zusteht. Vielmehr ist nicht in Ordnung, dass du nicht in Harmonie mit deinem eigenen Wesen bist, mit *Dem-der-du-wirklich-bist*, mit dem, was du dir von deinem Leben erwartest, mit dem, wohin du dich ausgedehnt hast, und mit den immer konsistenten Gesetzen des Universums.

Das, was nicht in Ordnung ist, befindet sich nicht außerhalb von dir als etwas, was du nicht unter Kontrolle hast. Das, was nicht in Ordnung ist, befindet sich in dir – und du hast es unter Kontrolle. Und die Kontrolle auszuüben ist nicht schwer, wenn du erst die Grundlage Dessen-der-du-bist verstanden hast und die Grundlagen des Gesetzes der Anziehung und den Wert deines persönlichen Emotionalen Leitsystems, mit dem du geboren wurdest und das immer aktiv ist, immer gegenwärtig und ganz leicht zu verstehen.

Geld ist weder die Wurzel allen Übels noch der Garant für Glück

Das wichtige Thema *Geld und finanzieller Erfolg* ist nicht die »Wurzel allen Übels«, wie viele behauptet haben – und es ist auch nicht der Weg zum Glück. Doch weil das Thema Geld die meisten von euch auf die eine oder andere Weise tagtäglich Hunderte oder gar Tausende von Malen berührt, ist es ein bedeutsamer Faktor in eurer schwingungsmäßigen Zusammensetzung und in eurem persönlichen *Ort der Anziehung*. Wenn es euch also gelingt, etwas erfolgreich unter Kontrolle zu bringen, was die meisten von euch tagtäglich und den ganzen Tag lang beeinflusst, werdet ihr etwas sehr Bedeutsames erreicht haben. Anders ausgedrückt: Da so viele eurer Gedanken an jedem beliebigen Tag so lange um das Thema Geld und finanzieller Erfolg kreisen, wird sich, sobald ihr eure Gedanken *bewusst* steuern könnt, nicht nur euer finanzieller Erfolg ganz sicher vermehren, die Beweise für *diesen* Erfolg werden euch auch auf eine bewusste Verbesserung in *jedem* Aspekt eurer Lebenserfahrung vorbereiten.

Wenn ihr ein Schüler des *Bewussten Erschaffens* seid, wenn ihr absichtsvoll eure eigene Realität erschaffen wollt, wenn ihr nach Kontrolle über eure Lebenserfahrungen strebt, wenn ihr euren Daseinszweck erfüllen wollt, dann wird es euch enorm dienlich sein, wenn ihr diese vorrangigen Themen – *Geld und das Gesetz der Anziehung* – versteht.

Ich ziehe alle meine Erfahrungen an

Es ist dir bestimmt, die Erfahrung von Ausdehnung, Heiterkeit und Wohlgefühl zu machen. Das war dein Plan, als du die Entscheidung trafst, dich in dieser Raum-Zeit-Realität in deinem physischen Körper zu fokussieren. Du hast erwartet, dass dieses körperliche Leben aufregend und lohnenswert wird. Du wusstest also, dass die Vielfalt und der Kontrast dich zu ausgedehnten Wünschen anregen würden, und du wusstest auch, dass du jeden einzelnen dieser Wünsche vollständig und mühelos realisieren konntest. Außerdem wusstest du, dass die Ausdehnung neuer Wünsche kein Ende nehmen würde.

Du bist voller Aufregung über die Möglichkeiten, die diese Lebenserfahrung dir bieten würde, in diesen Körper eingetreten, und der Wunsch, den du am Anfang empfunden hast, wurde in keiner Weise durch Ängstlichkeit oder Zweifel gemildert, denn du kanntest deine Macht und wusstest, dass diese Lebenserfahrung und all ihre Kontraste ein fruchtbarer Boden für eine wundervolle Ausdehnung sein würden. *Vor allem wusstest du jedoch, dass du mit einem Leitsystem in diese Lebenserfahrung kommen würdest, das dir helfen würde, deiner ursprünglichen Absicht und deinen unaufhörlich abgewandelten Absichten, die sich aus eben dieser Lebenserfahrung ergäben, treu zu bleiben. Kurz und gut, du hast ein Verlangen nach dieser Raum-Zeit-Realität empfunden, die jeder körperlichen Beschreibung geradezu spottet.*

Du warst kein Anfänger – auch wenn du in deinem winzig kleinen physischen Körper neu anfangen musstest –, sondern vielmehr ein machtvolles schöpferisches Genie, das sich in einer neuen Spitzenumgebung neu fokussierte. Du wusstest, dass es eine Zeit der Anpassung geben würde, in der du eine neue Bühne errichten musstest, auf der du mit deinem Prozess der bewussten Schöpfung beginnen konntest, aber du hast dir wegen dieser Zeit der Anpassung nicht die geringsten Sorgen gemacht. Du hast dich sogar über das Nest gefreut, in das du hineingeboren wurdest, und über jene, die dich in deinem neuen körperlichen Umfeld begrüßten. Und obwohl du dich noch nicht verbal in ihrer Sprache ausdrücken konntest – und jene, die dich begrüßten, dich als neu, unwissend und führungsbedürftig ansahen –, hattest du doch eine Ausdauer und ein Wissen mitgebracht, die die meisten von ihnen längst wieder hinter sich gelassen hatten.

Du wurdest in dem Wissen geboren, dass du ein machtvolles Wesen bist, dass du gut bist, dass du der Schöpfer deiner Erfahrung bist und dass das *Gesetz der Anziehung* hier in deiner neuen Umgebung die Grundlage jeder Schöpfung ist. Damals wusstest du noch, dass das *Gesetz der Anziehung* (die Essenz dessen, wonach Gleiches sich gegenseitig anzieht) die Grundlage des Universums ist, und du wusstest, dass es dir sehr dienlich sein würde. Und so war es auch.

Damals war dir noch bewusst, dass du der Schöpfer deiner eigenen Erfahrung bist. Aber was noch wichtiger ist: Du wusstest, dass du *durch dein Denken, nicht durch dein Handeln* erschaffst. Es war dir nicht unangenehm, ein kleines Baby zu sein, das weder Taten noch Worte sprechen lassen konnte, denn du wusstest um den Reichtum des Universums: Du wusstest, dass deine Intentionen in deinen physischen Körper eingetreten waren, und du wusstest, dass noch genug Zeit bleiben würde, sich an die Sprache und Ausdrucksformen deiner Umgebung zu gewöhnen – und vor allem wusstest du, dass es keine Rolle spielen würde, dass du dein umfassendes Wissen aus deiner nichtkörperlichen Umgebung nicht direkt in physische Worte und Beschreibungen übersetzen konntest, weil das Allerwichtigste, das du auf deinem Weg der freudvollen Schöpfung brauchtest, empathisch bereits verankert war: Du wusstest, dass es das *Gesetz der Anziehung* gab und dein *Leitsystem* sich sofort aktivieren würde. Und vor allem wusstest du, dass du lernen würdest, dich durch Versuch und das, was manche als »Irrtum« bezeichnen, mit der Zeit wieder vollständig und bewusst in deiner Umgebung zu orientieren.

Ich wusste um die Beständigkeit des Gesetzes der Anziehung

Das Wissen, dass das *Gesetz der Anziehung* überall im Universum konstant und stabil bleibt, war ein bedeutsamer Faktor für dein Vertrauen, als du in diese neue körperliche Umgebung eintratest, weil du wusstest, dass die Rückmeldungen des Lebens dir helfen würden, dich zu erinnern und den Halt nicht zu verlieren. Du wusstest, dass *Schwingung* die Grundlage von allem ist und dass das *Gesetz der Anziehung* auf diese Schwingungen reagiert und sie im Wesentlichen organisiert, indem es Dinge mit gleicher Schwingung zusammenführt, während es solche, die nicht auf die gleiche Weise schwingen, voneinander fernhält.

Und so bereitete es dir keine Sorgen, dass du dieses Wissen nicht auf Anhieb aussprechen oder denjenigen ringsum erklären konntest, die anscheinend alles, was sie darüber wussten, vergessen hatten, denn du wusstest ja, dass die Konsistenz dieses machtvollen *Gesetzes* sich dir schon bald am Beispiel deines eigenen Lebens zeigen würde. Du wusstest, dass es dir nicht schwerfallen würde, herauszufinden, welche Art von Schwingungen du aussendest, weil das *Gesetz der Anziehung* dir ständig Hinweise darauf geben würde.

Und deshalb ist es jetzt so: Wenn du dich *überwältigt* fühlst, können Umstände und Menschen, die in der Lage wären dir zu helfen, dieses Gefühl von *Überwältigung* zu überwinden, dich nicht finden, und auch du kannst sie nicht finden. Und auch wenn du dich noch so sehr bemühst, es gelingt dir nicht. Und die Menschen, *die* dich finden, helfen dir nicht, sondern tragen noch zu deinem Gefühl der Überwältigung bei.

Wenn du dich *falsch behandelt* fühlst, kann Fairness nicht zu dir gelangen. Deine Wahrnehmung der falschen Behandlung und die Schwingung, die in der Folge durch deine Wahrnehmung ausgeht, verhindern, dass irgendetwas, was du als fair bezeichnen würdest, zu dir gelangt.

Wenn du dich in der *Furcht* oder *Enttäuschung* darüber vergräbst, nicht die finanziellen Mittel zu haben, die du deiner Meinung nach benötigst, werden die Euro – oder die Gelegenheiten, die diese Euro zu dir bringen – weiterhin ausbleiben ... nicht weil du böse oder unwürdig bist, sondern weil das *Gesetz der Anziehung* das zueinander führt, was sich gleicht, und nicht das, was sich nicht gleicht.

Wenn du dich als *arm* empfindest, kann nur das zu dir gelangen, was sich nach *Armut* anfühlt. Wenn du dich als *reich* empfindest, gelangt nur das zu dir, was sich nach *Reichtum* anfühlt. Dieses *Gesetz* ist unveränderlich, und wenn du ihm Beachtung schenkst, wird es dich durch deine Lebenserfahrung lehren, wie es funktioniert. *Wenn du in Erinnerung behältst, dass du immer die Essenz dessen bekommst, was du denkst – und dann einmal darauf achtest, was zu dir gelangt –, besitzt du den Schlüssel für Bewusstes Erschaffen.*

Was meinen wir mit Schwingung?

Wenn wir von *Schwingung* reden, wollen wir deine Aufmerksamkeit auf die Grundlage deiner Erfahrungen lenken, denn eigentlich beruht alles auf *Schwingung*. Wir könnten dieses Wort auch durch *Energie* ersetzen, und es gibt in eurer Sprache noch viele andere Synonyme, die genau diesen Zusammenhang meinen. Die meisten verstehen, dass Klang Schwingung ist. Wenn die tiefen, vollen Basstöne eurer musikalischen Instrumentierungen laut gespielt werden, könnt ihr die schwingungsmäßige Natur von Klang sogar *spüren*.

Wir möchten euch deutlich machen, dass ihr die wahrgenommene Klangschwingung interpretiert, wenn ihr sie hört. Was ihr hört, ist *eure* Interpretation der Schwingung, eure *einzigartige* Interpretation. All eure körperlichen Sinne des Sehens, Hörens, Schmeckens, Riechens und Tastens existieren nur, weil alles im Universum schwingt und eure körperlichen Sinne die Schwingungen interpretieren und euch eine sensorische Wahrnehmung der Schwingungen vermitteln.

Wenn ihr also versteht, dass ihr in einem pulsierenden, vibrierenden Universum entwickelter Harmonien lebt und im tiefsten Inneren eures Wesens auf eine Weise schwingt, die man nur als vollkommenes Schwingungsgleichgewicht und vollkommene Harmonie bezeichnen kann, dann beginnt ihr die Art von Schwingung zu verstehen, die wir aussenden.

Alles, was existiert, in eurer Luft, eurer Erde, eurem Wasser und euren Körpern, ist Schwingung – und all das wird durch das machtvolle Gesetz der Anziehung organisiert.

Ihr könntet es nicht voneinander trennen, selbst wenn ihr wolltet. Und es sollte auch nicht voneinander getrennt werden, weil das *Gesetz der Anziehung* das schon erledigt und ständig Dinge mit gleicher Schwingung zueinander führt, während Dinge mit unterschiedlicher Schwingungsnatur voneinander abgestoßen werden.

Eure Gefühle, die wahrlich die machtvollsten und wichtigsten eurer sechs körperlichen Schwingungsindikatoren sind, geben euch ständig Rückmeldung über die Harmonien eurer momentanen Gedanken (Schwingungen), indem sie diese mit den Harmonien eures innersten Schwingungszustandes vergleichen.

Die nichtkörperliche Welt ist Schwingung.

Die körperliche Welt, die ihr kennt, ist Schwingung.

Es gibt nichts, was außerhalb der Schwingungsnatur steht.

Es gibt nichts, was nicht durch das *Gesetz der Anziehung* organisiert wird.

Wenn du verstehst, was Schwingung ist, hilft dir das, beide Welten bewusst miteinander zu verbinden.

Du brauchst nicht deinen komplexen Sehnerv oder deinen primären visuellen Cortex zu verstehen, um sehen zu können. Du brauchst nicht die Elektrizität zu verstehen, um Licht anschalten zu können, und du brauchst nicht Schwingungen zu verstehen, um den Unterschied zwischen Harmonie und Zwietracht verstehen zu können.

Wenn du deine Schwingungsnatur zu akzeptieren lernst und beginnst, deine gefühlsmäßigen Indikatoren für Schwingungen willentlich einzusetzen, erlangst du die bewusste Kontrolle über deine persönlichen Schöpfungen und darüber, welche Folgen deine Erfahrungen im Leben haben.

Wann immer ich Fülle empfinde, findet mich die Fülle

Wenn du zwischen dem, was du gefühlt hast, und dem, was sich in deinem Leben verwirklicht, eine bewusste Beziehung herstellen kannst, dann bist du ermächtigt, Veränderungen herbeizuführen. Wenn du diese Beziehung nicht herstellst und hinsichtlich der Dinge, die du dir wünschst, weiterhin Gedanken des Mangels aussendest, werden die Dinge, die du dir wünschst, auch weiterhin ausbleiben.

Aufgrund dieses Missverständnisses geben Menschen oft Dingen außerhalb von ihnen Macht, um eine Erklärung dafür zu haben, warum sie nicht so erfolgreich sind, wie sie gern wären: »Ich habe keinen Erfolg, weil ich in das falsche Umfeld hineingeboren wurde. Ich habe keinen Erfolg, weil schon meine Eltern erfolglos waren und mir nicht beibringen konnten, wie man Erfolg hat. Ich habe keinen Erfolg, weil die da drüben Erfolg haben und mir die Ressourcen wegnehmen, die von Rechts wegen mir zustehen. Ich habe keinen Erfolg, weil ich betrogen wurde, weil ich es nicht wert bin, weil ich mich in einem früheren Leben falsch verhalten habe, weil meine Regierung meine Rechte mit Füßen tritt, weil mein Mann seinen Teil nicht beiträgt ... weil, weil, weil ...«

Und wir wollen dich daran erinnern, dass du nur deshalb »keinen Erfolg« hast, weil du eine Schwingung aussendest, die sich von der Schwingung des Erfolgs unterscheidet. *Du kannst dich nicht als arm empfinden (und schwingungsmäßig Armut aussenden) und erfolgreich sein. Die Fülle kann dich nur dann finden, wenn du die Schwingung der Fülle aussendest.*

Viele fragen uns: »Aber wenn ich keinen Erfolg habe, wie um alles in der Welt soll ich dann die Schwingung von Erfolg aussenden?« Wir stimmen dir zu, dass es sicher leichter für dich ist, den Zustand des Erfolgs aufrechtzuerhalten, wenn er bereits in deiner Erfahrung ist, denn dann brauchst du das Gute, das auf dich zukommt, nur noch zu bemerken, und das Bemerken allein wird es dir weiter zuführen. Aber wenn du die Abwesenheit von etwas, was du dir wünschst, spürst, musst du einen Weg finden, seine Essenz zu spüren – noch bevor sie zu dir gelangt, sonst kann sie nicht zu dir gelangen.

Die Schwingung, die du aussendest, kann nicht einfach eine Reaktion auf *Das-was-ist* sein und dann *Das-was-ist* ändern. Du musst einen Weg finden, die Aufgeregtheit oder Befriedigung, die deine noch nicht realisierten Träume in dir auslösen, zu *fühlen,* damit diese Träume zu deiner Realität werden können. Finde einen Weg, bewusst ein Szenario herbeizuführen, das durch seine Schwingung das *Gesetz der Anziehung* veranlasst, auf deine Schwingung mit einer Manifestation im realen Leben zu antworten ... *Wenn du vor der Schwingung um die Manifestation bittest, bittest du um das Unmögliche. Wenn du bereit bist, die Schwingung vor der Manifestation auszusenden, ist alles möglich. So will es das Gesetz.*

Lass dich nicht treiben,
sondern lebe dein Leben bewusst

Wir übergeben dir dieses Buch, um dich an Dinge zu erinnern, die du auf einer bestimmten Ebene bereits weißt, damit du dieses schwingungsmäßige Wissen in dir wieder aktivierst. Es ist dir unmöglich, diese Worte zu lesen, die ein Wissen repräsentieren, das du aus deiner *Umfassenderen Perspektive* längst hast, ohne zu erkennen, dass dieses Wissen wieder in dir aufzusteigen beginnt.

Dies ist wahrlich die Zeit des Erwachens – die Zeit der Erinnerung an deine persönliche Macht und den Sinn deines Lebens. Also hole tief Luft, mach es dir bequem und nimm allmählich den Inhalt dieses Buches in dich auf, um deine ursprüngliche Schwingungsessenz wieder aufzubauen ...

Hier bist du nun also, in einem wundervollen Seinszustand: nicht länger ein Kind unter der Kontrolle anderer, sondern an deine physische Umgebung gewöhnt, jemand, der – durch das Lesen dieses Buches – wieder die volle Macht seines Wesens anzuerkennen lernt ... und nicht mehr vom *Gesetz der Anziehung* wie ein kleiner Korken auf einer tosenden See umhergewirbelt wird, sondern sich endlich an seine Bestimmung erinnert und Kontrolle über sie erlangt, sein Leben endlich *willentlich* gemäß des *Gesetzes der Anziehung* selbst in die Hand nimmt, statt weiter alles so zu nehmen, wie es gerade kommt. *Um das zu tun, musst du eine andere Geschichte erzählen. Du musst anfangen, die Geschichte deines Lebens so zu erzählen, wie sie jetzt für dich sein soll, und die Geschichten darüber zu beenden, wie es war oder wie es ist.*

Erzähle die Geschichte, die du erleben willst

Um ganz bewusst zu leben, musst du ganz bewusst denken, und um das zu können, musst du einen Bezugspunkt haben, damit du bestimmen kannst, ob deine Gedanken in die richtige Richtung gehen. Du verfügst jetzt – wie schon im Augenblick deiner Geburt – über die beiden notwendigen Faktoren. Das *Gesetz der Anziehung* (das mächtigste und beständigste *Gesetz* im Universum) ist überreichlich vorhanden, und dein *Leitsystem* ist in dir und wartet nur darauf, dir Rückmeldungen über die Richtung zu geben. Du musst nur eine scheinbar kleine, *aber potenziell lebensverändernde Sache tun: Du musst anfangen, deine Geschichte auf neue Weise zu erzählen. Du musst sie so erzählen, wie du möchtest, dass sie lautet.*

Wenn du die Geschichte deines Lebens erzählst (und das tust du fast den ganzen Tag lang tagtäglich in deinen Worten, Gedanken und Taten), musst du dich dabei gut fühlen. *In jedem Moment, bei jedem Thema kannst du dich für das Positive oder das Negative entscheiden, denn durch jedes Partikel des Universums pulsiert – in jedem zeitlichen Moment und jenseits davon – das Erwünschte und die Abwesenheit des Erwünschten, sodass du die Wahl hast.* Und während sich dir diese ständige Wahlmöglichkeit bietet, kannst du dich auf das Erwünschte oder die Abwesenheit des Erwünschten ausrichten – bei jeder Sache, weil jede Sache eigentlich zwei Sachen sind: das Erwünschte und die Abwesenheit des Erwünschten. Dein Gefühl sagt dir dann, worauf du dich gerade ausrichtest – und du kannst deine Entscheidung ständig ändern.

Jede Sache besteht eigentlich aus zwei Sachen

Die folgenden Beispiele sollen dir helfen zu verstehen, inwiefern jede Sache eigentlich aus zwei Sachen besteht:

Fülle/Armut (Abwesenheit von Fülle)

Gesundheit/Krankheit (Abwesenheit von Gesundheit)

Klarheit/Verwirrung (Abwesenheit von Klarheit)

energiegeladen/erschöpft (Abwesenheit von Energie)

Wissen/Zweifel (Abwesenheit von Wissen)

interessiert/gelangweilt (Abwesenheit von Interesse)

Das kann ich./Das kann ich nicht.

Das will ich mir kaufen./Ich kann es mir nicht leisten.

Ich will mich gut fühlen./Ich fühle mich nicht gut.

Ich will mehr Geld haben./Ich habe nicht genug Geld.

Ich will mehr Geld haben./Ich weiß nicht, wie ich an mehr Geld kommen soll.

Ich will mehr Geld haben./Diese Person bekommt mehr Geld, als ihr zusteht.

Ich will schlank sein./Ich bin dick.

Ich will ein neues Auto haben./Mein Auto ist alt.

Ich will einen Partner./Ich habe keinen Partner.

Wenn du diese Liste liest, liegt für dich wahrscheinlich auf der Hand, was wir bei jedem Beispiel für die bessere Wahl halten, aber es gibt eine einfache und wichtige Sache, die du nicht vergessen darfst. Wenn man eine solche Liste liest, neigt man dazu, die faktische Wahrheit über die Sache zu stellen (»es zu sagen, wie es ist«), statt eine Aussage darüber zu treffen, was man sich wünscht. Allein diese Neigung ist schon für mehr Fehlschöpfungen und die persönliche Zurückweisung dessen, was man sich wünscht, verantwortlich gewesen als alles andere zusammengenommen, und so bieten wir dir die Beispiele und Übungen in diesem Buch als Hilfestellung an, damit du dich auf das ausrichten kannst, was du dir *wünschst,* und nicht Erklärungen darüber abgibst, was bereits *ist.* Wenn du willst, dass das Gesetz der Anziehung dir andere Dinge zuführen soll, musst du anfangen, eine andere Geschichte zu erzählen.

Welche Geschichte erzähle ich gerade?

Eine sehr wirkungsvolle Methode, damit anzufangen, die neue Geschichte zu erzählen, ist, darauf zu hören, was du den Tag über so sagst, und wenn du dich mitten in einer Aussage ertappst, die das Gegenteil dessen ist, was du eigentlich willst, innezuhalten und zu erklären: »Nun, ich weiß ganz bestimmt, was ich *nicht* will. Aber was *will* ich?« Dann äußere bewusst und nachdrücklich deinen Wunsch.

Ich hasse diese hässliche, alte, treulose Karre.
Ich will einen schönen, neuen, zuverlässigen Wagen.

Ich bin dick.
Ich will schlank sein.

Mein Arbeitgeber lässt mich links liegen.
Ich will, dass mein Arbeitgeber mich zu würdigen weiß.

Viele würden jetzt protestieren und behaupten, dass die schlichte Umformulierung eines Satzes nicht dazu führen wird, dass plötzlich ein funkelnagelneues Auto in deiner Auffahrt steht, dein untersetzter Körper plötzlich schlank ist oder die Persönlichkeit deines Arbeitgebers sich plötzlich wandelt und er dich anders zu behandeln beginnt – doch sie würden sich täuschen. Wenn du dich bewusst auf eine erwünschte Sache ausrichtest und häufig verkündest, dass es so ist, wie du es dir *wünschst,* wirst du erleben, dass sich dein Gegenüber in Bezug auf diese Sache mit der Zeit eines anderen besinnt, und das zeigt eine Schwingungsveränderung an.

Wenn deine Schwingung sich verändert, verändert sich auch dein Ort der Anziehung, und kraft des machtvollen <u>Gesetzes der Anziehung</u> muss sich dann auch die Art und Weise der Manifestation verändern. Du kannst nicht ständig über Dinge reden, die du in deinem Leben erfahren willst, ohne dass das Universum dir ihre Essenz liefert.

Der UMKEHRVORGANG kann mein Leben neu ausrichten

Der *Umkehrvorgang* ist die bewusste Anerkennung, dass jede Sache eigentlich aus zwei Sachen besteht, und dadurch kann dann bewusst von dem *erwünschten* Aspekt der Sache gesprochen und an ihn gedacht werden. Die *Umkehr* wird dir helfen, in dir die Aspekte zu aktivieren, die du dir in Bezug auf jede Sache wünschst, und sobald du das erreicht hast, muss die Essenz dessen, was du dir wünschst, bei jeder Sache in dein Erleben treten.

An dieser Stelle müssen wir etwas Wichtiges klarstellen: Wenn du Worte benutzt, die von etwas Erwünschtem sprechen, während du gleichzeitig *Zweifel* an deinen Worten hegst, werden deine *Worte* dir nicht das Erwünschte bringen, weil die Art und Weise deines *Fühlens* der wahre Hinweis auf die schöpferische Richtung deiner Gedankenschwingung ist. *Das <u>Gesetz der Anziehung</u> reagiert nicht auf deine Worte, sondern auf die Schwingung, die von dir ausgesandt wird.*

Doch da du nicht von *Erwünschtem* und *Unerwünschtem* gleichzeitig sprechen kannst, wirst du desto häufiger vom *Erwünschten* sprechen, je weniger du vom *Unerwünschten* sprichst. Und wenn es dir damit ernst ist, es so zu erzählen, wie es sein soll, statt so, wie es ist, wirst du mit der Zeit (und gewöhnlich in kürzester Zeit) das Gleichgewicht deiner Schwingung verändern. Und wenn du oft genug davon sprichst, wirst du das, was du aussprichst, auch fühlen.

Aber dieser *Umkehrvorgang* zeichnet sich noch durch etwas viel Machtvolleres aus: *Wenn das Leben dich scheinbar negativ auf die Abwesenheit von etwas Erwünschtem ausgerichtet hat und du dann die Aussage triffst:»Ich weiß ganz bestimmt, was ich nicht will, aber was will ich?«, wird die Antwort auf diese Frage aus deinem Inneren aufsteigen, und in eben diesem Moment bahnt sich eine Schwingungsveränderung an.* Die Umkehr ist ein mächtiges Werkzeug, das dein Leben sofort verbessert.

Ich bin der Schöpfer meiner Lebenserfahrung

Du bist der Schöpfer deiner Lebenserfahrung, und als Schöpfer deines Erlebens ist es wichtig zu verstehen, dass du nicht kraft deiner Handlung, nicht kraft deines Tuns – nicht einmal kraft dessen, was du sagst – erschaffst. Du erschaffst kraft des Denkens, das du aussendest.

Du kannst nicht sprechen oder handeln, ohne dass sich gleichzeitig Gedankenschwingungen vollziehen. Aber du sendest oft eine Gedankenschwingung aus, ohne sie durch Wort oder Tat zu begleiten. Lange bevor Kinder oder Babys lernen, die Worte der sie umgebenden Erwachsenen nachzuahmen, lernen sie, ihre Schwingung nachzuahmen.

Jeder Gedanke, den du denkst, hat seine eigene Schwingungsfrequenz. Jeder Gedanke, den du aussendest, ob er aus deiner Erinnerung aufgestiegen ist, durch den Einfluss anderer entstanden ist oder eine Mischung daraus ist, was *du* und was ein *anderer* gedacht haben, jeder Gedanke, den du dir in deinem *Jetzt* machst, schwingt in einer ganz persönlichen Frequenz ... und durch das machtvolle *Gesetz der Anziehung* (die Essenz dessen, wonach Gleiches sich gegenseitig anzieht) zieht dieser Gedanke nun einen anderen Gedanken an, der eine schwingungsmäßige Entsprechung darstellt, also in Resonanz zu ihm steht. Und nun schwingen diese miteinander verbundenen Gedanken in einer Frequenz, die höher ist als der Gedanke, der dir zuerst gekommen ist, und durch das *Gesetz der Anziehung* werden sie einen weiteren Gedanken anziehen und noch einen und noch einen, bis die Gedanken schließlich machtvoll genug sind, um eine Situation des »realen Lebens« anzuziehen – etwas zu manifestieren.

Alle Menschen, Umstände, Begebenheiten und Situationen werden durch die Kraft der von dir gedachten Gedanken zu dir hingezogen. Verstehst du erst einmal, dass du Dinge buchstäblich durch Denken und Schwingung ins Sein rufst, entdeckst du vielleicht eine neue Entschlossenheit in dir, deine eigenen Gedanken bewusst auszurichten.

Gedanken, die auf etwas ausgerichtet sind, fühlen sich gut an

Viele Menschen sind der Ansicht, dass ihr Sein sich durch mehr auszeichnet als die Person, die in ihrer physischen Realität durch Fleisch, Blut und Knochen repräsentiert wird. Bei dem Versuch, Begriffe für diesen größeren Teil ihres Selbst zu finden, verwenden sie Worte wie *Seele, Quelle* oder *Gott*. Wir bezeichnen diesen größeren, älteren und weiseren Teil von dir als *Inneres Wesen,* aber welche Bezeichnung du wählst, um diesen Ewigen Teil von dir zu beschreiben, ist nicht weiter wichtig. Wichtig ist, dass du verstehst, dass das größere *Du* existiert und in alle Ewigkeit existieren wird und eine sehr große Rolle in der Erfahrung spielt, die du hier auf dem Planeten Erde machst.

Jeder Gedanke, den du denkst, jedes Wort, das du aussprichst, und jede Handlung, die du vollziehst, erfolgt vor dem Hintergrund dieser Umfassenderen Perspektive. Dass du in jedem Moment, in dem du eindeutig weißt, was du *nicht* willst, mitfühlend erkennst, was du *willst*, ist ja nur dadurch möglich, weil dieser größere Teil von dir dem, *was* du willst, seine ungeteilte Aufmerksamkeit schenkt.

Wenn du Tag für Tag bewusst versuchst, deine Gedanken stärker in Richtung dessen zu lenken, was du willst, wirst du dich mit der Zeit immer besser fühlen, weil die Schwingung, die durch den Gedanken aktiviert wird, der ja schon auf ein besseres Gefühl zurückgeht, noch besser zu der Schwingung des größeren, nichtkörperlichen Teils in dir passt. Dein Wunsch nach Gedanken, die sich gut anfühlen, wird dazu führen, dass du dich auf die Umfassendere Perspektive deines *Inneren Wesens* ausrichtest. Es ist dir nämlich nicht möglich, dich jederzeit gut zu fühlen, solange die Gedanken, die du gerade denkst, nicht im schwingungsmäßigen Einklang mit den Gedanken deines *Inneren Wesens* stehen.

Sagen wir beispielsweise, dein *Inneres Wesen* richtet sich auf dein Selbstwertgefühl aus – wenn du eine Schwäche an dir wahrnimmst, wird die negative Emotion, die du dann hast, von dieser schwingungsmäßigen Zwietracht und diesem Widerstand getragen. Dein *Inneres Wesen* richtet sich immer nur auf Dinge aus, durch die es Liebe empfinden kann – wenn du dich auf einen Aspekt von jemand oder etwas ausrichtest, den oder das du verabscheust, hast du dich auf etwas eingestellt, was dich von deiner schwingungsmäßigen Ausrichtung auf dein *Inneres Wesen* entfernt. Dein *Inneres Wesen* ist einzig und allein auf deinen Erfolg ausgerichtet – wenn du beschließt, eine deiner Handlungen als gescheitert anzusehen, entfernst du dich von der Sichtweise, die dein *Inneres Wesen* von dir hat.

Wie du die Welt durch die Augen der Quelle siehst

Wenn du dich für Gedanken entscheidest, die dir ein besseres Gefühl bereiten, und mehr über das sprichst, *was* du willst, statt über das, was du *nicht* willst, wirst du dich allmählich auf die Schwingungsfrequenz deines umfassenderen und weiseren *Inneren Wesens* einstimmen. In schwingungsmäßiger Übereinstimmung mit dieser Umfassenderen Perspektive zu stehen, während du deine Lebenserfahrungen machst, ist wahrlich die beste aller Welten, denn wenn du mit dieser Umfassenderen Perspektive schwingungsmäßig übereinstimmst, siehst du deine ganze Welt aus dieser Umfassenderen Perspektive. *Seine Welt durch die Augen der Quelle zu sehen ist wirklich die spektakulärste Sichtweise auf das Leben, denn wenn du diesen schwingungsmäßigen Ausgangspunkt hast, stimmst du einzig mit dem überein, was du für das Beste deiner Welt hältst, und ziehst auch nur das an.*

Esther, die Frau, die unsere Schwingung in das gesprochene und geschriebene Wort überträgt, macht das, indem sie entspannt und willentlich zulässt, dass die Schwingung ihres Wesens sich so weit anhebt, dass es mit der nichtkörperlichen Schwingung von uns, Abraham, in Einklang kommt. Das macht sie nun schon seit vielen Jahren, und es ist für sie etwas ganz Natürliches geworden. Sie weiß schon lange, wie vorteilhaft es ist, wenn sie ihre Schwingung auf diese Weise ausrichtet, damit sie unser Wissen für andere körperliche Freunde übersetzen kann, aber ein anderer wundervoller Vorteil dieser Ausrichtung ist ihr erst an einem herrlichen Frühlingsmorgen bewusst geworden, als sie die Auffahrt hinunterging, um für ihren Gefährten, der im Wagen folgen sollte, das Tor zu öffnen.

Als sie dort stand und zum Himmel hinaufsah, fand sie ihn schöner als je zuvor: Er war reich an Farben, und der Kontrast der atemberaubend weißen Wolken vor dem strahlend blauen Himmel erstaunte sie. Sie vernahm den lieblichen Gesang der Vögel, die so weit weg waren, dass sie sie nicht sehen konnte, doch die herrlichen Klänge ließen sie vor Aufregung erbeben, als sie sie vernahm. Sie klangen, als befänden sie sich direkt über ihr oder säßen auf ihrer Schulter. Und dann wurde sie sich der vielen verschiedenen Düfte bewusst, die von den Pflanzen, Blumen und von der Erde heranwehten, wie sie sich in der Luft bewegten und sie umgaben. Sie fühlte sich lebendig und glücklich und voller Liebe für ihre wunderschöne Welt. Und sie sagte laut: »Es kann im ganzen Universum nie einen schöneren Augenblick gegeben haben als gerade diesen hier und jetzt!« Und dann sagte sie noch: »Abraham, das seid *ihr*, nicht wahr?«

Und wir lächelten sehr breit mithilfe ihrer Lippen, denn sie hatte uns dabei erwischt, wie wir durch ihre Augen gesehen, durch ihre Ohren gehört, mit ihrer Nase gerochen und über ihre Haut gespürt hatten. »Ganz recht«, sagten wir, »wir genießen die Köstlichkeit eurer physischen Welt durch deinen physischen Körper.«

Jene Momente in deinem Leben, in denen du vollkommene Erheiterung empfindest, sind Momente der vollkommenen Übereinstimmung mit der Quelle in dir. Auch jene Momente, in denen du dich machtvoll zu einer Idee hingezogen fühlst oder ein starkes Interesse an etwas hast, sind Momente vollkommener Übereinstimmung. Tatsächlich stimmst du besser mit deiner Quelle überein, harmonisierst du umso besser mit *Dem-der-du-wirklich-bist,* je besser du dich fühlst.

Diese Übereinstimmung oder Harmonie mit deiner Umfassenderen Perspektive erlaubt dir nicht nur, schneller die großen Dinge zu erreichen, die du im Leben erreichen willst – wie wundervolle Beziehungen, befriedigende Karrieren und die Ressourcen, um das zu tun, was du wirklich tun willst –, diese bewusste Übereinstimmung intensiviert auch jeden Moment deines Tages. *Wenn du dich auf die Sichtweise deines Inneren Wesens einstimmst, werden deine Tage mit wundervollen Momenten der Klarheit, Zufriedenheit und Liebe angefüllt sein. Genau so hattest du anfangs leben wollen, solange du an diesem wundervollen Ort bist, in dieser wundervollen Zeit und in diesem wundervollen Körper.*

Ich kann bewusst die Wahl treffen, mich besser zu fühlen

Esther war es möglich gewesen, diese vollständigere Sichtweise Abrahams durch sich fließen zu lassen (was sie mit einer so köstlichen Erfahrung belohnte), weil sie den Tag damit begonnen hatte, nach Gründen zu suchen, sich gut zu fühlen. Sie suchte schon nach dem ersten Grund, sich gut zu fühlen, als sie noch im Bett lag, und dieser

Wohlfühlgedanke zog einen anderen an und noch einen und wieder einen, bis sie zu dem Zeitpunkt, wo sie am Tor ankam (ungefähr zwei Stunden später), ihre Schwingungsfrequenz kraft der *bewussten* Wahl ihrer Gedanken auf eine Ebene gebracht hatte, die weit genug der ihres *Inneren Wesens* entsprach, dass ihr *Inneres Wesen* sich mühelos mit ihr austauschen konnte.

Es ist nicht nur so, dass der Gedanke, für den du dich gerade ent-scheidest, den nächsten Gedanken anzieht und der wieder den nächs-ten ... und so weiter – er bildet auch die Grundlage für deine Ausrichtung auf dein Inneres Wesen. *Wenn du ständig und bewusst immer öfter das denkst und aussprichst, was du* willst, *und weniger das, was du* nicht *willst, wirst du immer mehr in Übereinstimmung mit der reinen, positiven Essenz deiner Quelle gelangen; und unter diesen Bedingungen wird dein Leben äußerst angenehm für dich sein.*

Können negative Emotionen Krankheiten verursachen?

Esthers Erlebnis am Tor wurde noch beträchtlich verstärkt durch ihre schwingungsmäßige Ausrichtung auf die Quelle und somit auf absolu-tes Wohlbefinden. Es ist jedoch genauso möglich, das Gegenteil dieser verstärkten Erfahrung zu machen, wenn man *nicht* in Übereinstimmung mit der Quelle und dem Wohlbefinden ist. Anders ausgedrückt: Gebre-chen oder Krankheiten treten auf und es kommt zum Mangel an Wohl-befinden, wenn du schwingungsmäßig deine Ausrichtung auf das Wohlbefinden nicht zulässt.

Immer wenn du eine *negative Emotion* gehabt hast (*Furcht, Zweifel, Frustration, Einsamkeit* und so weiter), resultierte dieses Gefühl einer negativen Emotion aus einem Gedanken, der nicht in einer Frequenz schwang, die in Harmonie mit deinem *Inneren Wesen* stand. Im Laufe all deiner Lebenserfahrungen – der körperlichen und nichtkörperlichen – hat sich dein *Inneres Wesen* oder das *Vollständige Du* zu einem Ort des *Wissens* entwickelt. Und so wird immer dann, wenn du dich bewusst auf einen Gedanken ausrichtest, der nicht mit dem harmonisiert, den dein *Inneres Wesen* erlebt hat, eine negative Emotion in dir das Resultat sein.

Wenn du auf deinem Bein sitzt und dir die Blutzirkulation abschnürst oder wenn du dir eine Schlauchbinde um den Hals legst und den Sauerstoffzufluss unterbrichst, würdest du sofort das Ergebnis dieser Handlungen spüren. Und genauso wird auch immer dann, wenn du Gedanken denkst, die nicht in Harmonie mit den Gedanken deines *Inneren Wesens* stehen, der Fluss der Lebenskraft oder Energie, der in deinen physischen Körper eintritt, unterdrückt oder eingeschränkt – und das Ergebnis dieser Einschränkung ist eine negative Emotion. *Wenn du zulässt, dass diese negative Emotion über einen langen Zeitraum hinweg anhält, erfährt der Zustand deines physischen Körpers oft eine Verschlechterung.*

Bedenke, dass jede Sache eigentlich aus zwei Sachen besteht: dem *Erwünschten* und dem *Unerwünschten*. Es ist, als höbe man einen Stock mit zwei Enden auf – das eine Ende steht für das, *was* du willst, das andere Ende für das, was du *nicht* willst. So hat der Stock namens »körperliches Wohlbefinden« die »Gesundheit« am einen Ende und die »Krankheit« am anderen. Doch Menschen werden nicht einfach krank, nur weil sie das negative Ende des Stocks namens »körperliches Wohlbefinden« betrachten, sondern weil sie schon das Ende sehr *vieler* Stöcke betrachtet haben, die den Namen »Ich weiß, was ich *nicht* will« tragen.

Wenn *deine* Aufmerksamkeit ständig auf Dingen ruht, die du *nicht* willst – während dein *Inneres Wesen* seine Aufmerksamkeit ständig auf Dinge richtet, die du *willst* –, führst du dadurch mit der Zeit eine schwingungsmäßige Trennung zwischen dir und deinem *Inneren Wesen* herbei, und das ist Krankheit im Grunde: die Trennung (herbeigeführt durch die Wahl deiner Gedanken) zwischen *dir* und deinem *Inneren Wesen.*

Wende dich vom schlechten Gefühl ab und dem guten Gefühl zu

Jeder will sich gut fühlen, aber die meisten Menschen glauben, dass alles rundherum angenehm für sie sein muss, *bevor* sie sich gut fühlen können. Tatsächlich fühlen sich die meisten Menschen zu jedem beliebigen Zeitpunkt so, wie sie sich fühlen, weil sie etwas beobachten. Wenn das, was sie beobachten, ihnen behagt, fühlen sie sich gut, aber wenn das, was sie beobachten, ihnen nicht behagt, fühlen sie sich schlecht.

Die meisten Menschen fühlen sich ziemlich hilflos in Anbetracht der Vorstellung, sich ständig gut zu fühlen, weil sie glauben, dass sie sich nur gut fühlen könnten, wenn sich die Bedingungen um sie herum veränderten. Gleichzeitig glauben sie jedoch, dass es nicht in ihrer Macht steht, allzu viele dieser Bedingungen zu ändern.

Wenn du aber erst einmal begriffen hast, dass jede Sache eigentlich aus zwei Sachen besteht – dem Erwünschten und seiner Abwesenheit –, kannst du lernen, mehr positive Aspekte an dem zu sehen, worauf du deine Aufmerksamkeit richtest. *Um nichts anderes geht es beim Umkehrvorgang: darum, bewusst nach einem positiveren Weg Ausschau zu halten – einem Weg, auf dem man sich besser fühlt –, um sich dem anzunähern, worauf deine Aufmerksamkeit gerichtet ist.*

Wenn du dich einem unerwünschten Zustand gegenübersiehst und dich deshalb schlecht fühlst, brauchst du nur bewusst die Worte zu sprechen: »Ich weiß ganz bestimmt, was ich *nicht* will ... aber was *will* ich?«, und schon wird sich die Schwingung deines Wesens, das vom Punkt deiner Ausrichtung beeinflusst wird, leicht verändern und bewirken, dass sich auch dein Ort der Anziehung leicht verändert.

Dieser Weg führt dann dazu, dass du eine andere Geschichte über dein Leben erzählst. Statt zu sagen: »Ich habe nie genug Geld«, sagst du jetzt: »Ich freue mich darauf, mehr Geld zu haben.« Das ist eine ganz andere Geschichte – eine ganz andere Schwingung und ein ganz anderes Gefühl, das schließlich zu einem ganz anderen Ergebnis führen wird.

Wenn du dich von deinem sich ständig verändernden Ausgangspunkt aus immer wieder fragst:»Was will ich?«, wirst du irgendwann an einem sehr angenehmen Ort sein – denn du kannst dich nicht ständig fragen, was du willst, ohne dass sich der Ort der Anziehung in diese Richtung zu verlagern beginnt ... Es ist ein ganz allmählicher Vorgang, aber da du den Vorgang unablässig unterstützt, wirst du schon nach wenigen Tagen wundervolle Ergebnisse haben.

Bin ich in Harmonie mit meinem Wunsch?

Der *Umkehrvorgang* ist also ganz einfach: Immer wenn du erkennst, dass du eine negative Emotion hast (und dahinter verbirgt sich eigentlich die Abwesenheit von Harmonie mit dem, was du willst), solltest du das Offensichtliche tun und innehalten. Dann sagst du dir: *Ich habe eine negative Emotion, und das heißt, ich befinde mich nicht in Harmonie mit dem, was ich will. Was will ich?*

Immer wenn du eine solche negative Emotion hast, besteht für dich eine hervorragende Möglichkeit, herauszufinden, was du in diesem Moment willst – denn du wirst dir niemals bewusster sein, was du *willst,* als dann, wenn du gerade das erlebst, was du *nicht* willst. Also verharre in diesem Moment und sage dir: *Hier geschieht etwas Wichtiges, sonst würde ich nicht diese negative Emotion haben. Was will ich?* Und dann richte deine Aufmerksamkeit einfach darauf, was du willst ...

Sobald du deine Aufmerksamkeit auf das richtest, was du willst, wird die negative Anziehung aufhören, und sobald die negative Anziehung aufhört, setzt die positive Anziehung ein. Und sofort wird sich dein Gefühl verändern – von nicht so gut zu gut. Das ist der Umkehrvorgang.

Was will ich und warum?

Vielleicht der größte Widerstand, den Menschen der Vorstellung entgegenbringen, eine andere Geschichte ihres Lebens zu erzählen, ist ihr Glaube, dass sie immer »die Wahrheit« darüber sagen sollten, wo sie gerade stehen, oder dass sie sagen sollten, »wie es ist«. Aber wenn du verstehst, dass das *Gesetz der Anziehung* reagiert, sobald du deine Geschichte darüber erzählst, »wie es ist« – und dass diese Geschichte dadurch endlos fortgesetzt wird –, wenn du das verstehst, beschließt du vielleicht, dass es in deinem eigenen Interesse liegen könnte, eine andere Geschichte zu erzählen, eine, die eher dem entspricht, wie du *jetzt* gern leben *würdest*. Wenn du erkennst, was du *nicht* willst, und dich dann fragst: »Was *will* ich eigentlich?«, wirst du allmählich eine neue Geschichte erzählen und dadurch einen erheblich besseren Ort der Anziehung erschaffen.

Es ist immer sehr hilfreich, in Erinnerung zu behalten, dass man die Essenz dessen bekommt, woran man denkt – ob man will oder nicht –, weil das <u>Gesetz der Anziehung</u> so beständig ist. Deshalb erzählst du nie nur die Geschichte, »wie sie ist«. Du erzählst gleichzeitig die Geschichte der künftigen Erfahrung, die du in diesem Moment erschaffst.

Manchmal wird der *Umkehrvorgang* missverstanden, weil jemand irrigerweise annimmt, »umkehren« würde bedeuten, sich etwas *Unerwünschtes* anzusehen und sich dann einzureden, dass es erwünscht *ist*. Der Betreffende glaubt, wir würden ihn bitten, sich etwas anzusehen, was er zweifelsfrei für *falsch* hält, damit er es für *richtig* erklärt, oder dass das eine Möglichkeit sei, sich dazu zu bringen, etwas Unerwünschtes zu akzeptieren. Dabei ist es überhaupt nicht möglich, sich ein besseres Gefühl *vorzugaukeln,* denn Gefühle sind nun einmal Gefühle, und ein Gefühl ist immer das Ergebnis des Gedankens, für den man sich entschieden hat.

Es ist wirklich ganz wundervoll, dass der Lebensprozess und die Wahrnehmung der *erwünschten* Dinge um einen herum uns ermöglichen, eindeutige Schlüsse auf das Erwünschte zu ziehen. Und wenn du dann darauf achtest, wie du dich fühlst, kannst du mühelos den *Umkehrvorgang* anwenden, um deine Aufmerksamkeit stärker auf die erwünschten Aspekte des Lebens zu richten und weniger auf die *unerwünschten*. Sobald das *Gesetz der Anziehung* auf deine immer besseren Gedanken des Wohlgefühls reagiert, wirst du feststellen, dass deine Lebenserfahrungen sich verändern und *vermehrt* den *erwünschten* Aspekten entsprechen, während die *unerwünschten* Aspekte nach und nach aus deiner Erfahrung verschwinden.

Wenn du den Umkehrvorgang *ganz bewusst anwendest, musst du deine Gedanken ganz bewusst wählen, was wiederum bedeutet, auch deinen schwingungsmäßigen Ort der Anziehung bewusst zu wählen. Dann wählst du damit auch ganz bewusst, wie sich dein Leben entfaltet.* Umkehren *bedeutet, dass du deine Aufmerksamkeit mit der Absicht auf etwas richtest, deine Lebenserfahrungen selbst zu erschaffen.*

Ich kann mich sofort besser fühlen

Wir hören oft die Klage, dass es viel einfacher wäre, sich auf etwas Positives auszurichten, wenn der Betreffende es schon in seiner Lebenserfahrung hätte. Es fiele doch leichter, sich in Bezug auf etwas gut zu fühlen, wenn dieses Gute bereits geschieht. Wir werden sicher nicht leugnen, dass es leichter fällt, sich gut zu fühlen, wenn man Dinge sieht, die man für gut hält. Aber wenn ihr glaubt, ihr hättet nur die Fähigkeit, euch auf das auszurichten, *was* geschieht, und dass das, was *geschieht,* nicht angenehm ist, könnt ihr euer ganzes Leben lang darauf warten, nur das anzuziehen, was euch angenehm ist, weil eure Aufmerksamkeit dann nämlich auf dem Unerwünschten ruht und ihr auf diese Weise verhindert, dass *erwünschte* Ereignisse zu euch finden.

Ihr braucht nicht darauf zu warten, dass etwas Gutes geschieht, weil ihr die Fähigkeit habt, eure Gedanken auf die Verbesserung der Dinge zu richten, unabhängig davon, was ihr gerade erlebt. Und wenn es euch wichtig ist, was ihr empfindet, und ihr auch bereit seid, umzukehren und eure Aufmerksamkeit auf Gedanken zu richten, die sich besser anfühlen, werdet ihr sehr schnell eine positive und bewusste Transformation eures Lebens einleiten.

Das, was ihr erlebt, kommt zu euch als Antwort auf eure Schwingung. Die Gedanken, die ihr habt, entscheiden über die Schwingung, die ihr aussendet, und an euren Gefühlen könnt ihr erkennen, was für Gedanken ihr hattet. Wählt Gedanken, die sich gut anfühlen, dann folgen daraus Manifestationen, die sich gut anfühlen.

Viele Menschen sagen:»Es würde mir so viel leichter fallen, mich glücklich zu fühlen, wenn etwas anders wäre – wenn meine Beziehung besser wäre, wenn das Leben mit meinem Partner einfacher wäre, wenn ich nicht solche Schmerzen in meinem physischen Körper hätte oder wenn mein Körper anders aussehen würde, wenn meine Arbeit erfüllender wäre, wenn ich nur mehr Geld hätte ... Wenn meine Lebensbedingungen besser wären, dann würde ich mich besser fühlen, und dann fiele es mir auch leichter, positivere Gedanken zu haben.«

Etwas Angenehmes vor Augen zu haben fühlt sich in der Tat gut an, und es fällt einem leichter, sich gut zu fühlen, wenn es etwas Angenehmes gibt, was einem unmissverständlich vor Augen steht – aber du kannst von den anderen um dich herum nicht verlangen, alles so einzurichten, dass du nur Angenehmes zu sehen bekommst. Von anderen zu erwarten, dass sie einen mit der perfekten Umgebung versorgen, ist aus vielerlei Gründen keine gute Idee:

1. Es liegt nicht in ihrer Verantwortung, es dir behaglich zu machen.

2. Sie können nicht Bedingungen kontrollieren, die du um dich herum erschaffen hast.

3. Am wichtigsten aber ist, dass du dadurch deine Macht abgeben würdest, deine Erfahrungen selbst zu erschaffen.

Entscheide dich dafür, bei allem, dem du Beachtung schenken musst, nach den Aspekten zu suchen, die sich am besten anfühlen, und richte dein Augenmerk außerdem nur auf Dinge, die sich gut anfühlen – dann wird dein Leben immer mehr Aspekte des Wohlgefühls aufweisen.

Wenn man die Aufmerksamkeit auf etwas Unerwünschtes richtet, zieht das noch mehr Unerwünschtes an

Alles Angenehme hat ein unangenehmes Gegenstück, denn jedes Partikel des Universums enthält sowohl das Erwünschte als auch die Abwesenheit des Erwünschten. Wenn du dich auf den unerwünschten Aspekt von etwas ausrichtest, um es von dir wegzuschieben, wird es sich dir annähern, weil du immer das bekommst, worauf du deine Aufmerksamkeit richtest, ob es nun erwünscht ist oder nicht.

Du lebst in einem Universum, das auf »Einbezug« beruht. So etwas wie »Zurückweisung« oder »Ablehnung« gibt es in diesem »einbezüglichen« Universum nicht. Wenn du etwas siehst, wonach es dich verlangt, und du bejahst es, ist das, als hättest du gesagt: »Ja, du Ding, das ich begehre, *bitte komm zu mir.*« Wenn du etwas siehst, was du nicht haben willst, und ihm ein »Nein!« entgegenhältst, ist das, als sagtest du: »*Komm zu mir, du Ding, das ich nicht haben will!*«

Alles, was dich umgibt, enthält gleichermaßen das *Erwünschte* wie das *Unerwünschte.* Es hängt von dir ab, dein Augenmerk auf das Erwünschte zu richten. Betrachte deine Umgebung als ein unendlich reichhaltiges Büffet und triff bewusst deine Entscheidungen, wie du darüber denkst. Wenn du dich bemühst, Entscheidungen zu treffen, die sich für dich gut anfühlen, wenn du dich bemühst, eine andere Geschichte deines Lebens und der Menschen und Ereignisse darin zu erzählen, wirst du feststellen, dass dein Leben sich zu verändern beginnt, um sich der Essenz der Details dieser neuen und verbesserten Geschichte, die du nun erzählst, anzugleichen.

Bin ich auf das Erwünschte ausgerichtet oder auf das Unerwünschte?

Manchmal glaubst du, du wärst auf etwas ausgerichtet, was du willst, obwohl das Gegenteil der Fall ist. Aber nur weil deine Worte positiv klingen oder du bei diesen Worten lächelst, heißt das noch nicht, dass du am positiven Ende des Stocks schwingst. Nur wenn du dir bewusst bist, was du bei deinen Worten *empfindest*, kannst du dir sicher sein, dass du auch wirklich die Schwingung dessen aussendest, was du *willst*, und nicht dessen, was du *nicht* willst.

Betrachte die Lösung, nicht das Problem

Der Meteorologe im Fernsehen kündigte gerade eine »anhaltende Dürreperiode« an, als unsere Freundin Esther einen der Wege ihres Anwesens im Hügelland von Texas entlangging und bemerkte, wie trocken das Gras war. Echte Sorge um das Wohlergehen der schönen Bäume und Sträucher, die durch den fehlenden Regen schon Anzeichen von Stress zeigten, erfüllte sie. Ihr fiel auf, dass das Vogelbecken leer war, obwohl sie es erst kurz vorher mit Wasser gefüllt hatte, und dann dachte sie an das durstige Rotwild, das wahrscheinlich über den Zaun gesprungen war, um das wenige Wasser zu trinken. Und als sie so über die augenblickliche Trockenheit nachdachte, blieb sie auf einmal stehen, blickte nach oben und sagte mit sehr positiver Stimme, mit sehr positiv klingenden Worten:»Abraham, ich will etwas Regen.«

Und wir antworteten sofort:»Glaubst du wirklich, dass du aus dieser Haltung des Mangels heraus Regen bekommen wirst?«

»Was mache ich denn falsch?«, fragte sie.

Und wir fragten zurück:»*Warum* willst du Regen?«

Und Esther entgegnete:»Ich will Regen, weil er die Erde erfrischt. Ich will Regen, weil er all die Geschöpfe in den Sträuchern mit Wasser versorgt, damit sie genug zu trinken haben. Ich will Regen, weil er das Gras grün werden lässt und weil er sich auf meiner Haut gut anfühlt und weil wir uns dann alle besser fühlen.«

Und wir sagten:»Nun ziehst du Regen an.«

Unsere Frage»*Warum* willst du Regen?« half Esther, ihre Aufmerksamkeit von dem *Problem* ab- und der *Lösung* zuzuwenden. Wenn du daran denkst, *warum* du etwas willst, *verlagert* sich deine Schwingung gewöhnlich in Richtung deines Wunsches. Wenn du daran denkst, *wie* etwas geschehen wird oder *wann* die Lösung kommt und *wer* sie wohl bringt, verlagert sich deine Schwingung gewöhnlich wieder auf das Problem.

Versteht ihr? Dadurch, dass sie – durch unsere Frage, *warum* sie den Regen wolle – ihre Aufmerksamkeit von dem, was nicht in Ordnung war, abwandte, gelang ihr die Umkehr. Sie dachte nicht mehr nur daran, *was* sie wollte, sondern auch daran, *warum* sie es wollte. Und schon begann sie sich besser zu fühlen. An diesem Nachmittag regnete es, und am Abend meldete der Meteorologe»ein ungewöhnliches, örtlich begrenztes Gewitter im Hügelland«.

Eure Gedanken sind machtvoll, und ihr besitzt erheblich mehr Kontrolle über eure Erfahrung, als den meisten von euch bewusst ist.

Ich *will* mich gut fühlen

Ein junger Vater wusste sich keinen Rat mehr, denn sein kleiner Sohn machte jede Nacht ins Bett. Dieser Vater war nicht nur frustriert über die physische Störung, weil er allmorgendlich nasses Bettzeug und nasse Kleidung vorfand, er war auch beunruhigt wegen der emotionalen Folgen, denn das ging jetzt schon sehr lange so, und ehrlich gesagt war ihm das Verhalten seines Sohnes peinlich.»Dafür ist er doch schon zu groß«, beklagte er sich bei uns.

»Wenn du morgens das Schlafzimmer betrittst«, fragten wir ihn,»was geschieht dann?«

»Nun, sobald ich sein Zimmer betrete, kann ich bereits am Geruch erkennen, dass er wieder ins Bett gemacht hat«, antwortete er.
»Und wie fühlst du dich dann?«, wollten wir wissen.
»Hilflos, wütend, frustriert. Das geht jetzt schon so lange, und ich weiß nicht, was ich dagegen tun soll.«
»Was sagst du zu deinem Sohn?«
»Ich sage ihm, er soll die nasse Kleidung ausziehen und in die Badewanne steigen. Ich sage ihm, dass er zu groß für so etwas ist und wir darüber doch schon gesprochen haben.«

Wir verdeutlichten diesem Vater, dass er das Bettnässen im Grunde aufrechterhielt. Wir erklärten ihm: *Wenn ein Zustand darüber bestimmt, wie du empfindest, kannst du nie eine Veränderung dieses Zustandes herbeiführen. Aber wenn es dir gelingt, während des Zustandes deine Empfindung zu kontrollieren, dann hast du dazu die Macht.* Wenn du beispielsweise das Schlafzimmer deines Sohnes betrittst und dir bewusst wird, dass etwas, was du dir nicht wünschst, geschehen ist, bräuchtest du nur kurz innezuhalten und dieses Ereignis, das du dir *nicht wünschst*, anzuerkennen – dich zu fragen, was du dir stattdessen *wünschst*, und diese Seite der *Umkehrgleichung* noch stärker zu betonen, indem du dich fragst, *warum* du es dir wünschst –, dann würdest *du* dich nicht nur sofort besser fühlen, du würdest auch bald die Ergebnisse deines positiven Einflusses sehen.

»*Was* wünschst du dir?«, fragten wir.

»Ich will, dass mein Sohn glücklich und trocken aufwacht«, sagte er, »und stolz auf sich sein kann, ohne dass ihm etwas peinlich ist.«

Der Vater empfand Erleichterung, als er sich auf seinen Wunsch ausrichtete, denn durch diese Bemühung gelangte er zur Harmonie mit seinem Wunsch. »Wenn du solche Gedanken hast«, sagten wir zu ihm, »sendest du etwas aus, was mit deinem *Wunsch* in Harmonie ist und nicht mit dem, was du dir *nicht* wünschst, und dadurch wirst du noch positiver auf deinen Sohn einwirken. Dann werden Worte aus deinem Mund kommen wie: ›Ach, das gehört zum Erwachsenwerden dazu. Das haben wir alle einmal durchgemacht, und du wächst sehr schnell.

Nun zieh dir die nassen Sachen aus und hüpf in die Wanne.‹« Dieser junge Vater rief schon bald danach an und berichtete überglücklich, dass das Bettnässen aufgehört hatte …

Immer wenn ich mich schlecht fühle, ziehe ich Unerwünschtes an

Obwohl sich fast jeder bewusst ist, wie er empfindet, wenn auch in unterschiedlichem Maße, verstehen nur wenige, was für eine wichtige Führung ihre Gefühle oder Emotionen sind. Einfach ausgedrückt: *Wenn du dich schlecht fühlst, bist du immer gerade im Begriff, etwas anzuziehen, was dir nicht gefallen wird. Der Grund für eine negative Emotion ist ausnahmslos, dass du dich auf etwas ausgerichtet hast, was du nicht willst, oder auch auf den Mangel oder die Abwesenheit von etwas, was du willst.*

Viele betrachten eine negative Emotion als etwas Unerwünschtes, aber wir ziehen es vor, darin eine wichtige Führung zu sehen, die dir hilft, die Richtung zu erkennen, in die deine Aufmerksamkeit geht … und damit die Richtung, die deine Schwingung nimmt … und damit die Richtung, aus der du etwas anziehst. Du könntest diese negative Emotion auch eine »Alarmglocke« nennen, weil sie dir zweifellos das Signal gibt, wann es Zeit wird umzukehren, aber wir nennen sie lieber eine »*Führungsglocke*«.

Deine Emotionen sind dein *Leitsystem*, das dir zu verstehen hilft, was du gerade mit jedem deiner Gedanken erschaffst. Oft ist es Personen, die allmählich die Macht der Gedanken begreifen und auch die Wichtigkeit dessen, dass man sich auf Themen ausrichtet, die sich gut anfühlen, peinlich, oder sie sind sogar wütend auf sich, wenn sie sich mitten in einer negativen Emotion wiederfinden. Dabei gibt es gar keinen Grund, wütend auf sich zu sein, nur weil man ein perfekt funktionierendes *Leitsystem* besitzt.

Immer wenn du dir bewusst wirst, dass du eine negative Emotion hast, mache dir als Erstes ein Kompliment dafür, dass du dir deiner Führung gewahr bist, und dann versuche das Gefühl behutsam anzuheben, indem du Gedanken wählst, die sich besser anfühlen. Wir würden das einen sehr subtilen <u>Umkehrvorgang</u> nennen, bei dem du sorgfältig Gedanken wählst, die sich besser anfühlen.

Immer wenn du eine negative Emotion hast, könntest du zu dir sagen: *Ich habe eine negative Emotion, und das heißt, dass ich im Begriff bin, etwas anzuziehen, was ich nicht will. Aber was <u>will</u> ich?*

Häufig genügt schon die Erklärung, dass du dich »gut fühlen willst«, um deine Gedanken in eine Richtung zu lenken, die sich besser anfühlt. Es ist jedoch wichtig, den Unterschied zu kennen zwischen »sich gut fühlen *wollen*« und »nicht *wollen*, dass man sich schlecht fühlt«. Manche glauben, dass das nur zweierlei Art und Weise ist, dasselbe zu sagen, obwohl diese Aussagen das genaue Gegenteil zum Ausdruck bringen, mit großen Schwingungsunterschieden. Wenn du anfängst, deine Gedanken darauf auszurichten, dass du ständig nach Dingen Ausschau hältst, die ein gutes Gefühl in dir hervorrufen, wirst du Gedankenmuster und Glaubenssätze entwickeln, die dir helfen, ein herrliches Leben zu erschaffen, das sich gut anfühlt.

Meine Gedanken verbinden sich mit passenden, stärkeren Gedanken

Woran du auch gerade denkst – ob es eine Erinnerung aus deiner Vergangenheit ist, etwas, was du in der Gegenwart wahrgenommen hast, oder etwas, was du dir von der Zukunft erwartest –, dieser Gedanke ist *jetzt* in dir aktiv, und er zieht andere Gedanken und Ideen ähnlicher Art an, aber je länger du bei diesen Gedanken verweilst, desto stärker werden sie und desto mehr Anziehungskraft geht von ihnen aus. Unser Freund Jerry hat das einmal mit den Tauen verglichen, die ihm auffielen, als er dabei zusah, wie ein großes Schiff an einem Kai festgemacht wurde. Es sollte mit einem sehr schweren Tau befestigt werden – zu schwer und massig, als dass man es ans Ufer hätte werfen können. Und so wurde stattdessen ein aufgerolltes kleines Seil vom Schiff aus auf den Kai geworfen. An dem Seil war ein dickeres Seil befestigt, an dem ein noch dickeres Seil hing, an dem wiederum ein dickeres Seil hing ... bis schließlich das schwere und massige Tau mühelos eingeholt und das Schiff schließlich am Kai festgemacht werden konnte. So ähnlich greifen auch deine Gedanken ineinander, einer in den anderen und der dann wieder in einen anderen und so weiter.

Bei manchen Themen hast du das negative Tau schon lange eingeholt, sodass du unwillkürlich in eine negative Richtung läufst. Jemand braucht dann nur noch etwas Negatives zu äußern oder einen entsprechenden Vorschlag zu machen, der dich sofort in einen Strudel der Negativität zieht.

Dein Ort der Anziehung verdankt sich hauptsächlich den Dingen, die du immer wieder denkst, während du dein Tagewerk verrichtest, aber es steht in deiner Macht, deine Gedanken positiv oder negativ auszurichten. Ein Beispiel: Du bist in einem Lebensmittelladen und bemerkst, dass etwas, was du regelmäßig dort kaufst, viel teurer geworden ist, worauf dich jähes Unbehagen erfüllt. Du glaubst dann vielleicht, dass du über den plötzlichen Preisanstieg dieser Ware schockiert bist und dass dir, da du keinen Einfluss darauf hast, was der Händler für seine Waren verlangt, nichts anderes übrig bleibt, als Unbehagen zu empfinden. Wir möchten jedoch betonen, dass dein Unbehagen nicht daher kommt, dass der Händler den Preis der Ware erhöht hat, sondern sich vielmehr der Richtung verdankt, die deine Gedanken genommen haben.

Wie beim Gleichnis vom Tau, das an einem anderen Tau hängt und das wieder an einem anderen Tau und das wieder an einem anderen, sind auch deine Gedanken miteinander verbunden und suchen rasch höhere Schwingungsorte auf. In unserem Beispiel: *O Mann, diese Ware ist ja viel teurer als letzte Woche ... Die Preiserhöhung ist doch*

völlig willkürlich ... Diese Händler kriegen einfach den Hals nicht voll ...
Das läuft alles aus dem Ruder ... Keine Ahnung, wohin das noch führen
soll ... So kann das jedenfalls nicht weitergehen ... Unsere Wirtschaft
liegt echt darnieder ... Diese inflationären Preise kann ich mir nicht mehr
leisten ... Ich komme so schon kaum über die Runden ... Ich kann gar
nicht schnell genug verdienen, um mit den steigenden Lebens-
haltungskosten mitzuhalten ...

Und dieser negative Gedankenstrom kann natürlich in viele Richtun-
gen laufen – dass du dem Händler die Schuld gibst, der Wirtschaft, der
Regierung –, aber letzten Endes läuft es eigentlich immer darauf hi-
naus, dass du das Gefühl hast, die Situation wirkt sich negativ für dich
aus, weil du alles, was du wahrnimmst, immer zu einem persönlichen
Gefühl machst. Und es *ist* ja auch etwas Persönliches, weil du eine
Schwingung aussendest, die darauf Einfluss nimmt, was jetzt durch die
Wahl deiner Gedanken zu dir hingezogen wird.

Wenn du dir deiner Gefühle bewusst bist und verstehst, dass deine
Emotionen die Richtung anzeigen, in die deine Gedanken gehen, dann
kannst du deine Gedanken besser willentlich steuern. In unserem Beispiel: *O Mann, diese Ware ist ja viel teurer als letzte Woche ... Bei den*
anderen Waren in meinem Korb bin ich mir nicht ganz sicher ... Ihr Preis
könnte gleich geblieben sein ... Vielleicht ist er sogar gesunken ... Ich habe
gar nicht darauf geachtet ... Bei dieser Ware habe ich's nur gemerkt, weil
sie ein größerer Posten ist ... Preise schwanken nun einmal ... Damit kann
ich umgehen ... Die Preise ziehen etwas an, aber das bekomme ich schon
auf die Reihe ... Was ist das doch für ein imposantes Vertriebssystem,
das uns den Zugriff auf eine solche Vielfalt von Waren ermöglicht ...

Wenn du einmal beschlossen hast, auf dein Wohlbefinden zu achten,
wird es dir immer leichter fallen, deine Gedanken in eine Richtung zu
lenken, die sich gut anfühlt.

Sobald der Wunsch nach Wohlbefinden in dir aktiv wirksam ist, wirst
du einen ständigen Strom von Eingebungen haben, die sich gut anfüh-
len, und es wird dir immer leichter fallen, deine Gedanken in produktive
Richtungen zu lenken. Deine Gedanken besitzen eine enorme schöp-

ferische Anziehungskraft, die du nur wirksam nutzen kannst, wenn du ständig Gedanken aussendest, die ein gutes Gefühl verbreiten. Wenn deine Gedanken immer zwischen dem Erwünschten und Unerwünschten, dem Pro und Kontra, dem Plus und Minus hin und her springen, dann verlierst du den Vorteil des Schwungs, den ein reiner, positiver Gedanke dir verleiht.

Wie man ein Buch positiver Aspekte anlegt

Im ersten Jahr unserer gemeinsamen Arbeit verwendeten Jerry und Esther Konferenzräume, die sie im Umkreis von fünfhundert Kilometern um ihr texanisches Zuhause in den kleineren Hotels verschiedener Städte anmieteten. Sie wollten für die Menschen, die sich versammelten, um uns ihre persönlichen Fragen zu stellen, eine behagliche Umgebung erschaffen.

In Austin gab es ein Hotel, in dem man anscheinend immer vergaß, dass sie kommen würden, obwohl Esther Vereinbarungen mit dem Hotel getroffen, einen Vertrag unterzeichnet und sogar nur wenige Tage vor dem Event angerufen hatte, um sich den Termin bestätigen zu lassen. Es war dem Hotel immer möglich, sie unterzubringen (obwohl sie bei ihrer Ankunft niemand zu erwarten schien), aber Jerry und Esther war es sehr unangenehm, das Hotelpersonal ständig zu drängen, die Zimmer fertig zu machen, bevor ihre Gäste eintrafen.

Schließlich sagte Esther: »Ich glaube, wir sollten uns ein anderes Hotel suchen.«

Und wir sagten: »Vielleicht ist das eine gute Idee, aber vergiss nicht, *ihr nehmt euch mit.*«

»Wie meinst du das?«, wollte Esther ein wenig trotzig wissen.

Wir erklärten es ihr: »*Wenn du aus deiner Sichtweise des Mangels zur Tat schreitest, ist diese Tat immer kontraproduktiv. Es ist sogar sehr* wahrscheinlich, dass man euch im neuen Hotel genauso behandeln wird wie im letzten.« Jerry und Esther lachten über unsere Erklärung, weil sie aus diesem Grund schon einmal das Hotel gewechselt hatten. »Was sollen wir tun?«, fragten sie.

Wir ermutigten sie, sich ein neues Notizbuch zu besorgen und in Großbuchstaben auf das Deckblatt zu schreiben: MEIN BUCH POSITIVER ASPEKTE. Und auf der ersten Seite des Buches sollte stehen: »Positive Aspekte des Hotels ... in Austin«.

Und so begann Esther zu schreiben: »Es ist eine wundervolle Anlage. Absolut makellos. Das Hotel ist sehr gut gelegen. Ganz nahe an der Autobahn und leicht zu finden. Es hat viele Zimmer unterschiedlicher Größe, in denen sie unsere wachsende Teilnehmerzahl gut unterbringen können. Das Hotelpersonal ist immer sehr freundlich ...«

Als Esther diese Einträge vornahm, veränderte sich ihr Gefühl gegenüber dem Hotel. Aus einem negativen Gefühl wurde ein positives, und sobald sie sich besser fühlte, veränderte sich auch die *Anziehung*, die sie auf das Hotel ausübte.

Sie schrieb nicht: »Sie sind immer gut vorbereitet und erwarten uns«, weil das nicht ihrer Erfahrung entsprach, und das zu schreiben hätte ein Gefühl des Widerspruchs oder der Abscheu und Rechtfertigung in ihr wachgerufen. Weil sie sich gut fühlen wollte und ihre Aufmerksamkeit bewusst eher auf die Aspekte des Hotels richtete, die sich gut anfühlten, veränderte sich Esthers Ort der Anziehung in Bezug auf dieses Hotel, und dann geschah etwas, was Esther höchst bemerkenswert fand: Im Hotel wurde nie mehr vergessen, dass sie kamen. Amüsiert nahm Esther zur Kenntnis, dass die Angestellten ihre Vereinbarungen nicht etwa vergessen hatten, weil sie achtlos oder unorganisiert waren. Das Hotelpersonal war einfach von Esthers vorherrschenden Gedanken über sie beeinflusst worden. Sie hatten Esthers negativen Gedankenstrom nicht abschütteln können.

Esther hatte so viel Freude an ihrem *Buch positiver Aspekte*, dass sie über viele Themen ihres Lebens zu schreiben begann. Unzählige Seiten schrieb sie darüber voll. Wir ermunterten sie, nicht nur über die Dinge zu schreiben, denen sie bessere Gefühle entgegenbringen wollte, sondern auch über solche, denen sie schon sehr positive Gefühle entgegenbrachte, einfach um sich in guten Gefühlen zu üben und aus der reinen Freude an Gedanken heraus, die sich gut anfühlen. So lebt es sich wirklich schön.

Das GESETZ DER ANZIEHUNG stärkt die Macht der Gedanken

Wenn du eine unerwünschte Situation erlebst, hast du oft das Verlangen, zu erklären, warum das geschehen ist, vielleicht weil du rechtfertigen willst, dass du dich in dieser Situation befindest. *Aber wann immer du dich verteidigst oder rechtfertigst oder einen Grund für etwas suchst oder etwas oder jemandem die Schuld gibst, befindest du dich an einem Ort der negativen Anziehung.* Jedes Wort, das du sagst, um zu erklären, warum etwas nicht so ist, wie es deiner Ansicht nach sein sollte, setzt die negative Anziehung fort, denn du kannst dich nicht auf etwas ausrichten, was du *willst*, während du erklärst, *warum* du etwas erlebst, was du *nicht* willst. *Du kannst dich nicht auf negative und positive Aspekte gleichzeitig ausrichten.*

Wenn du herauszufinden versuchst, wo deine Probleme eigentlich anfingen, hältst du die negative Anziehung nur noch länger aufrecht: *Was ist der Ursprung meiner Schwierigkeiten? Aus welchem Grund bin ich nicht an dem Ort, an dem ich sein will?* Es ist ganz natürlich, dass du nach einer Verbesserung deiner Erfahrungen strebst, und deshalb ist es nur logisch, dass du dein Augenmerk auf die Lösung richtest ... aber es besteht ein großer Unterschied zwischen der ernsthaften Suche nach einer Lösung und dem anhaltenden Verlangen nach einer Lösung, denn dadurch wird das Problem noch verstärkt.

Die Erkenntnis, dass etwas nicht so ist, wie du es haben willst, ist ein wichtiger erster Schritt, aber sobald du ihn gemacht hast, solltest du deine Aufmerksamkeit so schnell wie möglich auf die Lösung richten, je schneller, desto besser, denn eine fortgesetzte Sondierung des Problems wird dich daran hindern, die Lösung zu finden. Das Problem hat eine andere Schwingungsfrequenz als die Lösung.

Wenn du dir bewusst wirst, wie wertvoll der *Umkehrvorgang* ist, und wenn du allmählich immer besser herauszufinden lernst, was nicht gewollt ist, und du deine Aufmerksamkeit dann sofort dem zuwendest, was gewollt ist, wirst du erkennen, dass du vorwiegend von schönen Dingen umgeben bist, denn in deiner Welt läuft erheblich mehr richtig als falsch. Außerdem wird dir die tägliche Verwendung des *Buches positiver Aspekte* helfen, dich positiver auszurichten. Es wird dich dabei unterstützen, deine Gedanken immer öfter in die Richtung dessen zu lenken, was du *willst*.

Je stärker du deine Aufmerksamkeit mit der Absicht versiehst, zunehmend mehr Gedanken zu haben, die sich *besser* anfühlen, desto deutlicher wird dir bewusst werden, dass ein großer Unterschied dazwischen besteht, ob du an das denkst, was du willst, oder an seine Abwesenheit. Wann immer du Unbehagen empfindest, wenn du davon sprichst oder daran denkst, eine Verbesserung herbeizuführen – deine finanzielle Lage zu verbessern oder eine Beziehung oder deinen körperlichen Zustand –, hinderst du dich in diesem Moment daran, diese Verbesserung zu erreichen.

Der *Umkehrvorgang* und der *Prozess des Buches positiver Aspekte* werden beide angeboten, um dir Hilfestellung dabei zu geben, schon in den frühen, subtilen Stadien deines Erschaffens zu erkennen, dass du an den ersten dünnen Fäden eines mächtigen Taues zupfst, damit du gleich loslassen und nach dem positiven Gedankenstrang greifen kannst.

Es fällt erheblich leichter, von einem Gedanken an etwas, mit dem du dich ein bisschen besser fühlst, zu einem Gedanken weiterzugehen, bei dem du dich noch besser fühlst ... statt direkt zu einem Gedanken zu gehen, bei dem du dich wundervoll fühlst, denn alle Gedanken (oder Schwingungen) werden vom <u>Gesetz der Anziehung</u> beeinflusst (oder herbeigeführt).

Ich beginne jeden Tag mit Gedanken an gute Gefühle

Wenn du auf etwas ausgerichtet bist, was du nicht willst, fällt es dir tatsächlich leichter, auf dieses unerwünschte Thema ausgerichtet zu bleiben (sogar weitere Anhaltspunkte zu finden, die diese Gedanken verstärken), als zu einer positiveren Sichtweise voranzuschreiten, *denn Gedanken, die einander gleichen, ziehen sich an.* Versuchst du also, von einem wahrhaft negativen, unerwünschten Thema sofort zu einem positiven, erfreulichen Thema zu wechseln, wird dir das nicht gelingen – denn der Schwingungsunterschied zwischen den beiden Gedanken ist zu hoch. Der beste Weg, deine persönliche Schwingung zu verbessern, besteht in dem Entschluss, deine Gedanken behutsam, allgemein und stetig immer mehr in die erwünschte Richtung zu verlagern.

Wenn du morgens nach einigen Stunden Schlaf erwachst (und dir schwingungsmäßig alles Unerwünschte noch fern ist), befindest du dich in deinem positivsten Schwingungszustand. Würdest du deinen Tag jetzt, noch bevor du das Bett verlässt, damit beginnen, eine Handvoll positiver Aspekte in deinem Leben zu betrachten, würdest du ihn auf positivere Weise beginnen, und die Gedanken, mit denen dich das *Gesetz der Anziehung* als Sprungbrett in jeden Tag versorgt, würden sich viel besser und segensreicher anfühlen.

Mit anderen Worten: Jeden Morgen hast du Gelegenheit, eine andere schwingungsmäßige Grundlage (eine Art Vorgabe) zu erschaffen, die für den restlichen Tag die allgemeine Stimmung deiner Gedanken festlegt. Und auch wenn manche Ereignisse an diesem Tag dich vielleicht von deinem Ausgangspunkt ablenken, wirst du mit der Zeit bemerken, dass du die vollständige Kontrolle über deine Gedanken, deine Schwingung und deinen Ort der Anziehung erlangt hast – und somit über dein Leben!

Im Schlaf richten sich deine Energien neu aus

Im Schlaf – oder während der Zeit, in der du dich durch deinen physischen Körper nicht bewusst ausrichtest – erfolgt keinerlei Anziehung durch den physischen Körper. Der Schlaf ist eine Zeit, in der dein *Inneres Wesen* deine Energien neu bündelt, und er ist für deinen physischen Körper eine Zeit der Erfrischung und Wiederauffüllung. Wenn du dir vor dem Einschlafen sagst: *Heute Nacht werde ich gut ruhen. Ich weiß, dass jede Anziehung durch diesen Körper aufhört, und wenn ich am Morgen erwache, werde ich buchstäblich wieder in meine physische Erfahrung eintreten*, dann wird dir die Zeit des Schlafs den allergrößten Nutzen bringen.

Das Erwachen am Morgen unterscheidet sich nicht sehr von der Geburt. Es unterscheidet sich nicht sehr von dem Tag, an dem du das erste Mal in deinen physischen Körper eingetreten bist. Öffne also beim Erwachen die Augen und sage: *Heute werde ich nach Gründen suchen, mich gut zu fühlen. Nichts ist wichtiger, als dass ich mich gut fühle. Nichts ist wichtiger, als dass ich Gedanken auswähle, die andere Gedanken anziehen, die wieder andere Gedanken anziehen, die meine Schwingungsfrequenz so weit anheben, dass ich mit den positiven Aspekten des Universums in Resonanz treten kann.*

Deine Schwingung ist noch genau dort, wo du sie zurückgelassen hast. Wenn du also vor dem Einschlafen im Bett gelegen und dir Sorgen gemacht hast, wirst du genau dort weitermachen, wo deine Gedanken und deine Schwingung dich am Vorabend verlassen haben, und dann werden deine Gedanken mit dieser negativen Grundlage in den Tag starten. Und dann wird das *Gesetz der Anziehung* dir weiter andere Gedanken zuführen, die diesen Gedanken gleichen.

Aber wenn du dich vor dem Einschlafen bemühst, einige der positiven Aspekte deines Lebens zu erkennen, und du deine Gedanken anschließend in dem Wissen, dass der Schlaf dich erfrischen und wiederauffüllen wird, bewusst loslässt und du beim Erwachen die Augen öffnest und sagst: *Heute werde ich nach Gründen suchen, mich gut zu fühlen* ... dann wirst du die Kontrolle über deine Gedanken und dein Leben erlangen.

Statt dir über die Probleme der Welt den Kopf zu zerbrechen oder über Dinge nachzudenken, die du heute erledigen musst, liege einfach in deinem Bett und suche nach den positiven Aspekten des Augenblicks: *Wie wundervoll sich dieses Bett anfühlt. Wie angenehm sich der Stoff anfühlt. Wie gut mein Körper sich anfühlt. Wie bequem dieses Kissen ist. Wie erfrischend die Luft ist, die ich atme. Wie gut es doch ist, am Leben zu sein!* ... Du hast dann begonnen, an diesem positiven Tau der guten Gefühle zu ziehen.

Das *Gesetz der Anziehung* ist wie ein riesiges Vergrößerungsglas, das alles verstärkt. Und deshalb wird, wenn du beim Erwachen nach einem Grund suchst, dich gut zu fühlen (und es wird dir sofort einer einfallen), das *Gesetz der Anziehung* dir einen weiteren Gedanken anbieten, der sich genauso anfühlt, und dann noch einen und noch einen – und genau das verstehen wir darunter, wenn wir sagen, dass du mit dem richtigen Bein aufgestanden bist.

Wenn du dir Mühe gibst und dich gut fühlen willst, kannst du deine Gedanken auf immer angenehmere Szenarien richten, bis du deine Denkgewohnheiten ebenso verändert hast wie deinen Ort der Anziehung – und sofort wirst du Anzeichen für eine Besserung deiner Gedanken feststellen.

Ein Beispiel für den Prozess POSITIVER ASPEKTE *vor dem Einschlafen*

Weil du im Leben auf Handeln ausgerichtet bist, glaubst du, dass es harter Arbeit bedarf, damit etwas geschieht, aber wenn du deine Gedanken bewusst zu führen gelernt hast, wirst du feststellen, dass Gedanken einen beträchtlichen Einfluss und große Macht besitzen. Wenn du dich immer eher auf das konzentrierst, was du dir wünschst, statt die Macht deines Denkens dadurch zu verwässern, dass du erst an das *Erwünschte* und dann wieder an das *Unerwünschte* denkst, wirst du aus persönlicher Erfahrung verstehen, was wir meinen. Weil du auf *Handeln* ausgerichtet bist, bemühst du dich oft zu sehr und arbeitest zu hart. Die Folge ist, dass die meisten von euch ihre Aufmerksamkeit stärker auf das richten, was nicht in Ordnung ist (oder darauf, was in Ordnung gebracht werden soll), statt sie darauf zu richten, was sie wollen.

Wir möchten dir eine gute Möglichkeit vorstellen, den *Prozess positiver Aspekte* beim Einschlafen anzuwenden: Sobald du im Bett bist, versuche dich an die angenehmsten Dinge zu erinnern, die der Tag dir gebracht hat. Da an diesem Tag zweifellos viel geschehen ist, musst du vielleicht eine Weile überlegen, und dabei können dir ein paar Dinge einfallen, die weniger angenehm waren – aber bleibe bei deiner Absicht, etwas Angenehmes zu finden, und wenn du es gefunden hast, denke darüber nach.

Versorge deine Positivitätspumpe mit Energie, indem du Dinge sagst wie: *Was mir daran gefallen hat, war ... Am Schönsten daran war ...* Gehe jedem positiven Faden nach, den du finden kannst, und denke an die besten Zeiten an diesem Tag, und wenn du dann die Wirkung deiner positiven Gedanken spürst, richte deine Aufmerksamkeit sofort auf deine vorrangige Absicht: *dass du die Nacht über gut schläfst und am Morgen erfrischt aufwachst.*

Sage dir: *Ich schlafe jetzt ein, und weil meine Gedanken dann inaktiv sind, werde ich im Schlaf nichts mehr anziehen, und so wird mein physischer Körper in jeder Hinsicht vollkommen erfrischt.* Wende deine Aufmerksamkeit den Dingen in deiner unmittelbaren Umgebung zu, zum Beispiel wie bequem dein Bett ist, wie weich dein Kissen, wie wohl du dich gerade fühlst. Und dann bringe behutsam die Absicht auf den Weg: *Ich werde gut schlafen, und ich werde erfrischt aufwachen – mit einem neuen, positiven Ort der Anziehung, der sich gut anfühlt.* Und dann schläfst du ein.

Ein Beispiel für den PROZESS POSITIVER ASPEKTE *nach dem Aufwachen*

Wenn du am nächsten Morgen erwachst, wirst du dich an einem positiven Ort befinden, der sich gut anfühlt, und deine ersten Gedanken werden ungefähr lauten: *Ach, ich bin wach. Ich bin wieder in meinen physischen Körper eingetreten* ... Bleibe noch eine Weile liegen und schwelge in der Behaglichkeit deines Bettes, und dann sende einen Gedanken aus wie: *Heute ist es meine vorrangige Absicht, nach Dingen Ausschau zu halten, die sich gut anfühlen – wohin ich auch gehe, was ich auch tue, mit wem ich es auch tue. Wenn ich mich gut fühle, schwinge ich in meiner höheren Macht. Wenn ich mich gut fühle, befinde ich mich in Harmonie mit dem, was ich als gut betrachte. Wenn ich mich gut fühle, befinde ich mich in einem Zustand, in dem ich das anziehe, was mir gefällt. Und wenn ich mich gut fühle – fühle ich mich einfach nur gut!* (Es ist gut, sich einfach nur gut zu fühlen, und wenn es dir nichts weiter bringt, als dass du dich gerade gut fühlst – dabei bringt es eigentlich immer so viel mehr.)

Wir würden noch zwei, drei Minuten im Bett liegen bleiben und nach den positiven Aspekten in unserer Umgebung Ausschau halten. Und dann würden wir, wenn wir den Tag beginnen, weitere positive Aspekte erkennen und nach Gründen suchen, um uns gut zu fühlen, ohne darauf zu achten, was der Gegenstand unserer Aufmerksamkeit ist.

Sobald sich eine negative Emotion einstellt – was sehr wahrscheinlich der Fall sein wird, auch wenn du den Tag damit begonnen hast, nach Gründen Ausschau zu halten, dich gut zu fühlen, weil sich bei einigen Themen bereits ein negativer Schwung entwickelt hat –, beim ersten Anzeichen für eine negative Emotion würden wir also innehalten und sagen: *Ich will mich gut fühlen. Ich spüre eine negative Emotion, und das heißt, dass ich auf etwas ausgerichtet bin, was ich nicht will. Was _will_ ich stattdessen?* Und dann würden wir unsere Aufmerksamkeit sofort auf das richten, was wir wollen, und auf den neuen Gedanken ausgerichtet bleiben, den positiven Gedanken, so lange, bis wir spüren könnten, dass die positive Energie wieder durch unser System fließt. *Suche im Laufe des Tages nach weiteren Gründen, um zu lachen, nach weiteren Gründen, um Spaß zu haben.* Wenn du dich gut fühlen willst, nimm nicht alles so ernst, denn wenn du nicht alles so ernst nimmst, sinkt die Wahrscheinlichkeit, dass dir das Fehlen gewünschter Dinge auffällt, und wenn du dich nicht auf das Fehlen dessen, was du dir wünschst, ausrichtest, fühlst du dich besser – und wenn du dich besser fühlst, ziehst du noch mehr von dem an, was du willst ... und dein Leben wird einfach immer großartiger.

Und dann wird es abends, wenn du in deinem Bett liegst, so viele wundervolle Dinge geben, über die du nachdenken kannst, während du in deinen erholsamen, erfrischenden Schlaf sinkst, und am nächsten Morgen wirst du zu einem Tag erwachen, der sich sogar noch besser anfühlt.

Ich weiß, wie ich mich fühlen will

Manchmal, wenn du mitten in einer unangenehmen Situation steckst, hast du Mühe, auch nur *einen* positiven Aspekt daran zu finden. Manches ist nicht tragbar, manches ist so groß und so schlimm, dass es dir nicht möglich erscheint, *irgendetwas* Positives daran zu entdecken, doch das liegt daran, dass du versuchst, einen zu großen Sprung zu machen von der Schrecklichkeit dessen, worauf du gerade ausgerichtet bist, hin zu der Lösung, die du dir wünschst. Wenn du nach einer Lösung suchst, die du durch dein Handeln sofort herbeiführen könntest und die alles in Ordnung bringt, du dich aber in einer Situation befindest, in der kein Handeln angemessen erscheint, denke immer daran, dass es vielleicht gerade keinen positiven Aspekt gibt, an dem dein Handeln ansetzen könnte – und dir vielleicht auch gerade nicht einfallen will, was du tun könntest, um dich besser zu fühlen –, *dass du aber immer weißt, wie du dich fühlen willst.*

Es ist ein bisschen so, als würdest du sagen:»Ich bin gerade aus einem Flugzeug gesprungen, und ich habe keinen Fallschirm. Was soll ich jetzt machen?« Es gibt Situationen, in denen unter den gegebenen Umständen und zum betreffenden Zeitpunkt keine Handlung und kein Gedanke so viel bewirken könnten, dass sich etwas an dem Ergebnis ändert, das dir droht. Und so wie dir manchmal keine Handlung einfällt, durch die du etwas wieder in Ordnung bringen könntest, findest du auch keinen Gedanken, der sofort alles ändert.

Aber wenn du die Macht deiner Gedanken und den unglaublichen Einfluss verstehst, den ständige Gedanken des Wohlgefühls ausüben, und wenn du beginnst, deine Gedanken bewusst zu wählen, indem du dich der Führung durch deine Gefühle und Emotionen überlässt, brauchst du dich nur noch auf das bessere Gefühl auszurichten, um dein Leben mühelos in eine Abfolge vorwiegend angenehmer Erfahrungen zu verwandeln. *Wenn es dir möglich ist, in einem bewusst gefassten Gedanken auch nur das geringste Gefühl von Erleichterung zu entdecken, kann dein behutsamer Weg in Richtung Lösung beginnen.*

Vielleicht ist dir nicht klar, was du in bestimmten Situationen tun sollst, und bisweilen kannst du vielleicht nicht einmal erkennen, was du eigentlich haben willst, aber es gibt nie eine Zeit, in der du nicht in gewissem Umfang erkennen könntest, wie du dich fühlen willst. Du weißt, dass du lieber *glücklich* als *traurig* wärst, *erfrischt* statt *müde, gestärkt* statt *geschwächt.* Du weißt, dass du lieber *produktiv* als *unproduktiv* wärst, *frei* statt *angebunden, im Wachstum* begriffen statt *in Stagnation ...*

So viel Handeln ist gar nicht möglich, als dass du falsch ausgerichtete Gedanken kompensieren könntest, aber wenn du nach und nach die Kontrolle über die Art und Weise erlangst, wie du dich fühlst – indem du bewusster die Richtung wählst, in die deine Gedanken gehen –, wirst du herausfinden, was für einen mächtigen Einfluss Gedanken nehmen. *Wenn es dir gelingt, deine Gedanken besser unter Kontrolle zu bekommen, wird das dazu führen, dass du auch deine Lebenserfahrungen besser unter Kontrolle hast.*

Nichts ist wichtiger, als sich gut zu fühlen

Es ist nicht schwer, bewusster mit den Dingen umzugehen, an die du denkst. Oft bist du sehr wählerisch, was die Speisen angeht, die du zu dir nimmst, das Auto, das du fährst, und die Kleidung, die du trägst, aber bewussteres Denken erfordert nicht mehr Urteilskraft. Du brauchst nur zu lernen, deine Gedanken bewusst auf den Aspekt des Gegenstands zu richten, der sich für dich am besten anfühlt, dann führt das zu einer erheblich stärkeren Verbesserung deines Lebens als die Entscheidung für eine bestimmte Mahlzeit, ein bestimmtes Fahrzeug oder die Garderobe.

Wenn du diese Worte liest und spürst, wie du persönlich mit ihrer Bedeutung und Macht in Resonanz trittst, wirst du nie mehr eine negative Emotion haben, ohne zu erkennen, dass du gerade eine wichtige Führung erfährst, die dir hilft, deine Gedanken in eine produktivere und vorteilhaftere Richtung zu lenken.

Mit anderen Worten: Du wirst nie mehr eine negative Emotion haben, ohne zu verstehen, dass du im Begriff bist, etwas Unerwünschtes anzuziehen. Wenn du in das bewusste Gewahrsein deiner Emotionen und der Führung, die sie dir bieten, eintrittst, geschieht etwas sehr Bedeutsames mit dir, denn trotz deiner Unwissenheit, was eine negative Emotion bedeutet, übst du dadurch eine negative Anziehung aus. Und dass du deine Emotionen jetzt verstehst, gibt dir die Kontrolle über deine Lebenserfahrung.

Wenn du dich weniger als gut fühlst, brauchst du nur innezuhalten und zu sagen: *Nichts ist wichtiger, als dass ich mich gut fühle – ich will jetzt einen Grund dafür finden, mich gut zu fühlen*, dann wirst du einen besseren Gedanken haben, der zu einem weiteren führt und wieder zu einem weiteren, und wenn du die Gewohnheit annimmst, nach Gedanken Ausschau zu halten, die sich gut anfühlen, *müssen* sich die Bedingungen, von denen du umgeben bist, verbessern. So will es das *Gesetz der Anziehung*. Wenn du dich gut fühlst, wirst du erleben, wie sich dir Türen öffnen, weil das Universum mit dir zusammenarbeitet.

Und wenn du dich schlecht fühlst, kommt es dir vor, als schlössen sich diese Türen wieder und als endete die Zusammenarbeit.

Wenn du eine negative Emotion hast, liegt das immer daran, dass du dich gegen etwas, was du dir wünschst, wehrst, und dieser Widerstand fordert seinen Tribut. Er fordert seinen Tribut von deinem physischen Körper, und er fordert seinen Tribut von den vielen wundervollen Dingen, die du in deine Erfahrung treten lässt.

Dadurch, dass du dein Leben lebst und dir das Erwünschte und das Unerwünschte, das dir begegnet, auffällt, hast du eine Art *Schwingungsdepot* erschaffen, in dem die Dinge, die du als erwünscht erkannt hast, für dich gewissermaßen aufbewahrt werden, bis du zu ihnen eine schwingungsmäßige Entsprechung aufgebaut hast, die es dir ermöglicht, sie vollends zu manifestieren und aufrechtzuerhalten. Aber wenn du keine Möglichkeit findest, ein gutes Gefühl zu ihnen zu entwickeln, obwohl sie noch nicht in deiner Erfahrung manifest sind, hast du vielleicht den Eindruck, als befänden sie sich auf der anderen Seite einer Tür, die du nicht öffnen kannst. Beginnst du jedoch in Bezug auf die Dinge, die dich gedanklich beschäftigen, nach positiveren Aspekten Ausschau zu halten – und entscheidest du dich in Bezug auf die Dinge, die deine Gedankenprozesse beherrschen, bewusst für das positivere Ende des Stocks der Möglichkeiten –, dann wird sich diese Tür öffnen, und alles, was du dir wünschst, wird mühelos in deine Erfahrung fließen.

Alles läuft immer besser

Wenn du bei allem, worauf du deine Aufmerksamkeit richtest, bewusst nach positiven Aspekten Ausschau hältst, stimmst du deinen Schwingungsempfänger gewissermaßen auf weitere positive Aspekte an allem ein. Selbstverständlich könntest du dich auch negativ einstimmen. Viele Menschen kämpfen als Ergebnis negativer Vergleiche, die sie durch Eltern, Lehrer oder Gleichaltrige erfahren haben, gegen eine

Haltung der Selbstkritik an, und es gibt nichts, was stärker gegen deine Fähigkeit der positiven Anziehung arbeiten könnte, als eine negative Einstellung zu dir selbst.

Entscheidest du dich jedoch für ein Thema, dem du bisher weniger negative Gedanken entgegengebracht hast, kannst du dich manchmal auf eine Frequenz einschwingen, die sich besser anfühlt. Und wenn du an diesem Ort, der sich besser anfühlt, deine Gedanken wieder dir zuwendest, wirst du mehr positive Aspekte an dir selbst entdecken als gewöhnlich. *Entdeckst du aber mehr positive Aspekte an der Welt, die dich umgibt, wirst du allmählich auch mehr positive Aspekte an dir selbst entdecken. Und dann fällt es dir noch leichter, weitere positive Aspekte an deiner Welt zu entdecken.*

Fällt dir an dir etwas auf, was dir nicht behagt, wird es dir an anderen noch mehr auffallen. Du sagst: »Es kann nur noch schlimmer kommen.« Aber wenn du bewusst an dir oder an anderen nach positiven Aspekten Ausschau hältst, wirst du auch davon mehr finden: »Alles läuft immer besser.«

Wir können gar nicht genug betonen, wie wertvoll es ist, nach positiven Aspekten zu suchen und sich immer wieder auf das auszurichten, was man will, denn alles, was zu dir kommt, folgt diesem ganz einfachen Grundsatz: *Du erhältst zunehmend mehr von dem, woran du denkst – ob du willst oder nicht.*

In meinem Universum sind das Positive und das Negative im Gleichgewicht

Du bist also der Schöpfer deiner Erfahrung. Man könnte auch sagen, du ziehst deine Erfahrung an. Erschaffen heißt nicht, dass du erkennst, was du willst, danach strebst und es dann eroberst. Erschaffen heißt, sich auf die gewünschte Sache auszurichten – seine Gedanken genauer auf die Aspekte dieser Sache einzustimmen, die du in deiner

Erfahrung haben willst, und dadurch dem *Gesetz der Anziehung* zu erlauben, dass es sie zu dir bringt.

Ob du dich an etwas aus der Vergangenheit *erinnerst*, dir etwas in der Zukunft *vorstellst* oder etwas in deiner Gegenwart *wahrnimmst*, du schickst immer Gedankenschwingungen aus, auf die das *Gesetz der Anziehung* reagiert.

Vielleicht bezeichnest du deine Gedanken als Wünsche oder Überzeugungen (eine Überzeugung ist nur ein Gedanke, von dem du nicht ablässt), aber worauf auch immer du deine Aufmerksamkeit richtest, es bildet deinen Ort der Anziehung.

Weil jede Sache eigentlich aus zwei Sachen besteht – dem *Erwünschten* und der *Abwesenheit des Erwünschten* –, kannst du manchmal der Meinung sein, dich positiv auf etwas auszurichten, obwohl du in Wahrheit negativ ausgerichtet bist. Jemand sagt vielleicht: »Ich will mehr Geld«, aber im Grunde ist er darauf ausgerichtet, dass er nicht so viel Geld hat, wie er braucht. Die meisten Menschen äußern ihren Wunsch, gesund zu sein, am häufigsten, wenn sie sich krank fühlen. Ihre Äußerung wird dadurch ausgelöst, dass ihre Aufmerksamkeit auf etwas ruht, was sie *nicht* wollen, statt auf etwas, was sie *wollen*. In der Mehrzahl der Fälle verwenden sie also Worte, die darauf hinzudeuten scheinen, dass sie auf ihren Wunsch ausgerichtet sind, obwohl sie gerade *nicht* darauf ausgerichtet sind.

Nur wenn du bei deiner Äußerung bewusst darauf achtest, wie du dich fühlst, weißt du wirklich, ob du etwas Positives oder etwas Negatives anziehst. Und auch wenn du nicht sofort erkennst, was du anziehst, läuft deine Ausrichtung doch immer darauf hinaus, dass du zueinander passende Gedanken, Schwingungen und Energien ansammelst – und irgendwann stellt sich das Ergebnis deiner Anziehung dann ein.

Mein Universum reagiert
auf meine Aufmerksamkeit

Die meisten Menschen glauben, oder wollen doch glauben, dass alles im Universum so auf ihre Worte reagiert, wie die anderen Menschen um sie herum gelernt haben, auf sie zu reagieren. Sagst du zu jemandem:»Ja, komm zu mir«, erwartest du, dass er zu dir kommt. Sagst du hingegen:»Nein, geh weg«, erwartest du, dass er weggeht. Aber du lebst in einem Universum, das auf Anziehung beruht (in einem Universum, das keine Zurückweisung kennt), und das bedeutet schlicht und einfach, dass es so etwas wie ein *Nein* nicht gibt.

Wenn du deine Aufmerksamkeit auf etwas richtest, was du dir wünschst, und du sagst:»Ja, komm zu mir«, schließt du es in deine Schwingung ein, und das *Gesetz der Anziehung* macht sich dann daran, es dir zuzuführen. Wenn du jedoch etwas Unerwünschtes betrachtest und sagst:»Nein, dich will ich nicht – geh weg!«, führt das Universum es dir ebenfalls zu. *Die Aufmerksamkeit, die du einer Sache entgegenbringst, und somit die schwingungsmäßige Ausrichtung darauf, bewirkt die Reaktion – nicht das, was du sagst oder denkst.*

Wenn du also sagst:»Vollkommene Gesundheit, nach dir strebe ich – dich will ich – ich schwelge in der Vorstellung vollkommener Gesundheit«, ziehst du Gesundheit an. Aber wenn du sagst:»Krankheit, dich will ich nicht«, ziehst du Krankheit an. Sagst du:»*Nein, nein, nein*«, kommt es immer, immer näher, denn je mehr du dich gegen etwas wehrst, was du nicht willst, desto mehr erfüllt es dich.

Die Menschen glauben oft, wenn sie erst ihren perfekten Partner gefunden, ihr Idealgewicht erreicht oder genug Geld angehäuft haben, dass sie *dann ein für alle Mal* das Glück finden werden, nach dem sie streben ... doch nirgends gibt es einen Winkel, und sei er noch so klein, in dem nur positive Aspekte existieren. Das perfekte Gleichgewicht des Universums besagt, dass das Positive und das Negative (das Erwünschte und das Unerwünschte) in allen Partikeln des Universums existieren. Wenn du als Schöpfer, Wählender, Festleger und Entscheider nach dem Positiven suchst, wirst du es schließlich leben – in *allen* Aspekten deines Lebens. Du musst nicht warten, bis sich dir die perfekte Sache zeigt, damit du positiv darauf reagieren kannst. Vielmehr richtest du deine Gedanken und Schwingungen positiv aus und wirst dann zu ihrem *Schöpfer* – zu dem, der diese Sache *anzieht*.

Wir möchten dich dazu ermutigen, den Tag immer mit der Aussage *zu beginnen: Heute ist es meine vorrangige Absicht, nach dem zu suchen, was ich sehen will – wohin ich auch gehe, was ich auch tue, mit wem ich es auch tue.*

Vergiss nicht, wenn du morgens aufwachst, wirst du wiedergeboren. Im Schlaf ruht jede Anziehung. Diese nächtliche Absonderung für einige Stunden – in der dein Bewusstsein keine Anziehung mehr ausübt – erlaubt dir einen erfrischenden Neubeginn. Wenn du morgens beim Aufwachen also nicht wiederkäust, was dich am Vortag geplagt hat, wird es dir an diesem neuen Tag, nach deiner erneuten Geburt und deinem Neuanfang, keine Schwierigkeiten mehr bereiten.

Die Entscheidung, sich gut zu fühlen, zieht gute Gefühle an

Eine Frau sagte einmal zu uns: »Neulich erfuhr ich, dass ich an drei oder vier Partys teilnehmen sollte, und als ich das hörte, dachte ich gleich: Oh, Mary wird auch dort sein, und sie wird wieder großartig aussehen. Sofort fing ich an, mich mit anderen zu vergleichen. Ich möchte das nicht mehr. Ich möchte mich mit mir gut fühlen und die Partys genießen, egal wer dorthin kommt. Könnt ihr mir nicht helfen, den *Umkehrvorgang* und den *Prozess positiver Aspekte* auf mein Selbstbewusstsein anzuwenden? Es geht ja schon so weit, dass ich an diesen Partys gar nicht mehr teilnehmen will.«

Wir erklärten ihr: Wenn du dir vorstellst, an diesen Partys teilzunehmen, rückt dein Selbstwertgefühl in den Vordergrund, aber weder die Party noch Mary ist der eigentliche Anlass für dein Unbehagen. Es erscheint dir oft sehr aufwendig, deine Beziehung zu anderen Menschen in Ordnung zu bringen und diese Gefühle bis in die Anfänge deiner Kindheit zurückzuverfolgen, aber das ist auch ganz unnötig. Du hast die Fähigkeit, hier und jetzt positive oder negative Aspekte zu finden – indem du an das Erwünschte oder das Unerwünschte denkst –, und ob du damit in diesem Moment beginnst oder einige Tage bevor du auf die erste Party gehst oder damit wartest, bis du auf der Party bist, die zu leistende Arbeit ist dieselbe: *Suche nach Dingen, die sich gut anfühlen, wenn du dich auf sie konzentrierst.*

Weil du mehr Kontrolle über das hast, was in deinen Gedanken bereits aktiv ist, fällt es dir normalerweise erheblich leichter, das Positive an einer Situation zu sehen, bevor du mittendrin bist. Wenn du dir die Situation so vorstellst, wie sie deinem Wunsch nach ablaufen soll, und wenn du deine positive Reaktion auf die bevorstehende Situation übst, wirst du feststellen, dass auf der Party alles genau so abläuft, wie du es vorweggenommen hast.

Du kannst dich nicht gleichzeitig gut und schlecht fühlen. Du kannst dich nicht gleichzeitig auf etwas Erwünschtes und auf etwas Unerwünschtes fokussieren. Wenn du vor deiner Ankunft auf der Party deine Gedanken auf etwas gerichtet hast, was du als gut betrachtest oder dir wünschst, wird das Gesetz der Anziehung dir Dinge liefern, die sich gut anfühlen und erwünscht sind. Es ist wirklich so einfach.

Wenn du dich auf den nächsten Partys anders fühlen willst, als du dich bisher auf Partys gefühlt hast, musst du damit beginnen, eine andere Geschichte zu erzählen. Die Geschichte, die du bisher erzählt hast, geht ungefähr so: »Ich werde nur auf diese Partys eingeladen, weil ich mit meinem Partner zusammen bin. Eigentlich spielt es für niemanden eine große Rolle, dass ich auch dort bin. Ich gehöre nicht zu seinem Arbeitsumfeld, und von dem, wofür sie sich interessieren, verstehe ich in der Regel nichts. Ich bin eine Außenseiterin. Mary fühlt sich nicht so sehr als Außenseiterin. An der Art, wie sie sich kleidet und hält, sieht man deutlich, wie selbstbewusst sie ist. In Marys Nähe fühle ich mich immer weniger attraktiv, weniger klug, weniger von allem, was sie auszeichnet. Ich hasse es, mich so zu fühlen. Ich wünschte, ich müsste nicht hingehen.«

Und das ist ein Beispiel für eine Geschichte, die sich besser anfühlt: »Mein Partner wird in seinem Büro sehr respektiert. Es ist schön, dass seine Firma den Menschen, die dort arbeiten, manchmal die Gelegenheit bietet, ihre Partner einzubeziehen und einander kennenzulernen. Niemand wird erwarten, dass ich mich mit den innerbetrieblichen Abläufen auskenne. Bestimmt wird das eine Party, auf der alle froh sind, einmal nicht an die Arbeit denken zu müssen.

Das Leben ist so viel mehr als das, was im Büro meines Mannes geschieht. Und da ich sonst nicht dort bin, werde ich für viele wohl etwas frischen Wind hineinbringen, weil ich nicht knietief in ihren Problemen stecke. Mary wirkt offen und freundlich. Sie hat eindeutig auch nichts mit den Bürodingen oder sonstigen Problemen am Hut. Es macht Spaß, ihr zuzusehen. Sie ist interessant. Ich frage mich, wo sie ihre Kleidung kauft – sie trägt sehr hübsche Sachen.«

Weißt du, es ist nicht nötig, dass du alle Unsicherheiten, die du empfindest, in die Waagschale wirfst und diese Party dazu benutzt, deine Probleme zu lösen. Suche dir einfach etwas Positives, auf das du dich ausrichten kannst, und spüre, welchen Nutzen es dir bringt, und bald wird Mary kein Thema mehr für dich sein oder vielleicht sogar eine Freundin. Auf jeden Fall ist das eine Entscheidung, die *du* triffst, und deine Schwingungsübungen ermöglichen es dir.

Wie kann ich nicht ihr Leid empfinden?

Unser Freund Jerry wandte sich mit der Frage an uns: »Ich habe den Eindruck, als empfände ich den größten Teil meines Unwohlseins nur deshalb, weil ich sehe, wie andere leiden. Wie könnte ich den Umkehrprozess dazu benutzen, dass das Leid anderer mich nicht schmerzt?«

Wir erklärten ihm, dass der Gegenstand seiner Aufmerksamkeit, egal worum es sich handelt, immer sowohl Dinge enthält, die er sehen will, als auch Dinge, die er nicht sehen will. Das Leid, das er empfindet, rührt nicht daher, dass die Person, die er sieht, leidet. Er leidet, weil er beschlossen hat, eine Seite an ihr zu sehen, die ihm Leid zufügt. Das ist ein großer Unterschied.

Natürlich fiele es jedem leichter, Freude zu empfinden, wenn der oder die Betreffende nicht leiden, sondern sich freuen würde, doch die Umstände müssen sich nicht ändern, damit man seine Gefühle unter Kontrolle bekommt. Man muss nur seine Fähigkeit verbessern, sich auf das Positive auszurichten, ungeachtet der Umstände – und dabei hilft es, sich zu erinnern, dass alles und jeder etwas *Erwünschtes* und etwas *Unerwünschtes* in sich trägt, und dass du, wenn du es nur versuchst, etwas finden *kannst*, was sich besser anfühlt.

Natürlich ist es einfacher, etwas zu beobachten, was sich unmittelbar vor deinen Augen abspielt, statt absichtlich nach Dingen zu suchen, die du lieber sehen würdest. Aber wenn es dir wirklich wichtig ist, dich gut zu fühlen, wirst du weniger bereit sein, nachlässig oder träge zu beobachten – dann wird dein Wunsch, dich gut zu fühlen, eine größere Bereitschaft in dir wecken, nach positiven Aspekten Ausschau zu halten. Außerdem wird das *Gesetz der Anziehung* dir mehr Dinge, die sich gut anfühlen, zuführen, je öfter du nach solchen Dingen Ausschau hältst, bis du schließlich so positiv eingestellt bist, dass du die Dinge, die deiner positiven Einstellung nicht entsprechen, einfach nicht mehr wahrnimmst. Als wir einmal einer Mutter rieten, die Probleme ihres Sohnes zu ignorieren, sagte sie uns: »Aber wird er nicht den Eindruck haben, ich hätte ihn im Stich gelassen? Sollte ich nicht für ihn da sein?«

Wir erklärten ihr, es könne keine Rede davon sein, dass sie ihren Sohn im Stich ließe, wenn sie sich auf die positiven Aspekte in seinem Leben konzentriere, und dass eine beträchtliche Kraft darin liege, *jeden* Gedanken, der sich nicht gut anfühlt, loszulassen. »Man kann keinem dadurch helfen«, sagten wir, »dass man sich zum Resonanzboden seiner oder ihrer Probleme oder Klagen macht. Wenn du im Leben deines Sohnes das Bild stetiger Verbesserung aufrechterhältst, hilft ihm das, sich darauf zuzubewegen. *Sei* für ihn da. Aber sei *dort* für ihn da. Und hole ihn zu *dir* an diesen Ort, an dem er sich besser fühlt.«

Wenn es deine erklärte Absicht ist, dich besser zu fühlen, und es dir wirklich wichtig ist, wie du dich fühlst, wirst du zu immer mehr Themen immer mehr Gedanken haben, die sich gut anfühlen. Und dann wirst du besser darauf vorbereitet sein, dich mit anderen auszutauschen, ob sie sich nun gut oder schlecht fühlen. Durch deinen Wunsch, dich gut zu fühlen, hast du deiner Erfahrung im Austausch mit anderen den Weg geebnet, und es wird dir viel leichter fallen, dich positiv auf ihre Situation auszurichten, ganz gleich, in welchem Dilemma sie stecken. Aber wenn du dich nicht um deine eigene Schwingung gekümmert hast und nicht ständig einen Zustand guter Gefühle und Schwingungen aufrechterhältst, könntest du in seine oder ihre Situation hineingezogen werden, und dann fühlst du dich vielleicht wirklich unwohl.

Wir wollen einfach nur betonen, dass du nicht *ihr Leid* empfindest, das durch ihre Situation hervorgerufen wird, sondern dass du vielmehr *dein eigenes Leid empfindest, das von deinem eigenen Denken hervorgerufen wird.* Dieses Wissen ermöglicht ein hohes Maß an Selbstbeherrschung und führt im Grunde zu wahrer Freiheit. *Wenn du feststellst, dass du deine Gefühle beherrschen kannst, weil du die Kontrolle darüber hast, was du denkst, dann steht es dir frei, dich voller Freude auf deinem Planeten zu bewegen, aber wenn du glaubst, dass deine Gefühle vom Verhalten oder der Situation anderer abhängen – und du somit den Eindruck hast, dieses Verhalten und diese Situationen nicht unter Kontrolle zu haben –, dann wirst du dich unfrei fühlen.* Das liegt dem »Leid« zugrunde, von dem du gesprochen hast.

Ist mein Mitgefühl für alle Welt wertlos?

Jerry sagte einmal zu uns:»Wenn ich meine Aufmerksamkeit von denen abwende, die Probleme haben, fühle ich mich besser. Aber das hilft *ihnen* nicht, sich besser zu fühlen. Folglich kann das nicht die Lösung des Problems sein. Ich gehe dem Problem damit nur aus dem Weg.«

Wir erwiderten, dass er sich weiterhin gut fühlen wird, wenn er sich nicht auf ihr Problem einlässt, selbst wenn das an ihrem Problem nichts ändern wird. So weit stimmt es. Aber *wenn* er sich auf ihr Problem einlässt, wird er sich schlecht fühlen, und sie werden sich auch weiterhin schlecht fühlen – und das Problem ist damit für sie immer noch nicht gelöst. Wenn du dich eine Weile auf das Problem einer anderen Person ausrichtest, wirst du es schließlich zu deinem Problem machen. Richtest du dich hingegen nicht auf dieses Problem aus, sondern versuchst, dir stattdessen eine Lösung oder einen positiven Ausgang vorzustellen, wirst du dich gut fühlen – und es besteht die Möglichkeit, dass der oder die andere durch deinen Einfluss positiver zu denken beginnt und doch noch eine Lösung findet.

Kurz und gut: Du bist nie jemandem eine Hilfe (und kannst nie eine Lösung anbieten), wenn du eine negative Emotion hast, denn das Vorhandensein einer negativen Emotion in dir bedeutet, dass du dich auf die Abwesenheit des Erwünschten konzentrierst statt auf das Erwünschte.

Macht also jemand eine negative Erfahrung und tritt er oder sie dann, eingehüllt in diese mächtige Woge des Negativen, in dein Gewahrsein, ohne dass du dich bereits ganz bewusst auf gute Gefühle eingestimmt hast, dann wirst du vielleicht von dieser Negativität überwältigt. Dann wirst du vielleicht zu einem Teil der Verkettung dieses Leids, und es könnte durchaus sein, dass du dein Unwohlsein an einen anderen weitergibst, und der wieder an einen anderen.

Aber wenn die innere Haltung dieses Tages für dich schon feststeht, weil du dir allabendlich beim Einschlafen gesagt hast: *Heute Nacht wird im Schlaf jede Anziehung aufhören, sodass morgen für mich ein Neuanfang sein wird. Und morgen werde ich nach dem Ausschau halten, was ich sehen will, denn ich will mich gut fühlen – und es gibt für mich nichts Wichtigeres, als mich gut zu fühlen!*, dann wirst du, wenn du morgens erwachst, einen frischen Pfad beschreiten, der nichts Negatives vom Vortag mehr aufweist. Und wenn du dann ein Zimmer betrittst und es kommt dir jemand entgegen, der leidet, wirst du bei seiner Annäherung nicht Teil seines Leids, sondern bietest vielmehr ein Beispiel inneren Glücks, denn das, was du fühlst, strahlst du auch aus.

Allerdings ist es nicht sehr wahrscheinlich, dass andere, nur weil du glücklich bist, sofort ebenfalls diese Haltung einnehmen. Unterscheiden sich deine und die Gefühle anderer stark voneinander, wirst du vielmehr erhebliche Mühe haben, mit ihnen klarzukommen. Doch wenn du dir deine positive Schwingung bewahrst, werden sie deine positive Einstellung entweder übernehmen oder aufgrund ihrer Schwingung einfach aus deiner Erfahrung verschwinden. <u>Unglückliche Menschen können sich nur weiter in deiner Erfahrung aufhalten, wenn du ihnen weiter Aufmerksamkeit entgegenbringst.</u>

Wenn du mit zwei Begleitern den Grat eines Berges entlangwandern würdest, und du würdest aus Unachtsamkeit stolpern und über den Rand fallen und könntest dich gerade noch an einer hauchdünnen Ranke festhalten, und einer deiner Freunde wäre sehr stark und hätte einen festen Stand und der andere wäre tollpatschig und fahrig, über wessen Anwesenheit wärst du dann froher? Wenn du nach positiven Aspekten Ausschau hältst, geht dein Tritt niemals fehl. Dann folgst du der Inneren Perspektive von *Dem-der-du-bist*. Und wenn du dich ständig auf immer bessere Gefühle ausrichtest, stehen dir bald die mächtigsten Ressourcen des Universums zur Verfügung.

Mitgefühl zu haben bedeutet, sich auf eine Situation einzustimmen, bis du dich so fühlst wie der andere, und da jeder das Potenzial hat, sich wundervoll oder schrecklich zu fühlen – mit seinen Wünschen erfolgreich zu sein oder zu scheitern –, steht es dir frei, mit welchem Aspekt von ihm oder ihr du mitfühlen willst. Wir möchten dich darin bestärken,

Mitgefühl zu haben mit den Aspekten des höchsten Wohlgefühls anderer; vielleicht unterstützt du sie dadurch sogar darin, diesen Zustand noch zu verbessern.

Wie verhindere ich, dass es mir wehtut, wenn sie sich verletzt fühlen?

Ein Mann fragte uns einmal:»Wie beendet man eine Beziehung, ohne dass das Leid des anderen einem Schmerzen zufügt? Wenn man beschließt, dass es an der Zeit ist weiterzuziehen, und der Partner sieht es anders und ist darüber zutiefst unglücklich, wie kann man in einer solchen Situation sein Gleichgewicht bewahren?«

Wir erwiderten, dass man nicht versuchen sollte, sein Verhalten daran zu messen, welche Gefühle es beim anderen hervorruft, weil das nur in die Ohnmacht führt. Du kannst seine oder ihre Sichtweise nicht kontrollieren, und deshalb ist es dir auch nicht möglich, deine Schwingung oder deinen Ort der Anziehung – oder deine Gefühle – auf diese Weise dauerhaft zu verbessern.

Andererseits solltest du, wenn du beschlossen hast, eine Beziehung zu beenden, vorher die Schwingungsarbeit verrichtet haben, dich darauf auszurichten, was du willst und *warum* du es willst, weil sonst jede Handlung, die du vollziehst, dir nur noch mehr von dem Unwohlsein bereiten wird, das du bereits erfahren hast. Und selbst wenn die Beziehung vorbei ist und du allein lebst oder eine Beziehung mit jemand anderem eingegangen bist, werden diese alten negativen Schwingungen dich daran hindern, dass du ein angenehmes Leben führst. Einfach ausgedrückt: Es ist erheblich besser, sein Schwingungsgleichgewicht zu finden, *bevor* man sich zur Trennung entschließt, sonst erlebt man vielleicht eine ziemlich lange Zeit des Unwohlseins.

Betrachten wir einmal die Bestandteile dieser Situation und bringen ein wenig Klarheit in die Wahlmöglichkeiten: Da du in deiner Beziehung für eine Weile unglücklich warst, bist du zu dem Entschluss gekommen, dass es besser wäre, sie zu beenden. Anders gesagt: Du glaubst, dass deine Chance auf Glück außerhalb dieser Beziehung größer ist als in ihr. Aber wenn du das deinem Partner mitteilst, macht das ihn oder sie noch unglücklicher. Und weil das deinen Partner noch unglücklicher macht, wirst wiederum du noch unglücklicher. Eine Möglichkeit bestünde darin, zu bleiben, dir zu sagen: »Was soll's. Sei nicht unglücklich. Ich habe es mir anders überlegt. Ich werde bleiben.« Alles ging schließlich davon aus, dass ihr beide unglücklich wart. Du hast den Beschluss gefasst, zu gehen, was deinen Partner noch unglücklicher machte, und jetzt hast du dich anders entschieden, sodass dein Partner nicht mehr ganz so unglücklich ist – aber so richtig glücklich ist immer noch keiner von euch beiden. Es hat sich also nichts geändert, außer dass es für eine Weile heiß herging, aber im Grunde seid ihr beide mit dieser Beziehung immer noch unzufrieden und unglücklich.

Eine andere Möglichkeit wäre, einfach zu gehen. Du könntest dich auf all die Dinge ausrichten, die dazu geführt haben, dass du dich in der Beziehung nicht mehr wohlgefühlt hast, und sie als Rechtfertigung für dein Fortgehen anführen. Und obwohl dieser negative Blick auf negative Dinge dir die Überzeugung verleihen wird, richtig gehandelt zu haben, als du gingst, wirst du dich nicht unbedingt besser fühlen. Du wirst vielleicht etwas Erleichterung darüber empfinden, nicht mehr Teil dieser Beziehung zu sein, aber weiter das Bedürfnis haben, dein Fortgehen zu rechtfertigen, und dieser Zustand ist für dich immer noch unangenehm. Auch wenn du also die Dinge hinter dir gelassen hast, die dir Verdruss bereitet haben, wirst du weiter Verdruss empfinden.

Wirklich, du kannst nicht das Geringste *tun*, um zu verhindern, dass andere sich schlecht fühlen, denn sie fühlen sich nicht deshalb schlecht, weil *du* dich auf eine bestimmte Weise verhältst. Es gibt keine größere Falle in Beziehungen oder im Leben überhaupt als die Bemühung, andere glücklich zu machen, indem man *ihre* Emotionen beobachtet und sie durch *eigene* Handlungen zu kompensieren versucht.

Die einzige Möglichkeit, glücklich zu sein, besteht darin, zu beschließen, dass man glücklich ist. Wenn du die Verantwortung für das Glück eines anderen übernimmst, willst du das Unmögliche leisten und schaffst die Voraussetzungen für heftige persönliche Streitigkeiten. Betrachten wir einmal die Möglichkeiten, die sich durch *Umkehr* und *Positive Aspekte* bieten: Bleibe vorerst, wo du bist, führe keine großen Veränderungen in deinem Handeln oder Verhalten herbei. Anders ausgedrückt: Wenn du mit jemandem zusammenlebst, trenne dich nicht. Es geht uns hier um eine Veränderung deiner *Denkvorgänge*, nicht deiner *Handlungsweise*. Diese Vorgänge sollen dir helfen, dich so auszurichten, dass du die Geschichte deiner Beziehung oder deines Lebens auf eine andere Weise zu erzählen beginnst, die sich besser anfühlt und dich stärker in deine Kraft bringt.

Zum Beispiel: *Ich habe daran gedacht, diese Beziehung zu beenden, weil ich finde, dass sie mich nicht glücklich macht. Doch wenn ich über das Fortgehen nachdenke, wird mir klar, dass ich mich selbst mitnehme, wenn ich gehe – und wenn ich gehe, weil ich nicht glücklich bin, werde ich diese unglückliche Person mit mir nehmen. Ich will aber gehen, damit ich mich gut fühle. Ich frage mich, ob es nicht möglich ist, sich gut zu fühlen, ohne zu gehen. Ich frage mich, ob es an unserer Beziehung irgendetwas gibt, worauf ich mich ausrichten kann und das sich gut anfühlt.*

Ich weiß noch, wie ich dieser Person begegnete und wie sich das anfühlte. Ich weiß noch, wie ich mich von dieser Person angezogen fühlte und wie gespannt ich darauf war, herauszufinden, was wir gemeinsam alles entdecken könnten. Dieses Gefühl des Entdeckens gefiel mir. Unsere Beziehung gefiel mir am Anfang. Ich glaube, je mehr Zeit wir miteinander verbrachten, desto deutlicher wurde uns, dass wir nicht unbedingt das perfekte Paar waren.

Ich glaube nicht, dass einer von uns beiden etwas falsch gemacht hat. Kein perfektes Paar zu sein heißt ja nicht, dass mit einem von uns etwas nicht stimmt. Es heißt nur, dass es für uns beide da draußen vielleicht bessere Partner gibt.

Es gibt so vieles an dieser Person, was mir gefällt und was auch jeder andere sofort zu schätzen weiß: diese Klugheit, dieses umfassende Interesse, dieses spontane Lachen und der Spaß an der Freude ... Ich bin froh, dass wir zusammengekommen sind, und ich glaube, unsere gemeinsame Zeit wird sich für uns beide noch als sehr wertvoll erweisen.

Unsere Antwort auf deine wichtige Frage lautet demnach: Du kannst das Leid, das jemand empfindet, nicht dadurch kontrollieren, dass du *dein* Verhalten änderst. Du kannst jedoch dein eigenes Leid kontrollieren, indem du deine Gedanken so ausrichtest, dass dein Leid sich auflöst und bessere Gefühle an seine Stelle treten. *Wenn du deine Aufmerksamkeit auf das richtest, was du willst, wirst du immer anfangen, dich besser zu fühlen. Richtest du deine Aufmerksamkeit auf die Abwesenheit dessen, was du willst, wirst du dich immer schlecht fühlen. Und wenn du deine Aufmerksamkeit auf die Abwesenheit dessen richtest, was ein anderer will, fühlst du dich ebenfalls schlecht.*

Als körperliche Wesen seid ihr so sehr auf Handeln ausgerichtet, dass ihr wirklich glaubt, alles immer gleich in Ordnung bringen zu müssen. Dein Partner ist nicht von einem Moment auf den anderen dort angekommen, wo er jetzt steht. Es war sogar mehr als eure Beziehung nötig, dass dein Partner dort überhaupt angekommen ist. Es war ein langer Weg. Er musste die ganze Zeit Schwung nehmen. Also erwarte nicht, dass ein Gespräch, das ihr jetzt führt, sofort alles ändert. Sieh dich als jemanden, der einen Samen pflanzt – einen sehr kräftigen, starken, mächtigen Samen. Du hast ihn perfekt gepflanzt, und du hast ihn eine Weile mit deinen Worten genährt, sodass dieser Samen noch lange, nachdem du schon weg bist, weiter zu dem erblüht, was er werden soll.

Es gibt viele Beziehungen, die man nicht fortsetzen sollte, aber wir würden nie eine Beziehung beenden, weil wir verärgert sind oder uns schuldig oder angegriffen fühlen. Verrichte deine Schwingungsarbeit, fühle dich gut und dann geh. Dann wird das, was danach kommt, keine Wiederholung dessen sein, was du hinter dir gelassen hast.

Ich bin nicht verantwortlich
für die Schöpfungen anderer

Du musst nicht die Verantwortung für das übernehmen, was andere aus ihrer Lebenserfahrung machen. Betrachte sie als Personen, die gerade aus dem Mangel auftauchen, und wisse, dass es ihnen später einmal besser gehen wird – dann wirst auch *du* dich allmählich besser fühlen. Vielleicht bist du ihnen sogar eine Inspiration in ihrem Zustand des Schlafs und lenkst sie in eine bessere Richtung. Wenn du an sie denkst, stell sie dir glücklich vor. Käue nicht in Gedanken eure traurigen Gespräche oder die Trennung wieder. Stell sie dir so vor, als führten sie ihr Leben weiter, wie auch du dein Leben weiterführst. *Vertraue darauf, dass sie die Führung in sich haben, ihren Weg selbst zu finden.*

Die meisten von euch bringt es immer wieder durcheinander, wenn sie anderen helfen wollen und glauben: *Sie brauchen meine Hilfe, weil sie sich nicht selbst helfen können.* Denn dieser *Glaube ist denjenigen, denen sie helfen wollen, abträglich, weil diese tief in ihrem Inneren wissen, dass sie sich* selbst helfen *können* und *wollen.*

Beginne, deinem Partner Sachen zu sagen wie: »Du bist eine fabelhafte Person. Und obwohl wir nicht auf so vielen Ebenen eine Verbindung zueinander fanden, wie ich es gern gehabt hätte, weiß ich, dass ein perfekter Partner auf dich wartet, und ich gebe dich frei für diese wundervolle Gelegenheit. Halte danach Ausschau! Ich werde dich nicht gefangen halten in einer Situation, die wir beide nicht wollen. Ich möchte uns befreien, damit sich unsere Wünsche erfüllen können. Ich sage dir nicht für immer Adieu, ich sage: ›Möge diese Beziehung den Grundstein legen zu einem neuen Verständnis zwischen uns, einem, das auf leidenschaftlichen, positiven Wünschen beruht, nicht einem, das zurechtgeschliffen wurde, weil wir uns vor den möglichen Folgen fürchten.‹«

Und dann sage zu der Person: »Wenn ich an dich denke, werde ich wissen, dass du jetzt vielleicht traurig bist, später aber glücklich sein wirst. Ich werde mich dafür entscheiden, dich glücklich zu sehen, weil du mir so am besten gefällst und dir das auch lieber ist.« Das klingt vielleicht hartherzig oder kalt. Aber nichts anderes ergibt einen Sinn.

Soll ich auf die Führung hören oder mich um gute Gefühle bemühen?

Du hast die Fähigkeit, unter allen erdenklichen Umständen eine Umkehr einzuleiten. Ganz gleich, wie negativ etwas zu sein scheint – du hast die Fähigkeit, deine Aufmerksamkeit auf die positiven Aspekte von etwas zu richten. Das Einzige, was dir in die Quere kommen kann, sind alte Gewohnheiten oder vielleicht starke Beeinflussungen durch andere.

Die meisten Menschen handeln gewohnheitsmäßig, und ihre Muster sind so tief eingegraben, dass der schnellste Weg zur Freude für sie manchmal darin besteht, im Schlaf eine Umkehr vorzunehmen – und dann zu einem neuen Tag zu erwachen, der sie bereits in Richtung des Gewünschten führt. Die beste Erfahrung einer *Umkehr* könnt ihr machen, wenn ihr euch vor dem Einschlafen um Gedanken bemüht, die euch ein gutes Gefühl bereiten, und im Schlaf die Wohltat eines ruhenden Geistes erfahrt – und euch dann beim Aufwachen sofort wieder Gedanken zuwendet, die gute Gefühle bereiten. Folgt ihr diesem Muster einige Tage lang, besteht eine große Chance, dass ihr euer gewohnheitsmäßiges Denken verändert und einen anderen Ort der Anziehung einnehmt, und dann werdet ihr in nahezu jeder Hinsicht eures Lebens Verbesserungen feststellen.

Was ist, wenn ich das »Was wäre, wenn«-Spiel spiele?

Wenn wir euch ermuntern, dass ihr euch nach Kräften bemühen solltet, bei jeder Angelegenheit, mit der ihr euch befasst, stets die positiven Aspekte zu sehen, gibt es unter euch immer jemanden, der fragt:»Aber was ist mit dem Mann, der gerade seinen Job verloren hat und eine Frau und fünf Kinder ernähren muss, bei dem übermorgen die Miete fällig wird und der das erforderliche Geld nicht aufbringen kann? Und was ist mit der Frau, bei der plötzlich die Gestapo vor der Tür steht, um sie in eine Gaskammer zu verschleppen? Wie sollen diese Menschen eine Umkehr einleiten können?«

Und auf so grausame Fragen antworten wir dann meistens: Das ist, als wärst du gerade in sechstausend Metern Höhe ohne Fallschirm aus einem Flugzeug gesprungen und fragst dich:»Was mache ich jetzt?« Normalerweise gerätst du nicht in derartige Situationen, aus denen es kein leichtes Entkommen gibt, denn derartige Situationen, so dramatisch und traumatisch sie auch sein mögen, führen bei der richtigen Einstellung zu Lösungen, die von außen betrachtet ganz erstaunlich wirken oder als Wunder erscheinen.

Anders ausgedrückt: Es gibt keine Situation, für die sich nicht eine positive Lösung finden ließe, aber du musst schon die Fähigkeit haben, dich ganz klar auszurichten, um eine solche Lösung zu finden. Und die meisten Menschen sind in einer derartigen Situation nicht imstande, so viel Kraft aufzubringen – und das ist wiederum der Grund, weshalb sie diese negative Situation überhaupt erst erleben.

In so extremen Situationen steigt eine Kraft in dir auf, deren Intensität dich auf eine Ebene hebt, die dir – wenn du diese Kraft aufrechterhalten kannst – eine ganz und gar neue Sichtweise eröffnet. Das bedeutet, dass die Kränksten unter uns mehr als alle anderen die Möglichkeit haben, vollkommen zu gesunden, weil ihr Verlangen nach Gesundheit am stärksten ausgeprägt ist. Aber das gelingt ihnen nur, wenn sie eine Umkehr einleiten können – wenn sie in der Lage sind, sich auf ihr Verlangen nach Gesundheit auszurichten und den Gedanken an Krankheit hinter sich zu lassen.

Wir möchten euch ermuntern, das *Was wäre, wenn*-Spiel zu spielen und nach positiven Aspekten Ausschau zu halten. Statt in eurer Gesellschaft nach Beispielen für Menschen zu suchen, die sich entmündigt und machtlos fühlen und ihr Leben nicht im Griff haben, solltet ihr eine Geschichte erzählen, die euch ein Gefühl von Macht verleiht. Statt die Geschichte der ohnmächtigen Opfer zu erzählen und dadurch euer Gefühl zu verstärken, ebenfalls ein Opfer zu sein, sollet ihr einfach eine ganz andere Geschichte erzählen.

Wie wäre es beispielsweise, wenn diese Frau, bevor die Gestapo an ihre Tür klopft, schon Wochen vorher die Anzeichen des bevorstehenden Holocausts in der Stadt wahrgenommen hätte? Was wäre, wenn sie die Stadt verlassen hätte, als viele andere es auch taten? Was wäre, wenn sie keine Angst vor dem Unbekannten gehabt hätte? Was wäre, wenn sie sich nicht an das Vertraute geklammert hätte? Was wäre, wenn sie zwei Wochen vorher die Entscheidung getroffen hätte, mit ihrer Schwester und ihrer Tante und ihrem Onkel in einem anderen Land ein neues Leben zu beginnen, sodass sie gar nicht zu Hause war, als die Gestapo sie abholen wollte?

Wenn du das *Was wäre, wenn*-Spiel spielst, halte nach Dingen Ausschau, die du erleben *willst*. Halte nach Dingen Ausschau, die dir ein besseres Gefühl bereiten.

So etwas wie eine ausweglose Situation gibt es nicht. Vielmehr kannst du auf deinem Weg Hunderte und Tausende möglicher Entscheidungen treffen – doch aus Gewohnheit wählen die meisten Menschen in einer bestimmten Situation weiter die »mangelhaftete« Sichtweise, bis sie sich schließlich an einem unerwünschten Ort wiederfinden, an dem es scheinbar keine Wahlmöglichkeit mehr gibt.

Wenn du es zu deiner erklärten Absicht machst, nach Hinweisen auf Gesundheit und Wachstum, Erfolg und Glück Ausschau zu halten, wirst du dich auf die Schwingungen *dieser* Dinge einstellen – sodass diese Art von Erfahrung, mit der du dich wohlfühlst, dein Leben erfüllt. Wohin ich auch gehe, was ich auch tue, heute ist es meine vorrangige Absicht, nach dem Ausschau zu halten, was ich erleben will. Wenn du beschließt, kein bloßer Zuschauer deiner Welt zu sein, sondern bewusst positive Beiträge zu leisten, wird es dir sehr viel Freude bereiten, an den Ereignissen in deiner Welt teilzuhaben. Wenn du dann Zeuge von Begebenheiten wirst, die du in deiner Welt oder in deinem Land, in deinem Viertel, in deiner Familie oder in deinem Körper nicht haben willst, und wenn du weißt, dass du die Macht hast, eine andere Geschichte zu erzählen – und wenn du außerdem weißt, dass es gewaltige Auswirkungen hat, wenn du eine andere Geschichte erzählst –, dann ziehst du dich auf dieses unermessliche Wissen zurück, das du schon hattest, als du überhaupt erst die Entscheidung trafst, an den Ereignissen in dieser Welt teilzunehmen.

Du kannst nur an dem Ort sein, an dem du gerade bist, aber du hast die Macht, deine Meinung darüber zum Ausdruck zu bringen, wie etwas erheblich besser sein könnte. Und wenn du das bewusst und absichtlich tust, wirst du in jeder Sache, auf die du deine Aufmerksamkeit richtest, Anzeichen für Auswirkungen dieser besseren Sichtweise entdecken.

Wenn du beschließt, dich gut fühlen zu wollen, in deinen Alltagsangelegenheiten immer nach positiven Aspekten Ausschau hältst und dich bewusst damit identifizierst und darauf ausrichtest, was du in Bezug auf diese Angelegenheiten wirklich willst, schlägst du damit einen Weg ein, der dich zu immer größerer Freude und Zufriedenheit führt.

Diese Prozesse sind leicht zu verstehen und anzuwenden, aber lass dich durch ihre Einfachheit nicht dazu verleiten, ihre Kraft zu unterschätzen. Setze sie ständig um und beweise dir dadurch die Kraft des zielgerichteten Denkens. Entdecke die Macht der Energie, die Welten erschafft, die Macht, zu der du schon immer Zugang hattest und die einzusetzen du jetzt endlich gelernt hast, und rufe mit ihrer Hilfe deine ganz persönlichen Schöpfungen ins Sein.

Teil 2

Wie du Geld anziehst
und Fülle manifestierst

Wie du Geld anziehst und Fülle manifestierst

Obwohl Geld für dein Erleben nicht unbedingt erforderlich ist, bedeuten *Geld* und *Freiheit* für die meisten Menschen das Gleiche. Und da im tiefsten Kern dessen, was du bist, ein intensives Bewusstsein deines Rechts auf Freiheit existiert, folgt daraus, dass deine Beziehung zu Geld eines der wichtigsten Themen deiner Lebenserfahrung ist. Deshalb ist es nicht weiter verwunderlich, dass du so starke Gefühle in Bezug auf Geld hegst.

Auch wenn manche Menschen die Freiheit gefunden haben, große Geldmengen durch ihre Erfahrung fließen zu lassen, ist es doch öfter der Fall, dass die meisten von euch sich nicht frei fühlen, weil sie weit weniger die Erfahrung von Geld machen, als es nötig wäre oder sie sich wünschen. Es ist hier unsere Absicht, deutlich zu erklären, warum diese finanzielle Ungleichheit existiert, sodass du damit beginnen

---

Anmerkung der Redaktion: In den Abschnitten mit Dialogen zwischen Jerry und Abraham wird der Name des Sprechers am Anfang eines jeden Abschnitts der Eindeutigkeit halber wiederholt.

kannst, die Fülle, die du willst und verdient hast, in dein Erleben zu lassen. Wenn du nämlich diese Worte liest und beginnst, den Widerhall dieser auf dem *Gesetz* beruhenden Wahrheiten in dir zu spüren, wirst du dein Wünschen auf die Fülle deiner Welt ausrichten, und die Hinweise auf deine neu gefundene Ausrichtung wird für dich und andere, die dich beobachten, bald ersichtlich sein.

Ob du nun schon viele Jahre gearbeitet hast, um finanzielle Fülle zu erlangen, oder noch ein Jugendlicher bist, der diesen Weg gerade erst eingeschlagen hat, die Reise zum finanziellen Wohlstand muss von deinem jetzigen Standort aus nicht lange dauern. Es sind auch kein großer Zeitaufwand und körperliche Anstrengungen nötig, denn wir werden dir in einfachen und leicht verständlichen Worten darlegen, wie du die Dynamik der dir zur Verfügung stehenden Energie nutzen kannst. Wir wollen dir zeigen, dass absolute Übereinstimmung besteht zwischen den Gedanken, die du dir über Geld gemacht hast, der Art und Weise, wie du dich bei diesen Gedanken fühlst, und dem Geld, das in dein Erleben fließt. Wenn du diese Übereinstimmung bewusst herbeiführen kannst und beschließt, deine Gedanken bewusst auszurichten, wirst du zur Kraft des Universums Zugang finden, und dann wirst du sehen, dass Zeit und körperliche Anstrengungen für deinen finanziellen Erfolg recht unerheblich sind.

Wir beginnen also mit einer simplen Prämisse über dein Universum und deine Welt: *Du bekommst das, woran du denkst.* Oft sagen uns die Menschen:»Das kann nicht stimmen, denn ich habe schon mein Leben lang mehr Geld gewollt und daran gedacht, und doch kämpfe ich immer noch damit, dass ich nicht genug davon habe.« Und was wir ihnen daraufhin sagen, ist das Wichtigste, was du verstehen musst, wenn du deine finanzielle Lage verbessern willst. *Beim Thema Geld geht es eigentlich immer um zwei Themen: 1. um Geld, eine Menge Geld, und das Gefühl von Freiheit und Leichtigkeit, das eine Menge Geld vermitteln kann; und 2. um das Fehlen von Geld, nicht genug Geld zu haben, das Gefühl von Angst und Enttäuschung, das der Gedanke an das Fehlen von Geld mit sich bringt.*

Die Menschen nehmen oft an, dass sie schon positiv über Geld reden, wenn sie sagen: »Ich will mehr Geld.« Aber wenn du von Geld (oder sonst etwas) sprichst und dabei Angst oder Unbehagen empfindest, sprichst du nicht über das Thema Geld, sondern vielmehr darüber, nicht genug Geld zu haben. Und der Unterschied ist bedeutend, weil die erste Aussage Geld bringt, die zweite hingegen Geld von dir fernhält.

Es ist wichtig für dich, dir bewusst zu machen, wie du wirklich über Geld *denkst*, und noch wichtiger, was du für Geld *empfindest*. Wenn du Dinge sagst oder denkst wie: »Oh, das ist aber schön – wenn ich es mir nur leisten könnte«, hast du nicht die schwingungsmäßige Einstellung, die Fülle, die du dir wünschst, auch zuzulassen. Das Gefühl von Enttäuschung, das dich bei der Überzeugung erfasst, es dir nicht leisten zu können, ist ein Hinweis darauf, dass das Gleichgewicht deines Denkens mehr auf die Abwesenheit deines Wunsches als auf den Wunsch selbst ausgerichtet ist. *Die negative Emotion, die du bei der Überzeugung empfindest, dass du dir etwas, was du dir wünschst, nicht leisten kannst, ist eine Art, das Gleichgewicht deiner Gedanken zu verstehen, und das Ausmaß der Fülle, das du tatsächlich erlebst, ist eine andere Art, dieses Wissen zu erfahren.*

Viele Menschen setzen die Erfahrung des »Nicht genug« in ihrem Leben nur deshalb ständig fort, weil sie nicht über die Realität dessen hinausdenken, was sie eigentlich erleben. Mit anderen Worten: Wenn sie erleben, dass das Geld knapp wird, und sich dessen bewusst sind und oft davon reden, erhalten sie diese chronische Haltung aufrecht. Und deshalb protestieren auch viele Menschen sofort, wenn wir ihnen erklären, welche Macht darin steckt, ihre finanzielle Geschichte so zu erzählen, wie sie sie erleben wollen, statt so, wie sie wirklich ist, denn sie glauben, dass sie in Bezug auf das, was geschieht, sachlich bleiben sollten.

Aber ihr müsst verstehen, dass ihr die Verbesserung, die ihr euch wünscht, nicht erreichen werdet, wenn ihr weiter auf das blickt, *was ist*, und von dem sprecht, *was ist*. Ihr werdet vielleicht eine Parade unterschiedlicher Gesichter und Orte an euch vorbeiziehen sehen, doch eure Lebenserfahrungen werden sich im Wesentlichen nicht verbessern. Wenn ihr grundlegende Veränderungen in eurer Lebenserfahrung vornehmen wollt, müsst ihr grundlegend andere Schwingungen aussenden, und das heißt, dass ihr Gedanken haben müsst, die sich schon beim Denken anders *anfühlen*.

Handeln aus Mangel zahlt sich nicht aus

JERRY: Vor vielen Jahren besaß ich ein Motel in der Nähe von El Paso, Texas, und H. L. Hunt, zu der Zeit einer der reichsten Menschen der USA (ein Multimilliardär), rief mich an. Er hatte Ojo Caliente erworben, ein kleines Ferienresort am Rio Grande, das finanziell erfolglos blieb, und er hatte gehört, dass ich vielleicht ein paar nützliche Informationen für ihn hätte, die ihm helfen konnten, das zu ändern. Als wir uns in dem kleinen Coffeeshop meines Motels trafen, fiel es mir schwer, mich auf unser Gespräch zu konzentrieren, weil ich einfach nicht verstehen konnte, warum ein so reicher Mann immer noch unzufrieden war und nach einem Weg suchte, mehr Geld zu machen. Ich fragte mich, warum er das Ferienresort nicht einfach verkaufte – zu welchem Preis auch immer – und sich seines Lebens freute und des Geldes, das er bereits angehäuft hatte.

Ich habe noch einen Freund, der Multimilliardär ist. Wir gingen einmal in Rio de Janeiro, Brasilien, an einem Strand spazieren, und er sprach von einigen geschäftlichen Problemen, die er hatte, und ich war bass erstaunt, dass dieser Mann – der so reich war – überhaupt irgendwelche Probleme hatte. Aber wie ihr mir schon beigebracht habt, Abraham (und ihr habt mir viel beigebracht), geht es beim wahren Erfolg im Leben nicht darum, wie viel Geld wir haben, oder darum, irgendwelche Dinge zu besitzen. Stimmt's?

Erst muss ich mein Schwingungsgleichgewicht finden

✎ ABRAHAM:

Die Dinge, die du *hast,* und die Dinge, die du *tust,* dienen alle dazu, deinen *Seinszustand* zu verstärken. Anders gesagt geht es einfach darum, wie du dich fühlst, und dein Gefühl dir selbst gegenüber hängt einzig davon ab, wie sehr du auf die Person ausgerichtet bist, *die du wirklich bist.* Wenn du erst für deine innere Harmonie sorgst, stärken die Dinge, die du ansammelst, und deine Handlungen den Zustand des Wohlbefindens ... aber wenn du nicht erst dieses Schwingungsgleichgewicht findest und dich besser zu fühlen versuchst und noch mehr in dein Erleben bringst oder an noch mehr Aktivitäten teilnimmst, um dich besser zu fühlen, gerätst du immer weiter aus dem Gleichgewicht.

Wir wollen euch nicht davon abbringen, Dinge anzuhäufen oder zu handeln, denn das ist alles ein wesentlicher Teil eurer körperlichen Erfahrung. Schließlich war es eure Absicht, die wundervolle Erfahrung zu machen, eure physische Welt bis ins Detail zu erforschen, weil euch das helfen kann, euer freudiges Wachstum und das Maß eurer Ausdehnung selbst zu bestimmen, aber wenn ihr euch auf wackligen Beinen vorwärtsbewegt, ist das immer unangenehm. *Beginnt ihr jedoch damit, herauszufinden, was ihr empfinden oder sein wollt, und lasst ihr dann zu, dass ihr aus der Zentriertheit heraus intuitiv ansammelt und handelt, werdet ihr nicht nur euer Gleichgewicht bewahren, sondern auch Freude empfinden an dem, was ihr ansammelt, und an dem, was ihr tut.*

Bei den meisten Menschen kommt das Wollen von einem Ort des Mangels. In vielen Fällen wollen sie etwas nur deshalb, weil sie es nicht haben, und so befriedigt der Besitz dieser Dinge sie innerlich nicht, weil es immer etwas gibt, was sie nicht haben. Und so wird es zu einem endlosen Kampf, immer wieder noch eine Sache (eine weitere Sache, die sie wieder nicht zufriedenstellen wird) in ihr Erleben zu holen:

Ich will es, weil ich es nicht habe. Und sie glauben wirklich, dass dieser neuerliche Besitz die Leere in ihnen nun endlich füllen wird. Doch das widerspricht dem *Gesetz.*

Jede Handlung, die vom Ort des Mangels aus erfolgt, ist immer kontraproduktiv und führt immer zu einem noch größeren Gefühl von Mangel. Die Leere, die solche Menschen empfinden, kann nicht mit Dingen gefüllt oder durch Handlungen befriedigt werden, weil es beim Gefühl von Leere um die schwingungsmäßige Dissonanz zwischen ihren Wünschen und ihren chronischen Denkgewohnheiten geht.

Gedanken zu haben, die bessere Gefühle in dir hervorrufen, eine andere Geschichte zu erzählen, nach positiven Aspekten Ausschau zu halten, das Thema in eine *Richtung* zu lenken, die deinem wahren Willen entspricht, nach positiven *Was wäre, wenn*-Szenarien zu suchen – so füllst du diese Leere. Und dabei wird sich etwas höchst Interessantes in deiner Erfahrung einstellen: Die Dinge, die du wolltest, werden in dein Erleben fluten. Aber sie werden nicht hereinströmen, um deine Leere zu füllen, denn diese Leere gibt es nicht mehr – sie strömen herein, *weil* es deine Leere nicht mehr gibt.

Sicher wirst du noch viele großartige Dinge in deinem Erleben ansammeln. *Unsere Botschaft lautet nicht, dass du aufhören sollst zu wollen, zu besitzen und zu handeln. Unsere Botschaft lautet, dass du von deinem Ort des Wohlbefindens aus wollen und ansammeln und handeln sollst.*

Weder Geld noch Armut bereitet Freude

JERRY: Abraham, es gibt die Redewendung, dass Geld nicht glücklich macht. Andererseits ist mir aufgefallen, dass Armut auch nicht glücklich macht, obwohl auf der Hand liegt, dass Geld nicht der *Weg* zum Glück ist. Wenn also die Vorstellung, etwas zu erreichen, uns Glück beschert, bedeutet das nicht, dass wir uns das Ziel setzen sollten, etwas zu *erreichen*? Und wie erhält man sein Glücksgefühl aufrecht, wenn das Erreichen des Ziels so viel Zeit und Energie erfordert? Oft hat es den Anschein, als müsse man einen Berg erklimmen, um das Ziel zu erreichen, ein kleines Plateau, auf dem man sich ausruhen kann, und dann steht einem beinahe sofort wieder ein mühsamer Aufstieg zum nächsten Ziel bevor. Wie kann man bei all der Kletterei in Richtung des Ziels seine Freude bewahren, damit man nicht immer nur kämpft und kämpft und kämpft, bis es heißt:»Wow, ich hab's geschafft!«, und dann heißt es wieder kämpfen, kämpfen, kämpfen und:»Ah, ich hab's schon wieder geschafft!«?

✒ ABRAHAM:

Du hast recht! Geld ist nicht der Weg zum Glück, und wie du richtig beobachtet hast, ist Armut sicher auch nicht der Weg zum Glück.

Es ist überaus wichtig, nicht zu vergessen, dass man rückwärts gerichtet vorgeht, wenn man zur Erlangung von Glück etwas *tut*. Benutze stattdessen deine Fähigkeit, deine Gedanken und Worte auf Dinge zu richten, die dir ein immer besseres Gefühl bereiten, und wenn du dann bewusst einen Glückszustand erreicht hast, wird dir die *Inspiration* nicht nur wundervolle Handlungen eingeben, sondern es werden sich auch Ergebnisse einstellen.

Die meisten Menschen richten ihre Aufmerksamkeit vorwiegend auf das, was in diesem Moment gerade in ihrer Erfahrung geschieht – das heißt, wenn die Ergebnisse ihnen gefallen, fühlen sie sich gut, und wenn die Ergebnisse ihnen nicht gefallen, fühlen sie sich schlecht. Aber das ist eigentlich ein ziemlich derber Umgang mit dem Leben. Wenn du nur die Fähigkeit nutzt, die Dinge so zu sehen, *wie sie sind*, dann können sich die Dinge nicht verbessern. Du musst einen Weg finden, optimistisch nach vorne zu schauen, damit deine gegenwärtige Erfahrung sich verbessert.

Wenn du lernst, deine Gedanken bewusst auf Dinge zu richten, die sich gut anfühlen, ist es nicht schwer, Glück zu finden und es sich zu erhalten, noch bevor du dein Ziel erreicht hast. Das Gefühl, kämpfen zu müssen, das du beschrieben hast, stellt sich ein, weil du ständig

Vergleiche anstellst, wo du jetzt stehst im Verhältnis zu dem Ziel, das du dir gesetzt hast. Wenn du ständig Punkte vergibst und die Distanz ermittelst, die du noch zurücklegen musst, vergrößerst du die Distanz und die Anstrengung und erschwerst die Aufgabe; deshalb hast du auch den Eindruck, ständig bergauf gehen zu müssen.

Wenn du auf deine Gedanken achtest und sie danach auswählst, wie sie sich anfühlen, entwickelst du Gedankenmuster, die stärker nach vorne weisen. Wenn das *Gesetz der Anziehung* dann auf diese Gedanken reagiert, die ein besseres Gefühl hervorrufen, erzielst du angenehmere Ergebnisse. *Kämpfen, kämpfen, kämpfen führt nie zu einem glücklichen Ende. Das widerspricht dem* <u>*Gesetz*</u>*.»Wenn ich angekommen bin, werde ich glücklich sein«* – *das ist keine sehr einträgliche Haltung, denn nur wenn du glücklich bist, gelangst du an dein Ziel. Wenn du beschließt, zuallererst glücklich zu sein,* <u>*dann*</u> *kommst du dort an.*

Ich bin als freudvoller Schöpfer hier

✍ ABRAHAM:

Du bist nicht als Sammler oder Nachahmer hier. Du bist als Schöpfer hier. Wenn du den Blick ständig auf einen Endpunkt gerichtet hältst, betonst du unnötigerweise das Gefühl der Unsicherheit, das sich aus der Betrachtung der Distanz zwischen deinem jetzigen Standort und diesem Endpunkt ergibt – und diese Denkgewohnheit kann nicht nur deinen Schaffensprozess verlangsamen, sondern dich auch für immer davon trennen. *Du ziehst deine Erfahrungen an. Wenn du nach positiven Aspekten Ausschau hältst und dich bemühst, Gedanken zu finden, die sich gut anfühlen, wirst du deinen Ort positiver Anziehung aufrechterhalten, und das Gewünschte wird sich schneller einstellen.*

Der Bildhauer bezieht seine größte Befriedigung nicht aus dem vollendeten Kunstwerk. Es ist der Schaffensprozess (die Formung des Kunstwerks), der ihm Freude bereitet. Wir hätten es gern, dass du deine körperliche Erfahrung genauso siehst: als *ständiges, freudiges Werden.*

Wenn du deine Aufmerksamkeit auf Dinge richtest, die sich gut anfühlen, und immer einen freudigen Seinszustand aufrechterhältst, wirst du in der Lage sein, mehr von dem anzuziehen, was du willst. Manchmal beschweren sich die Menschen, dass es ungerecht sei, erst glücklich werden zu müssen, bevor Dinge zu ihnen kommen könnten, die noch mehr Glück bringen. Sie glauben, wenn sie unglücklich sind, »bräuchten« sie glückliche Begebenheiten, und wenn sie schon glücklich wären, dann wären die glücklichen Begebenheiten unnötig – aber das würde dem *Gesetz der Anziehung* widersprechen. *Du musst einen Weg finden, die* Essenz *dessen, was du dir wünschst, zu spüren, bevor die* Details *dieses Wunsches zu dir kommen können. Anders ausgedrückt: Du musst dich wohlhabend fühlen, damit der Wohlstand sich einstellen kann.*

Oft sagen uns die Leute, sie wollen mehr Geld, und wenn wir sie dann fragen, wie sie gedanklich auf Geld ausgerichtet sind, behaupten sie, eine sehr positive Einstellung zu Geld zu haben. Doch wenn wir ein wenig in die Tiefe gehen und sie fragen, wie sie sich denn fühlen, wenn sie sich hinsetzen, um ihre Rechnungen zu begleichen, erkennen sie oft, dass sie sich vielleicht bemüht haben, in Bezug auf dieses Thema positiv zu klingen, im Grunde jedoch sehr viel Unbehagen oder sogar Furcht bei dem Thema Geld empfinden. Mit anderen Worten: Ihre Gedanken über Geld bewegen sich vorwiegend auf der Seite des »Nicht genug« statt auf der *Überfluss*-Seite dieses Themas.

Die Macht des schwingungsmäßigen Ausgebens von Schwingungsgeld

✍ ABRAHAM:

Wir möchten euch einen Prozess empfehlen, der euch rasch helfen wird, das Gleichgewicht eurer Gedanken in Bezug auf Geld an einen Ort zu verlagern, an dem es euch leichter fällt, Geld in eure Erfahrung fließen zu lassen. Steckt 100 Euro ein und tragt sie ständig bei euch. Stellt euch im Laufe des Tages vor, was ihr euch dafür alles kaufen könntet: »Ich könnte mir dies zulegen, ich könnte jenes tun.«

Jemand hielt uns entgegen, dass man sich bei den heutigen wirtschaftlichen Verhältnissen für 100 Euro nicht mehr so viel kaufen kann, doch wir erklärten ihm, dass man an einem Tag geistig nur hundertmal 100 Euro auszugeben braucht, und schon hat man schwingungsmäßig 100 000 Euro ausgegeben. Diese Art der positiven Ausrichtung wird dein Schwingungsgleichgewicht in Bezug auf Geld drastisch verschieben, und wenn das geschieht, verändert sich auch dein Ort der Anziehung – und weiteres Geld muss in deine Erfahrung fließen. *So will es das Gesetz.*

Jemand sagte einmal zu uns: »Abraham, ich habe die 100 Euro nicht, aber ich habe mir einen Schuldschein in die Tasche gesteckt.« Und wir sagten, dass das das Todesurteil für diesen Prozess ist, weil man dann mit dem *Gefühl* einer Schuld herumläuft, was das genaue Gegenteil von dem ist, was man erreichen will. Du willst deinen *Wohlstand* fühlen. Also, auch wenn du nur 20 oder 50 Euro in der Tasche hast, und selbst wenn es 1000 Euro oder 10 000 Euro sind, *nutze sie effektiv, um dir bewusst zu machen, wie gut alles ist – jetzt.* Wenn du nämlich *jetzt,* in diesem Augenblick, deinen Wohlstand annimmst, wird dein Wohlstand sich mehren.

Wenn du Geld brauchst, ziehst du noch lange keines an

JERRY: Abraham, eine meiner größten Enttäuschungen, als ich den Menschen half, ihren finanziellen Erfolg zu vermehren, war die, dass diejenigen, die das Geld *am meisten brauchten,* den *geringsten* Erfolg mit dem hatten, was ich ihnen beibrachte, während diejenigen, die es *am wenigsten brauchten,* den *größten* Erfolg damit hatten. Das schien mir immer so rückständig zu sein: Ich fand, dass die, die es dringender brauchten, sich stärker bemühen sollten und irgendwann Erfolg haben müssten.

✍ ABRAHAM:

Jeder, der sich am Ort des Mangels befindet – egal, wie viel Tatendrang er oder sie auch aufbringt –, wird weiteren Mangel anziehen. Anders ausgedrückt: Ein starkes *Empfinden* überwiegt jedes *Handeln*, das man aufbringt. *Jedes Handeln, das vom Ort des Mangels aus erfolgt, ist immer kontraproduktiv.* Diejenigen, die keine Not verspürten, befanden sich nicht am Ort des Mangels, und so war ihr Handeln produktiv. Ihre Erfahrung stand in völliger Harmonie mit dem *Gesetz der Anziehung* – wie bei jeder Erfahrung. Es gibt nirgends im Universum auch nur den geringsten Hinweis darauf, dass das Gegenteil der Fall sein könnte.

JERRY: Außerdem fiel mir auf, dass es sich bei denjenigen, die keinen großen Erfolg hatten und auch nicht sehr daran interessiert waren, sich etwas über Erfolg anzuhören, in der Regel um Menschen handelte, denen man beigebracht hatte, dass es unmoralisch oder böse sei, sich Geld zu wünschen, und dass sie am besten beraten wären, so zu bleiben, wie sie sind, obwohl sie das nicht erfüllte.

✍ ABRAHAM:

Dass viele einen Ort einnehmen, an dem sie erklären, keinerlei Wünsche mehr zu haben, liegt daran, dass sie wollten und wollten und wollten, aber weil ihnen nicht klar war, dass eine Sache eigentlich immer aus zwei Sachen besteht, haben sie ihre Aufmerksamkeit stärker auf den Mangel des Gewünschten gerichtet, seine Abwesenheit, als auf das Gewünschte selbst. Und so haben sie ständig den Mangel des Gewünschten angezogen. Und dann hatten sie davon einfach irgendwann die Nase voll. Wenn man das Wollen so sehr und so lange mit dem »Nichthaben« in Verbindung bringt, dass das Wollen zu einer unangenehmen Erfahrung wird, sagt der Betreffende schließlich: »Ich will nicht mehr, denn immer wenn ich etwas will, gelange ich an einen Ort des Unbehagens, und deshalb ist es leichter für mich, gar nichts mehr zu wollen.«

Was geschieht, wenn ein »Armer« sich nicht arm fühlt?

JERRY: Wenn andere, die dich beobachten und sich mit dir vergleichen, zu dem Schluss kommen, du wärst arm, aber du selbst fühlst dich gar nicht arm, dann befändest du dich doch nicht im Zustand des Mangels – und könntest dich in einem solchen Fall rasch auf mehr Fülle zubewegen, oder nicht?

ABRAHAM:

Das ist richtig. Wie andere dich einschätzen, hat keinerlei Auswirkungen auf deinen Ort der Anziehung, solange ihre Einschätzung dir egal ist. Vergleichst du hingegen deine Erfahrungen mit den Erfahrungen anderer, kann das ein Gefühl des Mangels in dir verstärken, und wenn du dann noch zu dem Schluss kommst, dass sie erfolgreicher sind als du, aktiviert das in dir vielleicht das Gefühl, »weniger wert zu sein«. Genauso wenig wirst du größeren Reichtum anziehen, nur weil dir der fehlende Reichtum in den Erfahrungen anderer auffällt, denn du bekommst das, woran du denkst.

Was du anziehst – oder von dir fernhältst –, hat nichts damit zu tun, was andere tun.

Ein deutlicheres Gefühl von Reichtum, selbst wenn deine gegenwärtige Situation dieses Gefühl nicht rechtfertigt, wird dir immer mehr Reichtum bringen. Wenn du darauf achtest, wie du dich in Bezug auf Geld fühlst, ist das eine erheblich produktivere Tätigkeit, als zu beobachten, wie es anderen geht.

Es ist viel weniger erforderlich, als die meisten Menschen glauben, damit mehr Geld in deine Erfahrung fließt. Dazu ist nichts weiter notwendig, als in deinem Denken ein Schwingungsgleichgewicht herbeizuführen. Wenn du mehr Geld willst, aber Zweifel hegst, ob du es auch bekommst, bist du nicht im Gleichgewicht. Wenn du mehr Geld willst, aber glaubst, dass es falsch ist, Geld zu haben, bist du nicht im Gleichgewicht. Wenn du mehr Geld willst und zornig auf diejenigen bist, die mehr Geld haben, bist du nicht im Gleichgewicht. Wenn du Emotionen wie Unzulänglichkeit, Unsicherheit, Eifersucht, Unrecht oder Zorn empfindest, lässt dein *Emotionales Leitsystem* dich wissen, dass du mit deinem Wunsch nicht in Harmonie stehst.

Die meisten Menschen bemühen sich nicht, eine harmonische Einstellung zum Thema Geld zu entwickeln. Stattdessen verbringen sie Jahre, sogar ganze Leben damit, auf wahrgenommenes Unrecht zu deuten und möglichst zu bestimmen, was an einer Sache richtig und falsch ist, und sogar Gesetze zu erlassen, um den Geldfluss in der Zivilisation zu lenken, obwohl schon die allergeringste Bemühung – im Vergleich mit dem unmöglichen Versuch, diese äußeren Umstände zu kontrollieren – ihnen einen enormen Rückfluss, eine gewaltige Rendite einbringen würde.

Nichts ist so wichtig wie dein Wohlgefühl, denn wenn du dich gut fühlst, befindest du dich in Harmonie mit deiner höheren Absicht. Viele glauben, dass harte Arbeit und Kampf nicht nur unabdingbar für Erfolg sind, sondern dass harte Arbeit und langes Kämpfen sogar eine ehrenhaftere Lebensweise wären. Solche schweren Zeiten der Kämpfe helfen dir sicher, deine Wünsche genauer zu bestimmen, aber solange du das Gefühl des Kampfes nicht loslässt, kann das, was du dir wünschst, nicht in dein Leben treten.

Oft haben die Menschen das Gefühl, dass sie erst ihren Wert unter Beweis stellen müssen, damit sie ihre Belohnung erhalten können – aber wir möchten dich wissen lassen, dass du schon wertvoll *bist* und dass es nicht nur unmöglich ist, seinen Wert zu beweisen, sondern auch unnötig. Wenn du den Lohn oder Nutzen empfangen willst, nach dem du dich sehnst, musst du erst mit der Essenz dieses Nutzens in Harmonie treten. Du musst dich mit den Erfahrungen, die du zu leben wünschst, in schwingungsmäßige Übereinstimmung bringen.

Uns ist bewusst, dass Worte nichts beibringen und dass unser Wissen in Bezug auf die *Gesetze des Universums* und auf deinen Wert nicht unbedingt bedeutet, dass du jetzt, da du unsere Worte gelesen hast, deinen Wert kennst. Wenn du jedoch über die Prämissen nachdenkst, die wir hier vor dir ausbreiten, und wenn du beginnst, die Prozesse, die wir dir hier vorstellen, anzuwenden, wird die Antwort des Universums auf deine verbesserte Schwingung dir den Beweis für die Existenz dieser *Gesetze* bringen – das wissen wir.

Es wird nicht lange dauern, dann ist die bewusste Anwendung dessen, was du hier liest, nicht mehr erforderlich, und du wirst von deinem eigenen Wert und deiner Fähigkeit, alles von dir Gewünschte zu erschaffen, überzeugt sein. Der Hauptgrund, warum die Menschen nicht an ihren eigenen Wert glauben, ist der, dass sie oft keinen Weg gefunden haben, das zu bekommen, was sie sich wünschen, und deshalb nehmen sie fälschlich an, dass jemand außerhalb von ihnen das nicht gutheißt und ihnen den Lohn irgendwie vorenthält. Das ist nicht wahr. *Du* bist der Schöpfer deiner Erfahrungen.

Triff Aussagen wie: *Ich will der Beste sein, der ich sein kann. Ich will auf eine Weise handeln, besitzen und leben, die mit meiner Vorstellung von größter Güte in Übereinstimmung ist. Ich will hier in diesem Körper physisch mit dem harmonisieren, was ich für das Beste oder für den richtigen Weg halte.* Wenn du solche Aussagen triffst und einzig dann tätig wirst, wenn es sich für dich gut anfühlt, wirst du mit deiner Vorstellung dessen, was gut ist, auf dem Weg der Harmonie ständig voranschreiten.

Wie lautet meine Geschichte der »finanziellen Fülle«?

✍ ABRAHAM:

Der Glaube an den Mangel ist der Grund, dass die meisten Menschen die finanzielle Fülle, die sie sich wünschen, nicht zulassen. Wenn du glaubst, dass das Ausmaß der Fülle begrenzt ist und es nicht genug für alle gibt – sodass du es als ungerecht empfindest, wenn jemand mehr als andere hat, und glaubst, dass wegen ihrer Fülle andere darben müssen –, hältst du die Fülle von dir fern. Nicht der Erfolg anderer ist für deinen Mangel an Erfolg verantwortlich, sondern dein negatives Vergleichen und dass du dein Augenmerk auf die Abwesenheit des Gewünschten richtest. Wenn du die negative Emotion spürst, *die* du spürst, wenn du andere der Ungerechtigkeit oder des Hortens von Reichtümern bezichtigst – oder wenn du einfach nur glaubst, dass es nicht genug für alle gibt –, hältst du an einer Einstellung fest, die dir eine Verbesserung deines Zustandes verwehrt.

Was jemand besitzt oder nicht besitzt, hat nichts mit dir zu tun. Das Einzige, was auf deine Erfahrung Einfluss nimmt, ist die Art und Weise, wie du mit deinem Denken die nichtkörperliche Energie nutzt. Ihr Überfluss oder ihr Fehlen in deiner Erfahrung hat nichts damit zu tun, was andere tun oder haben. Es hat einzig mit deiner Sichtweise zu tun. Es hat einzig mit den Gedanken zu tun, die du denkst. Wenn du willst, dass das Schicksal dir künftig gewogen ist, musst du beginnen, eine andere Geschichte zu erzählen.

Viele Menschen kritisieren diejenigen, die ein gutes Leben führen, die Land aufkaufen und Geld und Güter besitzen – und diese Kritik ist symptomatisch für ihre eigenen von Mangel geprägten Denkgewohnheiten. Sie wollen sich besser fühlen und glauben oft, dass sie sich besser fühlen werden, wenn sie sich darauf ausrichten, nicht in der Lage zu sein, etwas »Falsches« zu tun – doch dabei fühlen sie sich nie besser, denn ihre Aufmerksamkeit auf dem Mangel trägt den Mangel überall dorthin, wohin ihr Blick fällt. Sie würden sich beim Anblick von jemandes Erfolg nicht unwohl fühlen, wenn sie den Wunsch nach Erfolg nicht selbst in sich trügen. Und diese Mangelhaftigkeit, die sie so oft in sich am Leben erhalten, dient einzig dazu, sie im schwingungsmäßigen Ungleichgewicht mit dem zu halten, was sie sich wünschen. Anders ausgedrückt: Wenn jemand dich anriefe und zu dir sagte: »Hallo, Sie kennen mich nicht, aber ich rufe Sie an, um Ihnen zu sagen, dass ich Sie nie wieder anrufen werde«, würdest du keine negative Emotion über die Abwesenheit des Anrufers aus deinem Leben spüren, weil du dir seine Anwesenheit von Anfang an nicht gewünscht hast. Aber wenn dir jemand, der dir wichtig ist, diese Ankündigung machte, würdest du eine starke negative Emotion spüren, weil dann dein Wunsch und dein Glaube auf dem Spiel stünden.

Wenn du wegen etwas eine negative Emotion spürst, heißt das immer, dass ein Wunsch, der aus deiner persönlichen und aktuellen Lebenserfahrung entstand, auf den Widerstand anderer Gedanken traf. *Der Grund für eine negative Emotion ist immer ein Schwingungsungleichgewicht. Und eine negative Emotion ist immer ein Hinweis darauf, dass du deinen Gedanken eine neue Richtung geben solltest, damit sie mit* Dem-der-du-wirklich-bist *und deinen momentanen Wünschen in schwingungsmäßigen Einklang kommen.*

Was geschieht, wenn die Armen die Reichen kritisieren?

JERRY: Als Kind war ich vorwiegend mit armen Menschen zusammen, und wir sind immer über die Reichen hergezogen – haben etwa über die Leute in ihren Luxuskarossen unsere Witze gerissen. Und als ich dann erwachsen wurde und der Zeitpunkt kam, an dem ich selbst gern einen Cadillac gehabt hätte, konnte ich es nicht über mich bringen, einen zu fahren, weil ich den Eindruck hatte, die Leute würden Witze über mich reißen, wie ich Witze über die anderen gerissen hatte. Also fuhr ich einen Mercedes, weil die Leute damals vor Jahren glaubten, dies wären »sparsame« Autos. Die einzige Möglichkeit, wie ich mich schließlich dazu bringen konnte, einen Cadillac zu fahren, bestand darin, mich gedanklich auszutricksen, indem ich mir sagte: *Nun, als ich diesen Wagen kaufte, gab ich all den Menschen Arbeit, die den Wagen zusammensetzten. Ich schuf Arbeit für all jene, die die Bauteile und das Material lieferten – das Leder, das Metall, das Glas –, und für die Handwerker und so weiter ...* Und durch diese Rechtfertigung war es mir dann möglich, den Wagen zu kaufen. Irgendwie hatte ich also eine Möglichkeit entdeckt, meine Gedanken zu überbrücken, und dadurch konnte ich dieses Symbol des Erfolgs in meine Erfahrung holen.

✍ ABRAHAM:

Dein Prozess des Überbrückens von Gedanken ist sehr effektiv. Wenn du dich gut fühlen willst und mit der Zeit mehr und mehr Gedanken hast, bei denen du dich immer besser fühlst, bringst du dich in Harmonie mit deinem Wunsch, und du löst den Widerstand auf, der dir eine Verbesserung deiner Lebensumstände verwehrt. *Wenn du dich auf die ablehnende Haltung anderer konzentrierst, ist das niemals produktiv, weil das immer einen Missklang in dir hervorruft, der verhindert, dass deine Situation sich verbessert. Es wird immer andere geben, die nicht deiner Meinung sind, und wenn du ihnen Aufmerksamkeit schenkst, wirst du immer in ein* schwingungsmäßiges *Ungleichgewicht mit deinen Wünschen geraten. Höre auf dein eigenes* Leitsystem *– indem du darauf achtest, wie du dich fühlst –, um zu bestimmen, ob deine Wünsche und dein Verhalten angemessen sind.*

Es wird immer jemanden geben, ganz gleich, für welche Seite einer Sache du dich entscheidest, der nicht mit dir übereinstimmt. Deshalb sprechen wir auch so ernsthaft und energisch, weil wir dir klarmachen wollen, dass es dein größtes Bestreben sein sollte, mit *Dem-der-du-wirklich-bist* in Harmonie zu kommen. Wenn du dir selbst vertraust – wenn du endlich glaubst, dass du durch all das, was du erlebt hast, an einen Ort großen Wissens gelangt bist, und dass die Art, wie du dich fühlst, eine persönliche Form der Führung darstellt, ob etwas, was du zu tun beabsichtigst, angemessen ist oder nicht – dann benutzt du dein *Leitsystem* auf die Weise, auf die es benutzt werden sollte.

Was ist, wenn unser Geld an Wert verliert?

JERRY: Früher bestand unser Geld vorwiegend aus Münzen – Metall, das für sich selbst einen Wert darstellte: wie beim 100-Euro-Goldstück, bei dem das Gold 100 Euro wert ist; und auch das Silber hatte einen Wert. Und so fiel es uns leicht, den Wert einer Münze zu verstehen. Doch inzwischen hat unser Geld selbst keinen Wert mehr; der Materialwert von Papier und Münzen ist im Grunde bedeutungslos.

Ich habe den Tauschwert von Geld gegen Waren immer sehr zu schätzen gewusst und finde es äußerst praktisch, dass wir nicht ein Huhn gegen eine Flasche Milch oder einen Korb Tomaten eintauschen müssen. Doch jetzt wird unser Geld künstlich entwertet, und es wird immer schwieriger, den Wert eines Euro noch zu verstehen. Irgendwie ruft das in mir die Erinnerung an meine Suche nach meinem eigenen Wert wach: »Wie viel ist meine Begabung wert? Um wie viel sollte ich im Tausch gegen meine Zeit und aufgewendete Energie bitten?« Aber nun erfahre ich von euch, dass wir unseren Wert nicht festlegen sollten. Wir sollten einzig festlegen, was wir wollen, und es zulassen.

Ich bin mir bewusst, dass viele Menschen in Bezug auf ihre finanzielle Zukunft unsicher sind, weil sie ihrem Eindruck nach keine Kontrolle darüber haben, wie viel der Euro wert ist – das wird wohl nur von einer Handvoll Personen kontrolliert oder manipuliert. Viele sind beunruhigt, dass die Inflation steigen und es wieder zu einer Wirtschaftskrise kommen könnte. Ich möchte den Menschen klarmachen, dass ihr uns das *Gesetz der Anziehung* nahegebracht habt, damit sie sich keine Sorgen mehr zu machen brauchen, dass etwas – wie der Wert des Euro – nicht ihrer Kontrolle unterliegt.

✍ ABRAHAM:

Du hast hier in Bezug auf das Thema Geld etwas ganz Wesentliches angesprochen, und zu Recht: Viele von euch gehen davon aus, dass der Euro heute einfach nicht mehr so viel wert ist wie früher. Aber das ist eine weitere Haltung des Mangels, die ihr so oft einnehmt und die euch davon abhält, die euch gebührende Fülle anzuziehen.

Wir möchten jedem Einzelnen von euch begreifbar machen, dass der Euro und der ihm zugewiesene Wert nicht so wichtig für eure Erfahrung sind, wie ihr glaubt, und dass ihr nur eure Aufmerksamkeit auf das zu richten braucht, was ihr *sein, haben* und *tun* wollt, damit alles Geld – oder andere Mittel, die euch das Gewünschte bringen werden – mühelos in eure Erfahrung fließt, und zwar ohne größeren Aufwand.

Wir kommen immer wieder auf die gleiche Terminologie zurück: *Vom Ort des Mangels aus kannst du sein Gegenteil nicht anziehen. Und deshalb geht es eigentlich darum, dein Denken entsprechend auszurichten, damit es in Harmonie mit dem steht, was sich für dich gut anfühlt.*

Jeder Gedanke, den du hast, schwingt, und kraft dieses schwingenden Gedankens ziehst du etwas an. Hast du einen Gedanken des Mangels, schwingt dieser Gedanke an einem Ort, der sich von dem, den dein *Inneres Wesen* kennt, so sehr unterscheidet, dass dein *Inneres Wesen* nicht mit dir in Resonanz treten kann – und daraus resultiert in dir das Gefühl einer negativen Emotion. Hast du einen aufmunternden Gedanken oder einen der Fülle oder des Wohlbefindens, stimmen diese Gedanken damit überein, was dein *Inneres Wesen* als wahr kennt. Und unter diesen Bedingungen wird dich das Gefühl einer positiven Emotion erfüllen.

Du kannst darauf vertrauen, dass die Art und Weise, wie du dich fühlst, dir anzeigt, auf welcher Seite einer Sache (die ja immer zwei Seiten hat) du gerade stehst. *Ob es nun das Thema Geld oder sein Fehlen ist oder eine Beziehung oder ihr Fehlen – wenn du dich gut fühlst, bist du immer an dem Ort, von dem aus du das Erwünschte anziehst.*

Wie kehre ich eine Abwärtsspirale um?

JERRY: Wenn ich früher Menschen mit finanziellen Problemen begegnete, habe ich mir immer Sorgen um sie gemacht. Ich beobachtete, wie sie in eine Abwärtsspirale gerieten, mehr und mehr ins Trudeln kamen, bis sie schließlich endgültig abstürzten und den Bankrott erklärten. Doch dann hatten sie schon nach kurzer Zeit wieder ein neues Boot, eine neue Luxuskarosse und ein neues wunderschönes Zuhause. Niemand, den ich beobachtete, blieb liegen. Aber warum hatten sie die Abwärtsspirale dann nicht früher gestoppt und sich schon vor dem Bankrott wieder aufgeschwungen? Warum hatten so viele von ihnen den Weg erst ganz zu Ende gehen müssen, bevor ihnen ein Neuanfang möglich war?

ABRAHAM:

Der Grund für jede Abwärtsspirale ist mangelnde Aufmerksamkeit. In ihrer Angst, etwas zu verlieren, oder weil sie ihre Aufmerksamkeit auf Dinge richteten, die ihnen abhanden kamen, konzentrierten sie sich auf die Abwesenheit dessen, was sie sich wünschten. Und solange das ihr Ort der Anziehung war, konnten nur weitere Verluste folgen. In dem Maße, wie sie sich zu schützen versuchten und in die Defensive gingen, sich zu rechtfertigen begannen, nach Erklärungen suchten oder anderen die Schuld gaben, rückten sie zunehmend auf die Mangelseite der Gleichung, sodass nur noch mehr Mangel in ihre Erfahrung treten konnte.

Als sie jedoch auf dem Boden aufschlugen und sich nicht länger schützten, weil sie nichts mehr zu verlieren hatten, verlagerte sich ihre Aufmerksamkeit, und so verlagerte sich auch ihre Schwingung – und ihr Ort der Anziehung veränderte sich. Als sie auf dem Boden aufschlugen, konnten sie den Blick wieder nach oben richten. Man könnte sagen, dass sie das zwang, eine andere Geschichte zu erzählen.

Deine Lebenserfahrung und die Bitten, die du mehr oder weniger bewusst geäußert hast, haben es mit sich gebracht, dass viele wundervolle Dinge ihren Weg in dein Erleben finden, aber Sorge, Zweifel, Angst, Groll, Schuldzuweisung oder Neid (oder jede beliebige andere negative Emotion) würde darauf hinweisen, dass deine vorherrschenden Gedanken diese wundervollen Dinge nun wieder fernhalten. Es wäre so, als hättest du sie bis dicht vor deine Tür geholt, hieltest deine Tür aber jetzt verschlossen. Wenn du eine andere Geschichte über die Dinge zu erzählen beginnst, die du dir für einen 100-Euro-Schein kaufen könntest, entspannst du dich und fokussierst dich eher auf die positiven Aspekte deines Lebens, während du bewusster das Ende des Schwingungsstocks wählst, das sich besser anfühlt – und dann wird sich diese Tür öffnen, und die Manifestationen des Gewünschten, die Erfahrungen und Beziehungen, branden auf dich ein.

Auch ein Krieg gegen den Krieg ist ein Krieg

⤙ ABRAHAM:

Anzuerkennen, dass ihr die Schöpfer eurer eigenen Lebenserfahrung seid, und zu lernen, dass ihr euer Leben bewusst erschaffen könnt, indem ihr eure Gedanken entsprechend ausrichtet, stellt für die meisten von euch eine Umstellung dar, weil ihr lange geglaubt habt, dass ihr die Dinge durch *Handeln* ins Sein *holt*. Aber ihr habt nicht nur irrtümlich geglaubt, dass Handeln die Dinge geschehen lässt, ihr habt auch geglaubt, dass unerwünschte Dinge einfach verschwinden, wenn ihr nur genügend Druck auf sie ausübt. Deshalb führt ihr einen »Krieg gegen die Armut« und einen »Krieg gegen Drogen« und einen »Krieg gegen Aids« und einen »Krieg gegen Terrorismus«.

Aber selbst wenn ihr glaubt, dass diese Dinge aus eurer Erfahrung verschwinden, wenn ihr nur genügend Druck auf sie ausübt, ist das nicht die Art, wie die *Gesetze des Universums* funktionieren, und es gibt auch keinen Hinweis auf solche Erfahrungen, denn all die genannten Kriege werden immer größer. *Wenn ihr die Aufmerksamkeit auf den Mangel dessen richtet, was ihr euch wünscht, vergrößert das diesen Mangel noch und zieht ihn an, genauso wie die Aufmerksamkeit auf das Gewünschte es vergrößert und anzieht.* Wenn ihr euch entspannt und euch eurem natürlichen Wohlbefinden hingebt, wenn ihr Aussagen trefft wie:»Ich trachte nach Fülle, und ich vertraue auf die *Gesetze des Universums* – ich habe erkannt, was ich mir wünsche, und nun entspanne ich mich und erlaube ihm, dass es in meine Erfahrung kommt«, wird sich noch mehr dessen, was ihr euch wünscht, einstellen. Fühlt sich eine finanzielle Situation wie ein Kampf an, schiebt ihr euer finanzielles Wohlbefinden von euch weg, doch wenn ihr beginnt, euch in Bezug auf eure finanzielle Situation zu entspannen, erlaubt ihr, dass noch mehr Fülle in eure Erfahrung fließt. Es ist wirklich so einfach.

Wenn ihr also seht, wie andere durch ihre Aufmerksamkeit auf Geld erstklassige Ergebnisse erzielen und ihr deshalb negative Emotionen habt, ist das für euch ein Hinweis darauf, dass euer gegenwärtiges Denken die Fülle, die ihr euch wünscht, nicht in eure Erfahrung lässt. *Wenn ihr feststellt, dass ihr der Art und Weise, wie jemand Geld anzieht oder verwendet, kritisch gegenübersteht, stoßt ihr Geld von euch weg. Aber wenn ihr erkennt, dass das, was andere mit dem Geld tun, nichts mit euch zu tun hat, und dass eure Hauptarbeit darin besteht, das zu denken, zu sagen und zu tun, was sich für euch gut anfühlt, dann werdet ihr nicht nur mit dem Thema Geld in Harmonie sein, sondern auch mit jedem anderen wichtigen Thema in eurer körperlichen Erfahrung.*

Können wir auch ohne Begabung erfolgreich sein?

JERRY: Welche Auswirkungen haben Talente, Begabungen und Fähigkeiten darauf, Fülle oder Geld in unser Leben zu bringen?

✍ ABRAHAM:

Ganz wenig. Das sind meistens alles Aspekte des *Handelns,* und dein *Handeln* ist nur zu einem geringen Teil dafür verantwortlich, was zu dir kommt. Deine *Gedanken* und deine *Worte* (Worte sind artikulierte *Gedanken)* sind der Grund, dass dein Leben sich so und nicht anders entfaltet.

JERRY: Dann würdet ihr also sagen, dass auch Menschen, die sich nicht gut verkaufen können oder kein besonderes Talent besitzen, dennoch jegliche finanzielle Fülle empfangen können, die sie sich in ihrem Leben wünschen?

ABRAHAM:

Absolut, es sei denn, sie vergleichen sich mit anderen (und folgern daraus, dass sie sich nicht verkaufen können oder keine besonderen Talente besitzen). Dann fühlen sie sich minderwertig und machen ihre eigene Erfahrung durch ihre negative Erwartung wieder zunichte.

Die wertvollste Fähigkeit, die ihr jemals entwickeln könnt, ist die Fähigkeit, eure Gedanken auf das Gewünschte auszurichten – eine gewisse Geschicklichkeit darin zu entwickeln, rasch alle Situationen einzuschätzen und dann ebenso rasch zu folgern, was ihr euch am meisten wünscht – und eure ungeteilte Aufmerksamkeit darauf zu richten. Seine Gedanken auszurichten ist eine enorme Fähigkeit, die zu Ergebnissen führt, die sich mit Ergebnissen, wie reines Handeln sie bringt, nicht vergleichen lassen.

Können wir etwas bekommen, ohne zu geben?

JERRY: Wie können die Leute dann ihren Glauben überwinden, dass sie etwas im Wert eines Euro geben müssen, damit sie etwas im Wert eines Euro *zurückbekommen?*

ABRAHAM:

Euer Wissen sammelt ihr in jeder Hinsicht nur durch Lebenserfahrung, und eure Lebenserfahrung ist das Ergebnis der Gedanken, die ihr denkt. Aber selbst wenn ihr euch schon lange etwas gewünscht habt, kann es nicht zu euch kommen, wenn eure Gedanken auf seine Abwesenheit gerichtet waren. Und so zieht ihr aufgrund eurer persönlichen Erfahrung den Schluss, dass etwas *nicht* möglich oder dass etwas ein *Kampf* ist. Mit anderen Worten: Habt ihr ein schweres Leben gehabt, zieht ihr viele gültige Schlussfolgerungen darüber, dass die Dinge schwer sind.

Es ist unser Wunsch, euch verständlich zu machen, was sich wirklich hinter diesem selbst erschaffenen Kampf verbirgt. Wir wollen euch helfen, die *Gesetze,* die allem zugrunde liegen, unter einer anderen Prämisse und aus einer anderen Sicht zu verstehen. Ein neues Verständnis der *Gesetze des Universums* und die Bereitschaft, eine andere Geschichte zu erzählen, wird euch zu anderen Ergebnissen führen, und diese anderen Ergebnisse werden bei euch dann zu anderen Überzeugungen und einem anderen Wissen führen.

Du bist der Einzige, der absolut Einzige, der Einfluss auf deine Effektivität nehmen kann. Niemand sonst ist in der Lage, festzustellen, wo du gerade stehst, verglichen damit, wo du gern stehen würdest, und niemand außer dir kann beschließen, wo du stehen solltest.

Sie wollen in der Lotterie gewinnen

JERRY: Viele Menschen hoffen, unerwartet einen hohen finanziellen Gewinn zu machen, der sie von Schulden befreit oder es ihnen ermöglicht, eine Arbeit aufzugeben, der sie nur widerwillig und des Geldes wegen nachgehen. Am häufigsten höre ich, dass sie in der Lotterie einen Hauptgewinn erzielen wollen, wo sie ihre Fülle im Austausch dagegen bekommen, dass ein anderer seine Fülle verliert.

✍ ABRAHAM:

Wenn ihre *Erwartung* sich an einem Ort befindet, der das zulässt, kann das eine Möglichkeit sein, wie das Geld zu ihnen kommt. Aber die meisten wissen, dass die Wahrscheinlichkeit gegen sie ist, und deshalb ist ihre *Erwartung,* in der Lotterie zu gewinnen, nicht gerade an einem machtvollen Ort.

JERRY: Welcher Unterschied besteht darin, auf einen Gewinn zu *hoffen* und einen Gewinn zu *erwarten?*

✍ ABRAHAM:

So wie *hoffen* produktiver ist als *zweifeln* – so ist *erwarten* produktiver als *hoffen.*

JERRY: Wie könnte denn jemand lernen, etwas zu erwarten, was seine Lebenserfahrung ihm noch nicht vor Augen geführt hat? Man kann doch nur das erwarten, was man schon kennt?

✍ ABRAHAM:

Du musst kein Geld *haben,* um Geld *anzuziehen,* aber du kannst dich nicht *arm fühlen* und Geld anziehen. Der Schlüssel besteht darin, dass du Möglichkeiten finden musst, die Art und Weise, wie du dich gerade fühlst, zu verbessern, bevor sich etwas ändern kann: *Wenn du deine Aufmerksamkeit nicht mehr so stark auf die Dinge richtest, die schiefgehen, und damit beginnst, Geschichten zu erzählen, die mehr in Richtung dessen gehen, was du willst, statt in Richtung dessen, was du bekommen hast, wird deine Schwingung sich allmählich verlagern, dein Ort der Anziehung wird sich verlagern, und du wirst andere Ergebnisse erzielen. Und innerhalb kürzester Zeit wirst du dann aufgrund der anderen Ergebnisse, die du erzielst, den Glauben an die Fülle finden, und das wird mühelos noch mehr vom Gleichen anziehen. Die Leute sagen oft:* »*Der Reiche wird immer reicher und der Arme immer ärmer*« – *aus eben diesem Grund.*

Halte nach Gründen Ausschau, dich gut zu fühlen. Mach dir bewusst, was du haben willst – und halte deine Gedanken an einem Ort, der sich gut anfühlt.

In der Fülle leben ist keine »Hexerei«

✍ ABRAHAM:

Wenn wir dir aus unserer Sicht die Natur der Fülle deines Universums erklären, und die potenzielle Fülle, die dir immer zur Verfügung steht, ist uns klar, dass unser Wissen nicht zu deinem Wissen wird, nur weil du unsere Worte liest. Selbst wenn wir dich bitten würden, auf das zu vertrauen, was wir dir sagen, oder wenigstens den »Versuch zu machen«, es zu verstehen, könntest du unser Wissen nicht einfach als deines übernehmen – denn einzig deine eigene Lebenserfahrung bringt dir dieses Wissen.

Die Glaubenssätze, an denen du als Ergebnis deiner Erfahrungen festhältst, sind sehr stark, und wir verstehen, dass du sie nicht sofort loslassen und durch andere ersetzen kannst, auch wenn wir wissen, dass es noch viele andere produktive Glaubenssätze gibt, die dich unterstützen könnten. Aber es gibt etwas, womit du heute beginnen kannst und was einen grundlegenden Unterschied in der Art und Weise macht, wie sich dein Leben entfaltet, ohne dass es erforderlich wäre, die Glaubenssätze, die du gegenwärtig hast, sofort loszulassen: *Beginne, eine positivere Geschichte über dein Leben und die Dinge, die dir wichtig sind, zu erzählen, eine Geschichte, die sich besser anfühlt.*

Schreibe deine Geschichte nicht wie einen Tatsachenbericht nieder, in dem alle Pros und Kontras deiner Erfahrung abgewogen werden, sondern erzähle vielmehr die erhebende, fantasievolle, märchenhafte Geschichte vom Wunder deines eigenen Lebens und sieh zu, was geschieht. Es wird sich wie »Hexerei« anfühlen, wenn sich dein Leben direkt vor deinen Augen zu transformieren beginnt, doch es ist keine Hexerei. Es geschieht kraft der *Gesetze des Universums* und deiner bewussten Ausrichtung auf diese *Gesetze*.

Sollte man die Freiheit gegen Geld eintauschen?

JERRY: Nun, ich weiß, dass wir dieses Buch *The Law of Attraction – Geld* genannt haben, aber eigentlich geht es doch eher darum, in allen Bereichen unseres Lebens *Fülle* anzuziehen. Seit meiner Kindheit haben wir das Verbrechen in den USA heftig bekämpft. Und heute gibt es erheblich mehr Verbrechen als in meiner Kindheit. Neulich las ich, dass in unserem Land ein höherer Prozentsatz der Bevölkerung im Gefängnis sitzt als in jedem anderen Land der »freien« Welt.

Wir haben Krankheiten bekämpft, und es gibt mehr Krankenhäuser und kranke Menschen als jemals zuvor – es gibt prozentual gesehen so viel mehr körperliches Leid, als ich jemals zuvor gesehen habe.

Im Streben nach Weltfrieden gehen wir gegen den Krieg vor, und doch scheint es noch gar nicht so lange her zu sein, dass die Berliner Mauer fiel und alle begeistert schrien: »Ist es nicht wundervoll, dass wir endlich Frieden haben?« Dabei brauchten wir nicht einmal vier Atemzüge, bis wir in neue Kriege verstrickt waren, und jetzt errichten *wir* sogar um *unser* Land herum wieder Mauern.

Außerdem höre ich, dass so viele Menschen wegen Kindesmissbrauchs und der Misshandlung anderer Menschen beunruhigt sind, doch je öfter ich höre, dass wir gegen Kindesmissbrauch vorgehen, desto öfter höre ich auch von Kindesmissbrauch.

Es hat den Anschein, als würde nichts von dem, was wir versuchen, um das fernzuhalten, was wir nicht wollen, für uns funktionieren. Aber der Bereich, in dem unser Land eindeutig in eine immer positivere Richtung voranschreitet, ist der der *Fülle*. Wir besitzen so viele Lebensmittel und so viel Geld, dass wir in der Lage sind, der Welt vom Überschuss unserer Fülle abzugeben, und ich sehe viel mehr materielle Güter in den Händen von mehr Menschen in diesem Land als in meiner Jugend, also hat es auch diesbezüglich einige größere positive Veränderungen gegeben.

Dabei scheinen so viele Menschen auf der Suche nach mehr finanzieller Fülle im Tausch gegen Geld ziemlich viel ihrer persönlichen

Freiheit zu verlieren. Offenbar gibt es diejenigen, die reichlich Freizeit haben, aber so wenig Geld, dass sie sie nicht genießen können. Und dann gibt es diejenigen mit mehr Geld, aber zu wenig Zeit, um sich an ihrem Geld zu erfreuen. Ich treffe jedoch selten jemanden, der einen Überfluss an Geld in Verbindung mit der Zeit hat, dieses Geld auch zu genießen. Abraham, würdet ihr meine Wahrnehmungen bitte aus eurer Sicht kommentieren?

ABRAHAM:

Ob du dich nun auf den Mangel an Geld oder den Mangel an Zeit ausrichtest, in beiden Fällen richtest du dich auf den Mangel an etwas aus, was du dir wünschst, und leistest deshalb Widerstand gegenüber etwas, was du wirklich willst. Ob deine negative Emotion nun von deinem Gefühl des Geldmangels oder deinem Gefühl der Zeitnot herrührt, es bleibt dabei, dass du eine negative Emotion hast und dich weiter im Zustand des Widerstands befindest, und dadurch hältst du das, was du wirklich willst, von dir fern.

Wenn du spürst, dass du nicht genug Zeit hast, um all das zu tun, was du tun musst oder tun willst, beeinflusst deine auf den Mangel ausgerichtete Aufmerksamkeit dich sehr viel negativer, als dir das bewusst ist. *Hast du das Gefühl, überwältigt zu werden, ist das ein Hinweis darauf, dass du dir den Zugang zu Ideen, Begegnungen, Zuständen und jedweder Art von Zusammenarbeit verwehrst, die dir helfen könnte, wenn du sie zulassen würdest. Es ist ein unangenehmer Kreislauf, in dem du Zeitnot empfindest, dich auf deinen überfrachteten Terminkalender konzentrierst und dich überwältigt fühlst – und bei alledem sendest du eine Schwingung aus, die eine Verbesserung unmöglich macht.*

Du hast angefangen, eine andere Geschichte zu erzählen, denn du kannst nicht länger verkünden, wie beschäftigt du bist, ohne jede Unterstützung von dir fernzuhalten. Du hast ein kooperatives Universum zur Hand, bereit und fähig, dir in mehr Hinsichten zu helfen, als du dir vorstellen kannst, doch du verwehrst dir diesen Nutzen, wenn du dich weiter darüber beschwerst, so beschäftigt zu sein.

Wenn du den Eindruck hast, nicht genug Geld zu haben, und deine Aufmerksamkeit auf den Geldmangel richtest, blockierst du die Wege, auf denen welches zu dir kommen könnte – du kannst nicht das Gegenteil davon betrachten, was du willst, und bekommen, was du willst. Du musst anfangen, eine andere Geschichte zu erzählen. Du musst einen Weg finden, ein Gefühl der Fülle zu erschaffen, bevor die Fülle kommen kann.

Wenn du beginnst, mit den Kosten an Zeit und Geld freier umzugehen, werden sich Türen öffnen, Leute werden dir zu Hilfe eilen, erfrischende und produktive Ideen werden sich einstellen sowie Sachverhalte und Begebenheiten. Wenn du beginnst, anders zu empfinden, bekommst du Zugang zu der Energie, die Welten erschafft. Sie existiert, damit du jederzeit Zugriff auf sie nehmen kannst.

Empfindest du Geld oder Krebs als etwas Negatives?

JERRY: Worin besteht dann der Unterschied, wenn du ein negatives Gefühl in Bezug auf Geld hast und deshalb *kein* Geld bekommst und wenn du sagst:»Ich will keinen Krebs bekommen«, und du bekommst ihn *doch?*

ABRAHAM:

Das funktioniert folgendermaßen: Du bekommst die Essenz dessen, woran du denkst, und wenn du an den *Mangel* an Gesundheit denkst, bekommst du den Mangel an Gesundheit. Denkst du an den *Mangel* an Geld, bekommst du den Mangel an Geld. Das *Gefühl,* das du hast, wenn du deinen Gedanken aussendest, sagt dir, ob du die positiven oder die negativen Aspekte des Themas anziehst.

Das Universum versteht kein *Nein.* Wenn du sagst: *Nein, ich will keine Krankheit,* sagt die Aufmerksamkeit, die auf das Thema Krankheit gerichtet ist: *Ja, komm zu mir, du Ding, das ich nicht haben will. Alles, worauf du deine Aufmerksamkeit richtest, lädst du in seiner Essenz zu dir ein.* Wenn du sagst: *Ich will Geld, aber es kommt keines,* wirkt deine Aufmerksamkeit auf sein Ausbleiben genauso, als würdest du sagen: *Komm zu mir, du Abwesenheit von Geld, die ich nicht haben will.*

Denkst du auf eine Art und Weise an Geld, die dazu führt, dass welches zu dir kommt, fühlst du dich immer gut. Denkst du hingegen auf eine Art und Weise an Geld, die verhindert, dass es zu dir kommt, fühlst du dich immer schlecht. Daran erkennst du den Unterschied.

Du fragst also: »Wenn ich Krebs bekommen kann, indem ich mich auf den Mangel an Gesundheit ausrichte, warum sollte ich dann nicht auch Geld bekommen, wenn ich mich auf dessen Mangel ausrichte?« Wenn du Geld bekommst, *das du haben willst,* ist das genauso, wie wenn du Gesundheit bekommst, *die du haben willst.* Wenn du hingegen Krebs bekommst, *den du nicht haben willst,* ist das genauso, wie wenn du kein Geld bekommst, *das du nicht haben willst.*

Sorge nur dafür, dass die Gedanken, die du denkst, oder die Worte, die du sprichst, aus deiner positiven Emotion heraus kommen, dann bist du so eingestellt, dass du das anziehst, was du *haben* willst. Liegt ihnen eine negative Emotion zugrunde, bist du so eingestellt, dass du etwas anziehst, was du *nicht* haben willst.

Er hat sich nicht um Geld bemüht?

(Das Folgende ist ein Beispiel für die Fragen und Antworten auf den Abraham-Hicks-Workshops.)

FRAGE: Ich habe eine Freundin, die ihren einstigen Ehemann im Grunde zehn Jahre lang finanziell unterstützt hat. Sie hat die ganze Zeit hart gearbeitet und sich um ihn gekümmert, obwohl es ihr oft schwerfiel, genug Geld zu verdienen, um sie beide über Wasser zu halten. Schließlich hatte sie es satt, dass er einfach keinen finanziellen

Beitrag leisten wollte, und sie trennten sich. Ihr Mann hat nie Anlass zu der Vermutung gegeben, dass Geld ihm wichtig wäre, aber jetzt hat er mehr als eine Million geerbt – und er will sein Geld nicht mit seiner Exfrau (meiner Freundin) teilen, die ihn all die Jahre lang unterstützt hat. Es erscheint mir unfair, dass sie sich um die Finanzen gekümmert und hart für ihr Geld geschuftet hat, ohne viel zu verdienen, während er kaum arbeitete und sich aus Geld nichts zu machen schien und jetzt mehr als eine Million besitzt. Wie ist so etwas möglich?

✍ ABRAHAM:

Wenn man das *Gesetz der Anziehung* so versteht wie wir, macht diese Geschichte absolut Sinn. Diese Frau hat hart gearbeitet, Groll empfunden, sich auf Mangel konzentriert – und das Universum hat diesen *Gefühlen* genau entsprochen. Ihr Ehemann ging alles lockerer an, weigerte sich, Schuld zu empfinden, und erwartete, dass ihm die Dinge zufielen – und auch diesen *Gefühlen* hat das Universum genau entsprochen.

Viele glauben, dass sie hart arbeiten, kämpfen, einen Preis bezahlen und leiden müssen und dass sie dann für ihren Kampf belohnt werden – aber das steht nicht im Einklang mit den *Gesetzen des Universums: Eine unglückliche Reise kann kein glückliches Ende nehmen. Das widerspricht dem Gesetz.*

Es gibt nicht den geringsten Hinweis darauf, dass das *Gesetz der Anziehung* anders funktionieren würde. Du hattest das Glück, diese beiden Personen kennenzulernen, ihre Einstellung zu erleben und zu erfahren, wohin das führt: Die eine kämpft und arbeitet sehr hart, hält sich an das, was die Gesellschaft ihr beigebracht hat – und bekommt nicht, was sie will ... die andere weigert sich zu kämpfen und besteht auf einem Gefühl der Leichtigkeit – und bekommt deshalb die Mittel, die ihr weiterhin Leichtigkeit ermöglichen.

Viele würden sagen: »Nun ja, vielleicht stimmt das mit den *Gesetzen des Universums* überein, aber richtig ist es deshalb nicht«, doch wir möchten dir bewusst machen, dass du nur mit diesem mächtigen Ge-

setz in Harmonie zu kommen brauchst, um zu verstehen, dass nichts gerechter sein könnte.

Da du die Kontrolle über das hast, was du aussendest, könnte doch nichts gerechter sein, als dass das Universum dir genau das zurückgibt, was du ihm schwingungsmäßig anbietest? Was könnte gerechter sein, als wenn das mächtige *Gesetz der Anziehung* jedem, der ihm eine Schwingung anbietet, auf die gleiche Weise antwortet? Sobald du die Gedanken, die du denkst, unter Kontrolle bekommst, weicht dein Gefühl der Ungerechtigkeit, und an seine Stelle tritt die Fülle des Lebens und die Lust am Erschaffen, die dein Geburtsrecht ist. *Lass zu, dass alles im Universum dir ein Beispiel dafür gibt, wie die <u>Gesetze des Universums</u> funktionieren.*

Wenn du glaubst, dass du hart arbeiten musst, damit du das Geld auch verdienst, das zu dir kommt, dann kann das Geld nur zu dir kommen, wenn du hart arbeitest. Doch als Antwort auf körperliche Mühsal kommt nur wenig Geld zu dir, verglichen mit dem, das durch die Harmonisierung des Denkens zu dir kommt. Sicher ist dir schon der gewaltige Unterschied zwischen manchen Menschen aufgefallen, von denen die einen sehr viel Aufwand betreiben und wenig bekommen, während die anderen offenbar kaum Aufwand betreiben und sehr viel bekommen. Wir wollen dir bewusst machen, dass der Unterschied einzig und allein in Bezug auf den *Aufwand* besteht, den sie betreiben – wenn wir die *Ausrichtung* der Energien in ihnen vergleichen, so besteht zwischen ihnen kein Unterschied, und deshalb ist das auch nicht ungerecht.

Finanzieller Erfolg, eigentlich jede andere Art von Erfolg, bedarf nicht harter Arbeit oder großen Aufwands, sondern nur der richtigen Ausrichtung des Denkens. Du kannst in Bezug auf Dinge, die du dir wünschst, nicht negative Gedanken aussenden und das dann mit harter Arbeit und großem Aufwand wiedergutmachen. Wenn du lernst, deine Gedanken richtig auszurichten, wirst du feststellen, welchen mächtigen Einfluss deine energetische Ausrichtung hat.

Die meisten von euch sind dem finanziellen Glück sehr viel näher, als sie sich träumen lassen, doch bei dem Gedanken, dass es sich einstellen könnte, beginnt ihr sofort zu denken, wie enttäuscht ihr sein werdet, wenn es *ausbleibt*. Und so erlaubt ihr euch in eurem Mangeldenken nicht, in Bezug auf Geld irgendetwas Großartiges zu erwarten oder es euch zu wünschen; und mehr als alles andere ist das der Grund, weshalb eure finanziellen Erfahrungen eher mittelmäßig sind.

Du hast recht, wenn du denkst: *Geld ist nicht alles.* Natürlich brauchst du kein Geld, um Freude in deine Erfahrung zu holen. Aber in eurer Gesellschaft – in der so vieles, was ihr lebt, in irgendeiner Hinsicht an Geld gebunden ist – assoziieren die meisten von euch Geld mit Freiheit. Und da Freiheit ein Grundsatz eures Wesens ist, braucht ihr eigentlich nur mit Geld in Übereinstimmung zu kommen, um ein Gleichgewicht zu finden, das euch in allen anderen Aspekten eurer Erfahrung nützlich sein wird.

Ist es angenehm, Geld auszugeben?

𝒦 ABRAHAM:

Eine sehr weit verbreitete Sichtweise auf Geld wurde von einer Frau an uns herangetragen, die erklärte, dass sie sich immer unbehaglich fühlt, wenn sie Geld ausgibt. Es war ihr im Laufe der Zeit gelungen, einen kleineren Betrag zur Seite zu legen, aber immer wenn sie daran dachte, ihn auszugeben, »erstarrte« sie innerlich und fürchtete sich, »den nächsten Schritt zu tun«.

Wir erklärten ihr, dass es sicher verständlich ist, wenn man glaubt, dass das Geld wegen der eigenen Mühsal zu einem kommt, und davon ausgeht, diese Mühsal nicht immer leisten zu können, und deshalb an seinem Geld festhält und sparsam damit umgeht, um möglichst lange etwas davon zu haben. Doch durch dieses Gefühl der Knappheit wird weiteres Geld viel langsamer in deine Erfahrung fließen.

Wenn die Vorstellung, Geld auszugeben, dir unangenehm ist, dann wollen wir dich ganz sicher nicht dazu ermuntern, das Geld auszugeben, solange du dich dabei unbehaglich fühlst, denn es ist nie eine gute Idee, mitten in einer negativen Emotion zu handeln. Aber dein Unbehagen rührt nicht daher, dass du Geld ausgibst, sondern weist darauf hin, dass deine Gedanken in Bezug auf Geld in diesem Moment schwingungsmäßig nicht mit deinem eigenen Wunsch übereinstimmen. *Der Glaube an Knappheit wird in deinem umfassenderen Wissen nie auf Resonanz stoßen, denn es gibt keine Knappheit. Jede Aufmerksamkeit, die darauf gerichtet ist, dass dir etwas Gewünschtes fehlt, wird immer negative Emotionen in dir wecken, weil deine Führung dich wissen lässt, dass du von deinem umfassenderen Verständnis der Fülle und des Wohlbefindens abgekommen bist.*

Finde einen Weg, dein *Unbehagen* zu mildern, und transformiere es in ein Gefühl der Hoffnung und positiven *Erwartung* – dann wird an diesem stabilen Ort des sich Besserfühlens der Eindruck von »Erstarrung« durch *Zuversicht* und *Begeisterung* ersetzt. Ob du dein Augenmerk auf *Geldmangel* richtest oder darauf, dass du nur noch soundso viele *Jahre* zu leben hast (und jeder vergeudete Tag dich deinem Tod einen Tag näher bringt), das Gefühl des Niedergangs steht im Gegensatz zu deinem höheren Verständnis der ewigen Natur deines Seins.

Genauso wie dir klar ist, dass du dir nicht die unmögliche Aufgabe stellen musst, genug Luft in deine Lungen zu ziehen, um den ganzen Tag oder die ganze Woche oder das ganze Jahr überstehen zu können – sondern vielmehr mühelos ein- und ausatmest und immer das bekommst, was du willst und brauchst, wann immer du es willst oder brauchst –, so kann auch Geld mit der gleichen Mühelosigkeit in deine Erfahrung hinein- und wieder hinausfließen, sobald dich diese Erwartung der Ewigen Fülle vollkommen durchdrungen hat.

Dir steht alles Geld zur Verfügung, das du haben willst. Du musst nur *zulassen,* dass es in deine Erfahrung kommt. Und wenn das Geld zu dir fließt, kannst du sanft erlauben, dass es wieder wegfließt, denn wie die Luft, die du einatmest, zu dir kommt, wird auch immer mehr Geld zu dir fließen. Du musst nicht auf dein Geld aufpassen (als hieltest du den Atem an und ließest ihn nicht mehr heraus), weil nichts mehr folgen wird. Es wird *immer* weiteres Geld kommen.

Manchmal protestieren die Leute und erzählen uns ihre Geschichten von Knappheit und Mangel, betonen, wie »real« die Knappheit gewesen war, die sie erfahren haben oder mitansehen mussten. Und wir verstehen auch, dass es jede Menge Beispiele von Menschen gibt, die in Bezug auf vieles, was sie sich wünschen, Knappheit und Mangel erfahren. Aber ihr sollt wissen, dass diese Erfahrungen von Knappheit nicht gemacht werden, weil keine Fülle zur Verfügung steht, sondern deshalb, weil die Fülle nicht *zugelassen* wird.

Wenn du weiter Geschichten von der Knappheit erzählst, widersprichst du damit nur weiter deinem Wunsch nach Fülle, denn du kannst nicht beides haben. Du kannst dein Augenmerk nicht auf das *Unerwünschte* richten und das *Gewünschte* bekommen. Du kannst dich nicht auf Geschichten über Geld einlassen, die dir Unbehagen bereiten, und Dinge in deine Erfahrung lassen, die dir Behagen bereiten. Wenn du andere Ergebnisse erzielen willst, musst du anfangen, eine andere Geschichte zu erzählen.

Wir würden mit den Worten beginnen: *Ich will mich gut fühlen. Ich will fühlen, dass ich produktiv bin und mich ausdehne. Meine Gedanken sind die Grundlage für die Anziehung aller Dinge, die ich als gut betrachte, und dazu gehört genug Geld, um bequem und freudvoll leben zu können, und dazu gehören Gesundheit und wundervolle Menschen um mich herum, die mich stimulieren, aufbauen und beleben ...*

Fang an, die Geschichte deiner Wünsche zu erzählen, und dann ergänze sie um die Details aller positiven Aspekte, die du finden kannst und die zu diesen Wünschen passen. Und dann schmücke deine positiven Erwartungen aus, indem du mit gutem Gefühl darüber nachsinnst: *Wäre es nicht schön, wenn ...?*

Sage Dinge wie: *Nur Gutes kommt zu mir. Auch wenn ich nicht alle Antworten habe, auch wenn ich nicht alle Schritte kenne und nicht alle Türen, die sich mir auftun werden, sofort erkenne, weiß ich doch, dass der Weg, den ich durch Zeit und Raum zurücklege, für mich ersichtlich sein wird. Ich weiß, dass es mir gelingen wird, alles darüber in Erfahrung zu bringen, während ich ihn gehe.* Jedes Mal, wenn du deine Geschichte des sich Besserfühlens erzählst, wirst du dich besser fühlen, und die Details deines Lebens werden sich verbessern. Alles wird immer besser werden.

Wie ändere ich meinen Ort der Anziehung?

✌ ABRAHAM:

Manchmal sind die Leute beunruhigt, weil sie die Geschichte davon, was sie nicht wollen, schon so lange erzählen, dass sie jetzt in ihrem Leben nicht mehr genug Zeit haben, um all diese Jahre wiedergutzumachen, in denen sie sich auf Geldmangel konzentriert haben – aber sie brauchen sich keine Sorgen zu machen.

Es stimmt zwar, dass man nicht zurückgehen und alles negative Denken ungeschehen machen kann, aber selbst wenn es ginge, wäre es nicht nötig, denn deine ganze Macht liegt in deinem *Jetzt*. Wenn du in diesem Moment einen Gedanken findest, der dir ein besseres Gefühl bereitet, ändert sich dein Ort der Anziehung – jetzt! *Es hat nur deshalb den Anschein, als hätte ein Teil des negativen Denkens, dem du dich so viele Jahre verschrieben hast, noch Einfluss auf dein gegenwärtiges Leben, weil du dich all die Jahre über dieser negativen Gedankenkette und Glaubenssätze bedient hast. Ein Glaube ist nur ein Gedanke, an dem man festhält. Ein Glaube ist nicht mehr als ein chronisches Denkmuster, und du hast die Fähigkeit – wenn du dich ein wenig bemühst –, ein neues Muster an seine Stelle zu setzen, eine neue Geschichte zu erzählen, eine andere Schwingung herbeizuführen, den Ort deiner Anziehung zu ändern.*

Schon der einfache Vorgang, dass dir an diesem einen Tag, an dem du die 100 Euro bei dir trägst, auffällt, was du dir alles dafür kaufen kannst, würde deinen finanziellen Ort der Anziehung drastisch verändern. Dieser eine Vorgang reicht bereits aus, um das Gleichgewicht deiner Schwingungswaage genügend zu kippen, um dir bei deiner Anziehung von Geld wahrhaft greifbare Ergebnisse zu zeigen. Gib dein

Geld geistig aus und stell dir dabei vor, dass du einen besseren Lebensstil führst. Beschwöre bewusst ein Gefühl der Freiheit herauf, indem du dir ausmalst, wie es sich anfühlen würde, eine große Menge Geld zur Verfügung zu haben. Du musst wissen, das *Gesetz der Anziehung* reagiert auf deine Schwingung, nicht auf die Realität, die du gerade lebst – aber wenn deine Schwingung sich weiter nur im Rahmen deines bisherigen Lebens bewegt, kann sich nichts ändern. *Du kannst deinen schwingungsmäßigen Ort der Anziehung allerdings mühelos ändern, wenn du dir den gewünschten Lebensstil vorstellst und die Aufmerksamkeit auf diese Bilder gerichtet hältst, bis ein Gefühl der Erleichterung in dir aufkommt, was darauf hinweist, dass wirklich und wahrhaftig eine schwingungsmäßige Verschiebung erfolgt ist.*

Ich setze meine eigenen Maßstäbe

✍ ABRAHAM:

Aus dem Gewahrsein des Geldmangels heraus glaubst du manchmal, dass du alles haben willst, was du siehst. Eine Art unkontrollierbares Verlangen steigt dann in dir auf, das dich peinigt, wenn du nicht genug Geld zum Ausgeben hast, und das dir sogar noch mehr Pein bereitet, wenn du dem Verlangen nachgibst und Geld ausgibst, das du überhaupt nicht hast – was dich noch tiefer in die Schulden treibt. Dabei ist das Verlangen, unter solchen Umständen Geld auszugeben, eigentlich ein falsches Signal, denn es entstammt nicht dem wahren Wunsch, diese Dinge zu besitzen. *Noch etwas zu kaufen und es mit nach Hause zu nehmen wird dieses Verlangen nicht stillen, denn was du wirklich empfindest, ist eine Leere, die nur gefüllt werden kann, indem du mit <u>Dem-der-du-wirklich-bist</u> in schwingungsmäßige Übereinstimmung kommst.*

Du fühlst dich dann unsicher, wenn *Der-der-du-wirklich-bist* absolut selbstsicher ist. Du fühlst dich dann unzureichend, wenn *Der-der-du-*

wirklich-bist keinen Zweifel an seiner Vollwertigkeit hat. Du empfindest dann Mangel, wenn *Der-der-du-wirklich-bist* in der Fülle lebt. Du sehnst dich dann nach einer Schwingungsverschiebung, nicht nach etwas, was du mit Geld kaufen kannst. Sobald du in der Lage bist, deine persönliche Harmonisierung zu erreichen und ständig aufrechtzuerhalten, werden große Geldmengen in deine Erfahrung fließen (wenn das dein Wunsch ist), und du wirst höchstwahrscheinlich große Geldmengen für Dinge ausgeben, die du dir wünschst, aber deine Erwerbungen werden sich für dich dann ganz anders anfühlen. Du wirst dann keinen Zwang und keine Leere mehr empfinden, die du mit einem Kauf zu füllen versuchst, sondern vielmehr ein befriedigendes Interesse an etwas, das mühelos seinen Weg in deine Erfahrung findet, und jeder Teil dieses Vorgangs – von der ersten Idee bis zu ihrer vollen Manifestation in deiner Erfahrung – wird dir ein Gefühl der Zufriedenheit und Freude bereiten.

Lass dir nicht von anderen vorschreiben, wie viel Geld du haben solltest – oder was du damit am besten anfängst –, denn du bist der Einzige, der das jemals richtig entscheiden könnte. Begib dich in Harmonie mit Dem-der-du-wirklich-bist *und lass zu, dass die Dinge, von denen das Leben dir Kenntnis gegeben hat, in deine Erfahrung fließen.*

Funktioniert es, wenn man einen »Notgroschen« zurücklegt?

✍ ABRAHAM:

Jemand hat uns einmal anvertraut, dass er einen Lehrer hatte, der ihm sagte, Geld für den Notfall zurückzulegen sei das Gleiche, als »plane man eine Katastrophe«, und schon der bloße Versuch, sich sicherer zu fühlen, würde zu noch mehr Unsicherheit führen, weil er unerwünschtes Unheil anziehe. Er wollte wissen, ob diese Auffassung mit unseren Lehren vom *Gesetz der Anziehung* übereinstimmt.

Wir erklärten ihm, dass der Lehrer ganz richtig darauf hingewiesen habe, dass man, wenn man die Aufmerksamkeit auf etwas richtet, nur noch mehr davon anzieht; und wenn man sich vorstellt, dass einen schreckliche Dinge erwarten, weist das Unbehagen, das man bei dieser Vorstellung empfindet, darauf hin, dass man diese ungewollten Dinge gerade anzieht. Aber es ist absolut möglich, kurz an eine unerwünschte Situation in der Zukunft zu denken, wie einen finanziellen Engpass, und sich bei diesem Gedanken unsicher zu fühlen, wenn man dann gleich an die finanzielle *Sicherheit* denkt, die man sich *wünscht*. Und wenn man an die *erwünschte* Stabilität denkt, darf man sich gern veranlasst fühlen, etwas zu unternehmen, was diese Sicherheit verstärkt.

Geld zu sparen oder Vermögen aufzubauen ist an und für sich weder positiv noch negativ, aber dieser Lehrer hat durchaus recht, dass du von einem unsicheren Standpunkt aus nicht an einen Ort der Sicherheit gelangen kannst. *Wir möchten dich ermutigen, die Macht deiner Gedanken einzusetzen, um dich auf eine Sicherheit zu konzentrieren, die sich gut anfühlt, und dann alle erforderlichen Maßnahmen zu ergreifen, die dir von diesem Ort des Wohlgefühls aus eingegeben werden. Alles, was sich für dich gut anfühlt, ist in Harmonie mit dem, was du dir wünschst. Alles, was sich für dich schlecht anfühlt, ist nicht in Harmonie mit dem, was du dir wünschst. Es ist wirklich so einfach.*

Manche behaupten, dass man sich überhaupt kein Geld wünschen sollte, weil das Verlangen nach Geld materialistisch und nicht spirituell sei. Aber wir möchten dir in Erinnerung rufen, dass du dich hier in dieser physischen Welt befindest, in der der Geist Materie angenommen hat. Du bist hier in deinem physischen Körper auf dieser äußerst physischen Welt, wo das Geistige und das Körperliche miteinander verschmelzen. *Du kannst dich nicht von dem Aspekt deines Selbst trennen, der geistig ist, und während du hier in deinem Körper bist, kannst du dich auch nicht vom Körperlichen und Materiellen trennen. <u>All diese großartigen Dinge physischer Natur, die dich umgeben, sind auch geistiger Natur.</u>*

Erzähle eine neue Geschichte über Fülle, Geld und finanziellen Wohlstand

✍ ABRAHAM:

Das *Gesetz der Anziehung* reagiert nicht auf die Wirklichkeit, die du gerade lebst und wiederkäust, vielmehr reagiert es auf die Schwingungsmuster der Gedanken, die du aussendest. Wenn du also beginnst, die Geschichte zu erzählen, wer du in Bezug auf Geld bist, und zwar aus der Perspektive dessen, was du dir *wünschst,* statt aus der Perspektive dessen, was du gerade lebst, werden deine Denkmuster sich verschieben, und auch dein Ort der Anziehung wird sich ändern.

Das-was-ist hat keinen Einfluss auf Das-was-kommt, solange du nicht ständig die Geschichte Dessen-was-ist wiederholst. Je öfter du daran denkst und davon sprichst, wie dein Leben wirklich sein soll, desto eher lässt du zu, dass dein momentanes Leben ein Sprungbrett für so viel mehr wird. Aber wenn du vorwiegend Von-dem-was-ist sprichst, dann springst du zwar auch – aber du landest nur in sehr viel mehr vom Gleichen.

Deshalb denke über die folgenden Fragen nach, lass zu, dass die Antworten auf diese Fragen ganz natürlich in dir aufsteigen, und dann lies einige Beispiele dafür, wie deine neue Geschichte in Bezug auf Geld klingen könnte. Und anschließend beginne, eine eigene neue und bessere Geschichte deiner finanziellen Situation zu erzählen, und sieh zu, wie rasch und selbstverständlich sich Situationen und Begebenheiten um dich herum so anordnen, dass deine neue Geschichte Wirklichkeit wird:

– Hast du so viel Geld in deiner Lebenserfahrung,
  wie du dir gerade wünschst?

– Gibt es im Universum alles im Überfluss?

– Bleibt es dir überlassen, reichlich Geld zu haben?

- Wurde schon vor deiner Geburt beschlossen,
  wie viel Geld du in diesem Leben bekommen sollst?

- Setzt du gerade kraft deines momentanen Denkens
  den Geldfluss in Bewegung, der zu dir kommen wird?

- Bist du in der Lage, deine finanzielle Situation zu ändern?

- Willst du mehr Geld?

- Nachdem du jetzt weißt, was du weißt, ist dir die
  finanzielle Fülle garantiert?

Ein Beispiel für meine »alte« Geschichte über Geld

Es gibt so vieles, was ich will und was ich mir nicht leisten kann. Ich verdiene heute mehr Geld als jemals zuvor, aber es ist genauso knapp wie immer. Irgendwie komme ich einfach nicht voran.

Ich habe das Gefühl, als hätte ich mir mein Leben lang Sorgen über Geld gemacht. Ich erinnere mich noch, wie schwer meine Eltern geschuftet haben, und an die ständige Angst meiner Mutter, ob das Geld auch reicht, und anscheinend habe ich all das geerbt. Aber das ist nicht die Art von Erbe, worauf ich gehofft hatte. Mir ist klar, dass es auf der Welt richtig reiche Menschen gibt, die sich wegen Geld keine Sorgen zu machen brauchen, aber in meinem Umfeld gibt es keine. Alle, die ich kenne, strampeln sich ab und machen sich Sorgen, ob sie wohl auch künftig über die Runden kommen werden.

✍ ABRAHAM:

Beachte, wie diese Geschichte mit einem unerwünschten momentanen Zustand einsetzt. Dann wird die Situation gerechtfertigt und ein Blick in die Vergangenheit geworfen, um das gegenwärtige Problem zu verstärken, was auch den Groll verstärkt, und schließlich erweitert sich die Sichtweise des wahrgenommenen Mangels. *Wenn du anfängst, eine negative Geschichte zu erzählen, hilft dir das* <u>*Gesetz der Anziehung,*</u>

aus deiner gegenwärtigen Sichtweise in die Vergangenheit und sogar in die Zukunft zu blicken – aber am Schwingungsmuster des Mangels ändert sich nichts. Wenn du dich aus einer Haltung des Klagens heraus auf den Mangel konzentrierst, etablierst du damit einen schwingungsmäßigen Ort der Anziehung, der dir Zugang zu noch mehr gedanklichem Klagen gewährt, ob du dich nun auf deine Gegenwart, deine Vergangenheit oder deine Zukunft ausrichtest.

Das ändert sich, wenn du dich bewusst bemühst, eine neue Geschichte zu erzählen. Deine neue Geschichte wird ein neues Denkmuster etablieren, das dich mit einem neuen Ort der Anziehung versorgt – der von deinem Standort in der Gegenwart auf deine Vergangenheit und in deine Zukunft ausstrahlt. Die simple Bemühung, von deinem momentanen Standort aus nach positiven Aspekten Ausschau zu halten, wird schwingungsmäßig einen neuen Tonfall hervorbringen, der sich nicht nur darauf auswirkt, wie du dich fühlst, sondern auch dafür sorgt, dass du sofort beginnst, Gedanken, Personen, Situationen und Dinge anzuziehen, die dir Freude bereiten.

Ein Beispiel für meine »neue« Geschichte über Geld

Mir gefällt die Vorstellung, dass einem Geld genauso zur Verfügung steht wie die Luft, die man atmet. Mir gefällt die Vorstellung, mehr Geld ein- und auszuatmen. Es macht Spaß, sich vorzustellen, wie jede Menge Geld zu mir fließt. Ich kann sehen, wie mein Gefühl in Bezug auf Geld sich auf das Geld, das zu mir kommt, auswirkt. Ich bin froh, dass ich mit etwas Übung meine Haltung zum Geld – und eigentlich zu allem – kontrollieren kann. Ich stelle fest, dass ich mich desto besser fühle, je eher ich eine Geschichte der Fülle erzähle.

Es gefällt mir, zu wissen, dass ich der Schöpfer meiner eigenen Wirklichkeit bin und dass das Geld, das in meine Erfahrung fließt, im direkten Zusammenhang mit meinen Gedanken steht. Es gefällt mir, zu wissen, dass ich die Geldmenge, die ich empfange, regulieren kann, indem ich meine Gedanken reguliere.

Jetzt, da ich die Formel des Erschaffens verstehe, jetzt, da ich verstehe, dass ich wirklich die Essenz dessen bekomme, was ich denke, und – vor allem – jetzt, da ich verstehe, dass ich aufgrund der Art und Weise, wie ich mich fühle, sagen kann, ob ich mich gerade auf Geld oder auf die Abwesenheit von Geld ausrichte, bin ich zuversichtlich, dass ich meine Gedanken mit der Zeit auf Fülle ausrichten kann – und das Geld kraftvoll in meine Erfahrung fließen wird. Ich verstehe, dass die Menschen um mich herum viele verschiedene Sichtweisen von Geld haben, viele verschiedene Sichtweisen von Reichtum, Ausgeben, Sparen, Menschenliebe, von Geben und Annehmen von Geld, von Geldverdienen und so weiter, und dass ich ihre Ansichten und Erfahrungen nicht kennen muss.

Es erleichtert mich, zu wissen, dass ich das alles nicht wirklich verstehen muss. Es ist sehr schön, zu wissen, dass meine einzige Aufgabe darin besteht, meine Gedanken in Bezug auf Geld mit meinen eigenen Wünschen in Bezug auf Geld in Übereinstimmung zu bringen, und dass ich, wenn ich mich gut fühle, diese Übereinstimmung erreicht habe. Es gefällt mir, zu wissen, dass es schon in Ordnung ist, wenn ich hin und wieder eine negative Emotion in Bezug auf Geld spüre. Doch es ist meine Absicht, meine Gedanken rasch wieder in Richtungen zu lenken, die sich besser anfühlen, weil es für mich logisch ist, dass Gedanken, die sich gut anfühlen, auch positive Ergebnisse bringen.

Mir ist klar, dass das Geld sich nicht unbedingt im selben Moment, in dem ich mein Denken ändere, in meiner Erfahrung manifestiert, aber ich erwarte, als Ergebnis meines bewussten Bemühens, Gedanken zu haben, die sich besser anfühlen, eine ständige Verbesserung zu erleben. Der erste Hinweis meiner Ausrichtung auf Geld wird sein, dass ich mich besser fühle, besser gelaunt bin und eine bessere Einstellung an den Tag lege – dann werden die wahren Veränderungen in meiner finanziellen Situation bald folgen. Davon bin ich überzeugt.

Ich bin mir bewusst, dass zwischen dem, was ich in Bezug auf Geld gedacht und empfunden habe, und dem, was sich in meiner Lebenserfahrung abgespielt hat, ein unmittelbarer Zusammenhang bestand. Ich sehe, wie das Gesetz der Anziehung absolut und unbeirrbar auf mein Denken reagiert. Ich freue mich darauf, wie es auf meine verbesserten Gedanken reagieren wird.

Ich spüre, wie es meiner Energie Auftrieb verleiht, dass ich bewusster mit meinen Gedanken umgehe. Ich glaube, dass ich das auf vielen Ebenen schon immer gewusst habe, und es fühlt sich gut an, zu meinem zentralen Glauben an meine Macht und meine Werte und meinen eigenen Wert zurückzukehren. Ich führe ein Leben in großer Fülle, und es fühlt sich so gut an, zu erkennen, dass ich alles erreichen kann, was ich mir aufgrund meiner Lebenserfahrung wünsche. Ich liebe es, zu wissen, dass es für mich keine Grenzen gibt.

Ich empfinde enorme Erleichterung darüber, dass ich nicht warten muss, bis Geldbeträge oder Dinge sich materialisiert haben, damit ich mich besser fühlen kann. Und ich verstehe jetzt, dass ich mich nur besser zu fühlen brauche, damit die Dinge, die Erfahrungen und die Geldbeträge, die ich mir wünsche, zu mir kommen.

So mühelos, wie die Luft in mein Wesen herein- und hinausströmt, so strömt auch das Geld zu mir und wieder von mir weg. Mein Verlangen zieht es herbei, und durch die Leichtigkeit meines Denkens fließt es hinaus. Herbei und hinaus. Herbei und hinaus. Ein unablässiges Fließen. Immer mühelos. Ganz gleich, was ich mir wünsche, wann ich es mir wünsche, wie sehr ich es mir wünsche – herbei und hinaus.

✑ ABRAHAM:

Es gibt keine richtige oder falsche Art, deine verbesserte Geschichte zu erzählen. Sie kann von deinen vergangenen Erfahrungen handeln, von deinen gegenwärtigen oder von deinen künftigen Erfahrungen. Das einzig wichtige Kriterium ist, dass du bewusst eine Geschichte erzählst, mit der du dich besser fühlst, eine verbesserte Version deiner Geschichte. Wenn du jeden Tag viele kleine Geschichten erzählst, die dir ein besseres Gefühl bereiten, ändert das deinen Ort der Anziehung. Denke nur daran, dass die Geschichte, die *du* erzählst, die Grundlage *deines* Lebens ist. Erzähle sie also so, wie *du* sie haben willst.

Teil 3

Wie ich mein körperliches Wohlbefinden aufrechterhalte

Meine Gedanken erschaffen meine körperliche Erfahrung

Für die meisten Menschen dreht sich die Vorstellung von »Erfolg« um Geld oder den Erwerb von Eigentum oder anderem Vermögen – aber wir betrachten den Zustand der Freude als größten Erfolg. Auch wenn die Erlangung von Geld und fantastischen Ländereien deinen Zustand der Freude ganz sicher erhöhen kann, ist der Besitz eines physischen Körpers, der sich gut anfühlt, doch bei weitem der bedeutendste Faktor, wenn es darum geht, den Zustand der Freude und des Wohlbefindens zu erhalten und fortzusetzen.

Du erlebst jeden Abschnitt deines Lebens aus der Sicht deines physischen Körpers, und wenn du dich gut fühlst, sieht alles, worauf dein Blick fällt, besser aus. Natürlich ist es möglich, auch dann eine gute Einstellung aufrechtzuerhalten, wenn dein physischer Körper in irgendeiner Hinsicht eingeschränkt ist, aber ein Körper, in dem man sich wohlfühlt, ist eine machtvolle Grundlage für eine anhaltend gute Einstellung. Und da die Art und Weise, wie du dich fühlst, sich auf deine

Gedanken und deine Einstellung zu den Dingen auswirkt und da deine Gedanken und Einstellungen deinem Ort der Anziehung entsprechen und da dein Ort der Anziehung der Art und Weise entspricht, wie sich dir dein Leben darstellt, kann es nicht weiter überraschen, *dass es nur wenig gibt, was wertvoller ist als der Besitz eines Körpers, in dem man sich wohlfühlt.*

Es ist recht interessant festzustellen, dass ein Körper, in dem man sich wohlfühlt, nicht nur positive Gedanken hervorbringt, sondern dass positive Gedanken auch einen Körper hervorbringen, in dem man sich wohlfühlt. Das bedeutet, dass du dich nicht im Zustand vollkommener Gesundheit befinden musst, um Gefühle zu entwickeln oder eine Erleichterung zu empfinden, die vielleicht zu einer wundervollen Stimmung oder Einstellung führen, denn wenn du in der Lage bist, diese Erleichterung irgendwie auch dann zu empfinden, wenn dein Körper dir wehtut oder krank ist, wirst du körperliche Besserung erfahren, weil deine Gedanken deine Wirklichkeit erschaffen.

Auch wenn du dich beschwerst, dass sich jemand beschwert, beschwerst du dich

Viele beschweren sich, dass man in jungen Jahren und bei guter Gesundheit leicht optimistisch sein kann, dass das hingegen schon sehr viel schwerer fällt, wenn man älter oder gebrechlicher wird ... aber wir ermutigen niemanden dazu, Alter oder den akuten Zustand schwindender Gesundheit als einschränkenden Gedanken zu benutzen, der keine Besserung oder Genesung zulässt.

Die meisten Menschen machen sich keine Vorstellung von der Macht ihrer Gedanken. Ihnen ist nicht bewusst, dass sie, wenn sie weiter nach Dingen suchen, über die sie sich beschweren können, ihr körperliches Wohlbefinden nicht anerkennen. Vielen ist nicht bewusst, dass sie sich schon über viele andere Dinge beschwert hatten, bevor sie anfingen, sich über einen schmerzenden Körper oder eine chronische Krankheit zu beschweren. Es spielt keine Rolle, ob man sich über jemanden beschwert, auf den man wütend ist, oder über jemanden, der einen betrogen hat, oder über das Verhalten anderer, das man für falsch hält, oder über etwas, was mit seinem eigenen physischen Körper nicht stimmt – beschweren ist beschweren, und es verhindert die Genesung.

Ob du dich nun gut fühlst und nach einem Weg suchst, diesen Zustand des Wohlbefindens aufrechtzuerhalten, oder ob dein physischer Körper in irgendeiner Weise geschwächt ist und du nach einer Möglichkeit der Genesung suchst, der Vorgang ist der Gleiche: *Lerne, deine Gedanken in die Richtung von Dingen zu lenken, die sich gut anfühlen, dann wirst du eine Macht erfahren, die sich ausschließlich der schwingungsmäßigen Übereinstimmung mit der Quelle verdankt.*

Wenn du weiter in diesem Buch liest, wirst du dich wieder an Dinge erinnern, die du schon lange vor deiner Geburt gewusst hast, und du wirst eine Resonanz mit diesen *Gesetzen* und Vorgängen spüren, die dir ein Gefühl der Ermächtigung verleihen. Dann brauchst du für die Erlangung und Aufrechterhaltung eines gesunden Körpers, in dem du dich wohlfühlst, nichts weiter zu tun, als deinen Gedanken und Gefühlen bewusste Aufmerksamkeit zu schenken – und den aufrichtigen Wunsch zu haben, dich gut zu fühlen.

Ich kann mich in meinem Körper wohlfühlen

Wenn du dich nicht gut fühlst oder nicht so aussiehst, wie du aussehen möchtest, drückt sich das auch in allen anderen Aspekten deiner Lebenserfahrung aus, und deshalb wollen wir betonen, wie wichtig es ist, deinen physischen Körper ins Gleichgewicht zu bringen, dafür zu sorgen, dass du im Einvernehmen mit ihm bist und er sich wohlfühlt. Nichts im Universum reagiert schneller auf deine Gedanken als dein physischer Körper, und so führen harmonische Gedanken rasch zu Reaktionen und offensichtlichen Ergebnissen.

Dein körperliches Wohlbefinden ist eigentlich das einfachste Thema, über das du vollkommene Kontrolle hast – denn es zeigt an, wie *du* mit *dir* umgehst. Da du jedoch alles auf der Welt durch die Linse deines physischen Körpers wahrnimmst, kann es einen viel größeren Teil deines Lebens negativ beeinflussen, wenn du aus dem Gleichgewicht gerätst, als nur deinen physischen Körper.

Du bist dir nie bewusster, dass du gesund sein und dich gut fühlen willst, als dann, wenn du krank bist und dich schlecht fühlst, und deshalb ist die Erfahrung des Krankseins auch so eine machtvolle Ausgangsbasis für den Wunsch nach Wohlbefinden. Könntest du dir in dem Moment, in dem deine Krankheit dich veranlasst, Wohlbefinden wünschen, deine ungeteilte Aufmerksamkeit der Vorstellung des Wohlbefindens zuwenden, dann würde es auf der Stelle eintreten – doch bei den meisten ruht die Aufmerksamkeit, wenn sie sich schlecht fühlen, eben darauf. *Wenn du krank bist, ist es nur logisch, dass dir auffällt, wie du dich fühlst, und so verlängerst du deine Krankheit ... aber du bist nicht deshalb krank geworden, weil du deine Aufmerksamkeit auf die Abwesenheit von Wohlbefinden gerichtet hast. Vielmehr lag es daran, dass du deine Aufmerksamkeit auf die Abwesenheit so vieler Dinge gerichtet hast, die du dir wünschst.*

Richtest du deine Aufmerksamkeit ständig auf unerwünschte Dinge, hält dich das an einem Ort fest, an dem du dein körperliches Wohlbefinden verhinderst, und dann verhinderst du auch die Lösung für andere Themen, mit denen du dich gerade beschäftigst. *Könntest du deine Aufmerksamkeit mit ebenso viel Leidenschaft, wie du sie aufgebracht hattest, um dich auf die Abwesenheit körperlichen Wohlbefindens zu richten, auf die Vorstellung ihres Erlebens richten, würdest du nicht nur rasch wieder genesen, sondern es fiele dir auch ganz leicht, dein körperliches Wohlbefinden und dein Gleichgewicht aufrechtzuerhalten.*

Man lernt nicht durch Worte, sondern durch Lebenserfahrung

Wenn man einfach nur Worte hört, selbst wenn es perfekte Worte sind, die Wahrheiten genau erklären, führt das noch nicht zu Verständnis, aber die Verbindung behutsam erklärender Worte mit einer Lebenserfahrung, die stets mit den Gesetzen des Universums *übereinstimmt, führt zu Verständnis.* Wir hegen die Erwartung, dass du, wenn du dieses Buch liest und dein Leben lebst, vollkommen verstehen wirst, wie es zu all den Ereignissen in deiner Erfahrung kommt, und dass du dadurch die vollständige Kontrolle über alle Aspekte deines Lebens erlangen wirst, besonders der Dinge, die mit deinem Körper zu tun haben.

Vielleicht ist dein körperlicher Zustand genauso, wie du ihn haben willst. Wenn das der Fall ist, dann konzentriere dich weiter auf deinen Körper, so wie er ist, und empfinde Wertschätzung für die Aspekte, die dir gefallen – dann wirst du dir diesen Zustand bewahren. Aber wenn du Veränderungen vornehmen möchtest, ob in seinem Erscheinungsbild, in seiner Ausdauer oder Beschaffenheit, dann wird es sehr nützlich für dich sein, wenn du beginnst, eine andere Geschichte zu erzählen – nicht nur über deinen Körper, sondern über alle Themen, die dir Probleme bereiten. Wenn du beginnst, eine positive Haltung einzunehmen, und dich schließlich bei vielen Themen *so* gut fühlst, dass du oft Leidenschaft in dir aufsteigen spürst, wirst du die Macht des Universums zu spüren beginnen – die Macht, die Welten erschafft –, und du wirst spüren, wie sie dich durchströmt.

Du bist der Einzige, der in deiner Erfahrung erschafft – niemand sonst. Alles, was zu dir kommt, kommt durch die Macht deines Denkens zu dir.

Wenn du dich lange genug auf etwas konzentrierst, um Leidenschaft dafür zu empfinden, machst du dir noch mehr Macht zunutze und erzielst noch größere Ergebnisse. Die anderen Gedanken mögen zwar wichtig sein und schöpferisches Potenzial besitzen, aber sie erhalten gewöhnlich nur aufrecht, was du bereits geschaffen hast. Und so halten viele Menschen ständig unerwünschte physische Erfahrungen aufrecht, einfach dadurch, dass sie ständig – nicht machtvoll und nicht von starken Emotionen begleitet – bestimmte Gedanken aussenden. Mit anderen Worten: Sie erzählen immer wieder die gleichen Geschichten über Dinge, die ihnen ungerecht erscheinen, oder über unerwünschte Dinge, mit denen sie nicht einverstanden sind, und dadurch erhalten sie unerwünschte Zustände aufrecht. *Schon die bloße Absicht, über alle Themen, denen du Aufmerksamkeit schenkst, Geschichten zu erzählen, die sich für dich besser anfühlen, wird eine großartige Wirkung auf deinen physischen Körper haben. Da Worte einem nichts beibringen, möchten wir dir vorschlagen, dass du versuchst, eine Zeit lang eine andere Geschichte zu erzählen und dann selbst zu sehen, was geschieht.*

Das GESETZ DER ANZIEHUNG
verstärkt jeden meiner Gedanken

Das *Gesetz der Anziehung* besagt, *dass das, was sich gleicht, sich auch anzieht.* Anders ausgedrückt zieht das, was du denkst, in jedem Moment andere Gedanken an, die dem, was du denkst, gleichen.

Deshalb werden immer, wenn du an etwas denkst, was nicht sehr angenehm ist, rasch weitere unangenehme Gedanken zu diesem Thema angezogen. Bald wirst du feststellen, dass du nicht nur das erlebst, was du in *diesem* Moment erlebst, sondern dass du auch in deine Vergangenheit greifst und weitere Daten aufsuchst, die dieser Schwingung entsprechen – und wenn nun durch das *Gesetz der Anziehung* dein negatives Denken sich proportional ausbreitet, breiten sich auch deine negativen Emotionen aus.

Nach einer Weile wirst du feststellen, dass du das unangenehme Thema mit anderen besprichst, die dann ihren Teil dazu beitragen, indem sie in ihre Vergangenheit greifen ... *bis schon nach ziemlich kurzer*

Zeit die meisten von euch bei jedem Thema, über das sie lange nachdenken, genug unterstützende Daten angezogen haben, dass es die Essenz des gedanklichen Gegenstandes in ihre Erfahrung holt.

Es ist nur natürlich, dass du dadurch, dass du weißt, was du *nicht willst*, imstande bist, für dich zu klären, *was* du *willst*; und es ist auch völlig in Ordnung, wenn man sich ein Problem erst ansieht, bevor man nach einer Lösung Ausschau zu halten beginnt. Aber viele Menschen werden mit der Zeit problemorientiert statt lösungsorientiert und sorgen durch ihre Betrachtung und Erörterung eines Problems dafür, dass es unablässig weiterbesteht.

Auch hier ist es wieder sehr nützlich, eine andere Geschichte zu erzählen: Erzähle eine lösungsorientierte Geschichte statt einer problemorientierten Geschichte. *Wenn du so lange wartest, bis du krank bist, bevor du dich darum bemühst, dich positiver auszurichten, fällt es dir erheblich schwerer, als wenn du die Geschichte des Wohlbefindens von einem Ort des guten Gefühls aus erzählen könntest ... doch auf jeden Fall wird deine neue Geschichte mit der Zeit zu anderen Ergebnissen führen. Das, was sich gleicht, zieht sich an – also erzähle die Geschichte, die du leben willst, dann wirst du sie schließlich auch leben.*

Manche Menschen beunruhigt es, dass sie bereits krank sind und nicht gesund werden können, weil ihre Krankheit nun ihre gesamte Aufmerksamkeit auf sich zieht, sodass ihr Augenmerk auf der Krankheit diese noch verstärkt. So weit stimmt das. Aber es gäbe nur dann keinen Ausweg, wenn sie lediglich die Fähigkeit hätten, sich zu einem beliebigen Zeitpunkt auf *Das-was-ist* zu konzentrieren. Doch da es möglich ist, an andere Dinge zu denken als an das, was gerade geschieht, ist es auch möglich, die Dinge zu ändern. Natürlich läuft das nicht so, dass du dich nur auf gegenwärtige Probleme auszurichten brauchst, und schon erfahren sie eine Änderung. Du musst dich auf die positiven Ergebnisse ausrichten, nach denen du dich sehnst, um etwas anderes zu bekommen.

Das Gesetz der Anziehung reagiert auf dein Denken, nicht auf deine augenblickliche Wirklichkeit. Wenn du das Denken änderst, muss deine Wirklichkeit sich rasch fügen. Wenn im Moment für dich alles sehr gut läuft, dann brauchst du dich nur darauf zu konzentrieren, was gerade geschieht, damit das Wohlergehen anhält, doch wenn gerade Dinge geschehen, die dir nicht gefallen, musst du einen Weg finden, diesen unerwünschten Dingen deine Aufmerksamkeit zu entziehen.

Nur von dem Ort aus, an dem etwas geschieht, kannst du deine Gedanken – über dich, über deinen Körper und über alles, was dich betrifft – in eine andere Richtung lenken. Du kannst dir Dinge vorstellen, die zu dir kommen, und dich an Dinge erinnern, die früher geschehen sind, und wenn du das mit der Absicht machst – mit der bewussten Intention –, Dinge zu finden, die dir, wenn du an sie denkst oder über sie sprichst, ein gutes Gefühl bereiten, dann kannst du dein Denkmuster rasch ändern und somit auch deine Schwingung und schließlich ... deine Lebenserfahrung.

Fünfzehn Minuten bis zu meinem intentional herbeigeführten Wohlbefinden

Es ist nicht leicht, sich einen gesunden Fuß vorzustellen, wenn dein Zeh schmerzhaft pocht, aber es ist sehr wertvoll für dich, wenn du alles unternimmst, was in deiner Macht steht, um dich von deinem pochenden Zeh abzulenken. Allerdings ist ein Zeitpunkt akuten körperlichen Unwohlseins nicht gerade sehr geeignet für den Versuch, sich Wohlbefinden vorzustellen. Der beste Zeitpunkt dafür ist, wenn du dich so gut fühlst, wie du dich nur fühlen kannst. Mit anderen Worten: Wenn du dich gewöhnlich in der ersten Tageshälfte körperlich besser fühlst, suche dir diese Zeit für die Visualisierung deiner neuen Geschichte aus. Wenn du dich gewöhnlich nach einem langen, heißen Bad am wohlsten fühlst, wähle diesen Zeitpunkt für die Visualisierung.

Nimm dir ungefähr fünfzehn Minuten Zeit, in denen du die Augen schließen und dich so weit wie möglich von deinem Bewusstsein

Dessen-was-ist zurückziehen kannst. Versuche, einen ruhigen Ort zu finden, an dem du nicht abgelenkt wirst, und stell dir vor, dass du an diesem Ort körperlich aufblühst. Stell dir vor, wie du wacker ausschreitest und tief einatmest und den Geruch der Luft genießt. Stell dir vor, wie du forsch eine sanfte Schräge hinaufgehst, und lächle in Erwartung der Ausdauer deines Körpers. Sieh dich selbst, wie du dich dehnst und streckst, und genieße die Geschmeidigkeit deines Körpers.

Nimm dir Zeit, angenehme Szenarien eingehend zu erkunden, mit der alleinigen Absicht, dich an deinem Körper zu erfreuen und seine Kraft und Beständigkeit, Geschmeidigkeit und Schönheit wertzuschätzen. *Wenn du um der reinen Freude am Visualisieren willen visualisierst, statt mit der Absicht, eine Schwäche zu beheben, sind deine Gedanken reiner und deshalb mächtiger. Wenn du visualisierst, um etwas in Ordnung zu bringen, was nicht stimmt, sind deine Gedanken durch die Mangelseite der Gleichung geschwächt.*

Manchmal sagen die Leute, dass sie sich schon lange etwas wünschen, was sich nicht manifestiert hat, und erklären, dass das *Gesetz der Anziehung* bei ihnen nicht funktioniert – aber das liegt daran, dass sie von einem Ort aus um Besserung bitten, an dem sie sich der Abwesenheit des Gewünschten sehr bewusst sind. Es dauert eine Weile, seine Gedanken auf eine Weise neu auszurichten, dass sie vorwiegend darauf zielen, was du dir wünschst, doch mit der Zeit wird es dir ganz natürlich vorkommen. Mit der Zeit wird dir nichts leichter fallen, als deine neue Geschichte zu erzählen.

Wenn du dir die Zeit nimmst, dir deinen Körper genau vorzustellen, werden die Gedanken, die gute Gefühle herbeiführen, dominieren, und dein körperlicher Zustand muss diesen Gedanken zustimmen. Konzentrierst du dich jedoch nur auf die bestehenden Zustände, wird sich nichts ändern.

Wenn du dir deine neue Geschichte vorstellst, sie visualisierst und in Worte kleidest, wirst du diese neue Geschichte mit der Zeit *glauben*, und wenn das geschieht, werden die Anzeichen dafür rasch in deine Erfahrung fließen. Ein Glaube ist nur ein Gedanke, den du ständig hast, und wenn dein Glaube deinen Wünschen entspricht, müssen deine Wünsche zu deiner Wirklichkeit werden.

Nichts steht zwischen dir und irgendetwas, was du dir wünschst – außer deinem eigenen Denkmuster. Es gibt keinen physischen Körper, egal in welchem Zustand des Niedergangs, egal in welcher Verfassung, der nicht eine Besserung seines Zustandes erfahren könnte. Nichts anderes in deiner Erfahrung reagiert so rasch auf dein Denkmuster wie dein eigener physischer Körper.

Ich bin nicht an den Glauben anderer gebunden

Wenn du dich nur ein klein wenig bemühst, in die richtige Richtung zu denken, wirst du erstaunliche Ergebnisse erzielen, und mit der Zeit wirst du dich erinnern, dass du alles sein, machen und haben kannst, worauf du dich ausrichtest und womit du in schwingungsmäßige Übereinstimmung trittst.

Du bist aus deiner nichtkörperlichen Perspektive in deinen physischen Körper und in diese physische Welt gekommen, und du hast eindeutige Absichten damit verbunden. Du hast nicht alle Details deiner körperlichen Lebenserfahrung vorher ausgearbeitet, aber du hast klare Vorstellungen von der Vitalität deines physischen Körpers mitgebracht, durch den du deine Lebenserfahrung erschaffen würdest. Du hast ein enormes Verlangen danach gespürt, hier zu sein.

Als du in deinem kleinen Kinderkörper hier ankamst, warst du der Inneren Welt noch näher als der physischen Welt und dein Gefühl von Wohlbefinden und Kraft war noch so stark, doch als die Zeit verging und du der körperlichen Welt zusehends mehr Aufmerksamkeit entgegenbrachtest, fielen dir immer öfter Menschen auf, die ihre starke Verbindung zum Wohlbefinden verloren hatten, und Stück für Stück begann auch dein Gefühl von Wohlbefinden zu schwinden.

Es ist möglich, in diese körperliche Welt hineingeboren zu werden und seine Verbindung zu *Dem-der-man-ist* und zu seinem Wohlbefinden aufrechtzuerhalten, aber den meisten Menschen gelingt es nicht mehr, sobald sie sich erst auf diese Raum-Zeit-Realität ausgerichtet haben. Der Hauptgrund, dass dein Bewusstsein des persönlichen Wohlbefindens schwindet, sind die Ansprüche derer um dich herum, die wollen, dass du Wege findest, ihnen zu gefallen.

Auch wenn deine Eltern und Lehrer meist nur das Beste für dich wollen, sind sie doch mehr daran interessiert, dass du Wege findest, ihnen zu gefallen, als dass du Wege findest, dir selbst zu gefallen. Und so kommen durch den Prozess der Sozialisation beinahe alle Menschen in beinahe allen Gesellschaften von ihrem Weg ab, weil ihr Leitsystem ihnen geeignete Möglichkeiten des Gefallens vorschlägt oder aufnötigt.

Die meisten Gesellschaften verlangen, dass das Handeln höchste Priorität hat. Du wirst selten ermutigt, deine schwingungsmäßige Harmonie oder deine Anbindung auf deine Innere Welt zu richten. Die meisten Menschen werden schließlich durch die Billigung oder Missbilligung, die ihnen andere entgegenbringen, dazu angeregt – und so verlieren sie ihre Ausgerichtetheit, weil sie sich fälschlich auf dasjenige Handeln konzentrieren, das von den Beobachtern ihres Lebens am meisten respektiert wird, und dann reduziert sich alles in ihrer Erfahrung.

Dabei warst du so versessen darauf, in diese körperliche Welt mit ihrer erstaunlichen Vielfalt hineingeboren zu werden, weil dir der Wert des Kontrastes bekannt war, durch den du deine Erfahrungen erschaffen wolltest. Du wusstest, dass du durch deine Erfahrungen begreifen würdest, was du aus der Vielzahl der Möglichkeiten, die dir zur Verfügung standen, bevorzugst.

Wann immer du weißt, was du *nicht willst*, verstehst du besser, *was du willst*. Aber so viele Menschen gehen den ersten Schritt und erkennen, was sie *nicht* wollen, und statt sich dann dem zuzuwenden, *was sie wollen*, und damit in schwingungsmäßige Harmonie zu treten, reden sie weiter darüber, was sie *nicht* wollen – und mit der Zeit schwindet die Vitalität, mit der sie geboren wurden.

Du hast genug Zeit, es zu erreichen

Wenn du die Macht der Gedanken nicht verstehst und dir nicht die Zeit nimmst, dein Denken auszurichten, um diese Macht zuzulassen, bleibt dir nichts anderes übrig, als durch die Macht des Handelns zu erschaffen – was vergleichsweise wenig bringt. Und wenn du dann nach besten Kräften gehandelt hast, um etwas zu erreichen, und es dir nicht gelungen ist, fühlst du dich oft überwältigt und unfähig, es jetzt auch eintreten zu lassen.

Manche Menschen haben den Eindruck, dass ihnen nicht mehr genug Zeit im Leben bleibt, um die Dinge zu sein, zu tun und zu haben, die sie sich erträumten. Aber wir wollen dir klarmachen, dass du dir nur die Zeit zu nehmen und dich bewusst auf die Energie auszurichten brauchst, die Welten erschafft, um kraft der Fähigkeit deiner Gedanken, sich zu konzentrieren, einen Hebel zu finden, der dir helfen wird, schnell Dinge zu vollbringen, die vorher unmöglich erschienen waren.

Es gibt nichts, was du nicht sein, tun oder haben könntest, sofern du die erforderliche Ausrichtung herbeigeführt hast, und wenn du das hast, wird deine Lebenserfahrung dir Hinweise auf deine Ausrichtung geben. Bevor sich etwas materialisiert, kommt der Beweis für die richtige Ausrichtung in Form positiver Emotionen; und wenn du das verstehst, wirst du auch in der Lage sein, an deinem Kurs festzuhalten, während die Manifestationen dessen, was du dir wünschst, ihren Weg zu dir finden. Das *Gesetz der Anziehung* besagt: *Das, was sich gleicht, zieht sich an. In welchem Zustand des Seins du dich auch befinden magst – wie immer du dich auch fühlen magst –, du ziehst noch mehr von dessen Essenz an.*

Etwas zu wollen oder sich zu wünschen fühlt sich immer dann gut an, wenn du glaubst, es auch bekommen zu können, aber Begehren im Angesicht des Zweifels fühlt sich sehr unangenehm an. Wir wollen dir klarmachen, dass der Wunsch nach etwas und der Glaube, es zu erreichen, ein Zustand der Ausrichtung ist, während etwas zu wollen und daran zu zweifeln das Fehlen einer Ausrichtung anzeigt.

Wollen und Glauben ist Ausrichtung.
Wollen und Erwarten ist Ausrichtung.
Etwas Unerwünschtes zu erwarten ist keine Ausrichtung.
Du *spürst* deine Ausrichtung oder fehlende Ausrichtung.

Warum will ich, dass mein Körper vollkommen ist?

Auch wenn es dir seltsam erscheinen mag, wir können uns nicht mit deinem physischen Körper befassen, ohne uns mit deinen nichtkörperlichen Wurzeln und deiner Ewigen Anbindung an diese Wurzeln zu befassen, denn du bist in deinem physischen Körper eine Erweiterung dieses *Inneren Wesens*. Schlicht und einfach gesagt: Um deinen bestmöglichen Gesundheitszustand und dein bestmögliches Wohlgefühl zu erreichen, musst du dich in schwingungsmäßiger Harmonie mit deinem *Inneren Wesen* befinden – und dafür musst du dir deiner Emotionen oder Gefühle bewusst sein.

Dein körperlicher Zustand des Wohlbefindens hängt unmittelbar damit zusammen, wie sehr du in schwingungsmäßiger Harmonie mit deinem Inneren Wesen oder der Quelle bist; das heißt, dass jeder Gedanke, den du über jedes beliebige Thema hast, sich positiv oder negativ auf diese Anbindung auswirken kann. Anders ausgedrückt: Es ist nicht möglich, einen physischen Körper gesund zu erhalten – ohne dir deiner Emotionen genau bewusst und fest entschlossen zu sein, deine Gedanken auf Themen zu lenken, die sich gut anfühlen.

Wenn du dir bewusst machst, dass es nur natürlich ist, sich gut zu fühlen, und dich bemühst, die positiven Aspekte der Themen zu sehen, an die du denkst, richtest du deine Gedanken so aus, dass sie den Gedanken deines <u>Inneren Wesens</u> entsprechen, und das ist für deinen physischen Körper ein enormer Vorteil. Wenn deine Gedanken dauerhaft gute Gefühle hervorrufen, wird dein physischer Körper erblühen.

Natürlich gibt es eine große Bandbreite von Emotionen – angefangen bei solchen, die sich sehr schlecht anfühlen, bis zu solchen, die sich sehr gut anfühlen – aber du hast jederzeit, bei allem, worauf du dein Augenmerk richtest, *eigentlich immer nur die Wahl zwischen zwei Emotionen: eine, die sich besser anfühlt, und eine, die sich schlechter anfühlt.* Du könntest also ganz richtig sagen, dass es nur zwei Emotionen gibt und du effektiv von deinem *Leitsystem* Gebrauch machst, wenn du dich bei diesen zwei Möglichkeiten für die entscheidest, die sich besser anfühlt. Dabei kannst du dich mit der Zeit auf die genaue Schwingung deines *Inneren Wesens* einstimmen – und wenn du das machst, wird dein physischer Körper erblühen.

Ich kann meinem ewigen Inneren Wesen vertrauen

Dein *Inneres Wesen* ist der *ursprüngliche* Teil von dir, der sich in den Tausenden von Leben, die du lebst, immer weiterentwickelt. Und bei jeder filternden und sortierenden Erfahrung entscheidet sich die Quelle angesichts der Wahlmöglichkeiten, die sie in dir findet, immer für die, die das beste Gefühl hervorruft – das heißt, dass dein *Inneres Wesen* sich immer auf *Liebe, Freude* und all das einstellt, was gut ist. Deshalb fühlt ihr euch gut, wenn ihr beschließt, einander oder euch selbst zu lieben, statt kein gutes Haar aneinander zu lassen. Ein gutes Gefühl bestätigt eure Ausrichtung auf die Quelle. Wenn ihr euch für Gedanken entscheidet, die nicht mit der Quelle, deinem Ursprung, übereinstimmen, führt das zu emotionalen Reaktionen wie *Furcht, Zorn* oder *Neid*, und diese Gefühle zeigen deine schwingungsmäßige Abkehr von der Quelle an.

Die Quelle wendet sich nie von dir ab, sondern bietet eine ständige Schwingung des Wohlbefindens. Empfindest du eine negative Emotion, so heißt das demnach, dass du deinen schwingungsmäßigen

Zugriff auf die Quelle und den Strom des Wohlbefindens verhinderst. Wenn du nun beginnst, Geschichten über deinen Körper, dein Leben, deine Arbeit und die Menschen in deinem Leben zu erzählen, und du beim Erzählen ein gutes Gefühl hast, wirst du eine ständige Anbindung an diesen Strom des Wohlbefindens erreichen, der dann dauerhaft zu dir fließt. Und wenn du dich auf Dinge ausrichtest, die du dir wünschst, und bei der Ausrichtung positive Emotionen hast, greifst du auf die Macht zu, die Welten erschafft, und lenkst den Strom in Richtung deines Gegenstands der Aufmerksamkeit.

Welche Rolle spielt das Denken bei traumatischen Verletzungen?

JERRY: Entstehen traumatische Verletzungen auf die gleiche Weise wie Krankheiten und können sie durch Denken aufgehoben werden? Sind sie so etwas wie ein Bruch, der sich bei einem Ereignis jäh auftut, oder handelt es sich um eine lange Gedankenkette, die allmählich zu einem Ergebnis führt?

✍ ABRAHAM:

Ob das Trauma für deinen Körper sich nun schlagartig eingestellt hat wie als Ergebnis eines Unfalls oder ob es sich einer Krankheit wie Krebs verdankt, du hast diese Situation durch dein Denken herbeigeführt – und auch die Heilung wird durch dein Denken erfolgen.

Ständige Gedanken der *Leichtigkeit* fördern das Wohlbefinden, während ständige Gedanken von *Stress, Groll, Hass* oder *Angst* Krankheit fördern, aber ob das Ergebnis sich plötzlich zeigt (zum Beispiel wenn du hinfällst und dir etwas brichst) oder eher langsam (wie bei Krebs), *was du lebst, entspricht immer dem Gleichgewicht deiner Gedanken.*

Wenn du eine Beeinträchtigung des Wohlbefindens erfährst, ob durch einen gebrochenen Knochen oder eine innere Krankheit, ist es nicht sehr wahrscheinlich, dass du gleich wieder Gedanken findest, die dir gute Gefühle bereiten und die denen deines *Inneren Wesens* entsprechen. Hast du vor deinem Unfall oder deiner Krankheit nicht Gedanken gewählt, die auf Wohlbefinden gerichtet sind, ist es eher unwahrscheinlich, dass du jetzt in Anbetracht von Unbehagen oder Schmerz oder einer beängstigenden Diagnose diese Ausrichtung auf einmal findest.

Es ist sehr viel leichter, von einer moderaten Gesundheit aus eine erstklassige Gesundheit zu erreichen, statt von einer schlechten Gesundheit aus. Wenn du jedoch in der Lage bist, deine Aufmerksamkeit von den unerwünschten Aspekten deines Lebens abzuziehen und auf Aspekte zu richten, die dir angenehmer sind, kannst du von jeder Stelle, an der du stehst, an jede beliebige andere Stelle gelangen. Es ist wirklich nur eine Frage der Ausrichtung.

Manchmal ist eine beängstigende Diagnose oder eine traumatische Verletzung ein machtvoller Katalysator, damit du deine Aufmerksamkeit endlich bewusster auf Dinge richtest, die sich gut anfühlen. Einigen unserer besten Schüler des Bewussten Erschaffens wurde eine beängstigende Diagnose gestellt, bei der die Ärzte ihnen mitteilten, dass sie nichts mehr für sie tun könnten, und daraufhin begannen sie (weil ihnen keine andere Wahl mehr blieb) bewusst, ihre Gedanken in eine positive Richtung zu lenken.

Es ist interessant, dass so viele Menschen erst dann etwas Wirkungsvolles unternehmen, wenn alle anderen Möglichkeiten ausgeschöpft sind, aber wir wissen natürlich, dass ihr euch an eure handlungsorientierte Welt angepasst habt und dass Handeln für die meisten von euch anscheinend die beste erste Wahl ist. *Wir wollen euch nicht vom Handeln abbringen, sondern vielmehr ermutigen, zunächst nach Gedanken zu suchen, die sich besser anfühlen, und dann die Handlungen folgen zu lassen, zu denen ihr euch inspiriert fühlt.*

Kann man eine erblich bedingte Krankheit durch Schwingungen beseitigen?

JERRY: Kann eine Erbkrankheit – etwas, was eine Person bereits bei ihrer Geburt in körperlicher Gestalt mitgebracht hat – durch Denken beseitigt werden?

✍ ABRAHAM:

> Ja. Von jedem Ort aus, an dem du dich befindest, kannst du an jeden Ort gelangen, an den du willst. Wenn du verstehen würdest, dass dein *Jetzt* nur die Absprungstelle für das Kommende ist, könntest du dich (selbst von dramatischen unerwünschten Dingen aus) rasch zu Dingen voranbewegen, die dir gefallen.
>
> *Wenn deine Lebenserfahrung die Daten enthält, die bei dir zur Entstehung eines Wunsches führen, dann stehen dir auch die nötigen Mittel zur Verfügung, ihn umzusetzen. Du musst dich jedoch darauf ausrichten, wo du sein willst – nicht darauf, wo du bist –, sonst kannst du dich nicht auf deinen Wunsch zubewegen. <u>Allerdings kannst du nicht außerhalb deiner Überzeugungen erschaffen.</u>*

Größere Epidemien kommen und gehen, aber warum?

JERRY: In meiner Jugend hat man nicht mehr viel von größeren Epidemien wie Tuberkulose und Polio gehört. Dafür hat es an Krankheiten nicht gemangelt, denn jetzt kannten wir Herz-Kreislauf-Beschwerden und Krebs, die vorher nahezu unbekannt gewesen waren. Damals war immer von Syphilis und Tripper die Rede. Davon hören wir heute nicht mehr viel, aber Aids und Herpes sind an ihre Stelle getreten. Warum scheint es immer mehr Krankheiten zu geben? Warum sterben Krankheiten nicht einfach aus, wenn wir doch ständig neue *Heilmittel* entwickeln?

✍ ABRAHAM:

Aufgrund eurer mangelnden Aufmerksamkeit. Gefühle von Machtlosigkeit und Verwundbarkeit führen dazu, dass ihr euch noch machtloser und verwundbarer fühlt. Ihr könnt euch nicht auf die *Beseitigung* von Krankheiten konzentrieren, ohne euer Augenmerk auf *Krankheiten* zu richten. Aber es ist auch sehr wichtig, zu verstehen, dass es eigentlich sehr kurzsichtig und langfristig höchst ineffektiv ist, nach Heilmitteln für Krankheiten zu suchen, selbst wenn sie gefunden werden, denn wie du schon sagtest, werden ständig neue Krankheiten erschaffen. *Die hohe Zahl an Krankheiten wird erst ein Ende nehmen, wenn ihr beginnt, nach den* <u>*schwingungsmäßigen Ursachen*</u> *für Krankheiten zu suchen und sie zu verstehen, statt nach* <u>*Heilmitteln*</u> *Ausschau zu halten. Wenn ihr in der Lage seid, bewusst die Emotion der Leichtigkeit und die passende schwingungsmäßige Ausrichtung hervorzurufen, ist es möglich, ohne Krankheit zu leben.*

Die meisten Menschen verwenden nicht viel Zeit darauf, das Wohlbefinden, das sie gerade erleben, anzuerkennen und darin zu schwelgen. Sie warten, bis sie krank sind, und wenden ihre Aufmerksamkeit dann der Genesung zu. Gedanken, die gute Gefühle hervorbringen, bringen auch körperliches Wohlbefinden hervor und erhalten es. Ihr lebt in sehr hektischen Zeiten und findet vieles, worüber ihr euch ärgern und Sorgen machen könnt, aber damit haltet ihr euch von der Harmonie fern – und das Ergebnis ist Krankheit. Dann richtet ihr euer Augenmerk auf die Krankheit und bringt noch mehr Krankheit hervor. Dabei könnt ihr diesen Kreislauf jederzeit unterbrechen. Ihr müsst nicht warten, bis eure Gesellschaft alles versteht, um selbst zu einem wundervollen körperlichen Wohlbefinden zu gelangen. *Euer natürlicher Zustand ist Wohlbefinden.*

Ich habe miterlebt, wie mein Körper sich auf natürliche Weise selbst heilte

JERRY: Mir wurde schon früh im Leben bewusst, dass mein Körper schnell heilt. Wenn ich mich schnitt oder kratzte, konnte ich fast dabei zusehen, wie er vor meinen Augen heilte. Nach fünf Minuten konnte ich erkennen, dass die Heilung eingesetzt hatte, und schon nach kurzer Zeit hatte sich die Wunde dann vollständig geschlossen.

✍ ABRAHAM:

Dein Körper besteht aus intelligenten Zellen, die sich immer ins Gleichgewicht bringen, und je besser du dich fühlst, desto weniger kommst du dem schwingungsmäßigen Austarieren deiner Zellen in die Quere. Wenn du dich auf Dinge konzentrierst, die dich stören, werden die Zellen deines Körpers daran gehindert, ihr natürliches Gleichgewicht zu finden – und sobald eine Krankheit diagnostiziert wurde und du deine Aufmerksamkeit dieser Krankheit zuwendest, hinderst du sie noch stärker daran.

Da die Zellen deines Körpers wissen, was sie tun müssen, um ins Gleichgewicht zu gelangen, wird deine Genesung einsetzen, sobald du einen Weg findest, deine Aufmerksamkeit auf Gedanken zu richten, die sich für dich gut anfühlen, und deine negative Einmischung zu beenden. Jede Krankheit wird von einem schwingungsmäßigen Missklang oder Widerstand verursacht, ausnahmslos, und da die meisten Menschen sich ihres gedanklichen Missklangs vor der Krankheit nicht bewusst waren (und gewöhnlich keine großen Anstrengungen unternehmen, sich in Gedanken zu üben, die ein gutes Gefühl hervorrufen), ist es, wenn die Krankheit erst aufgetreten ist, sehr schwer, noch reine, positive Gedanken zu finden.

Aber wenn du verstehen könntest, dass einzig und allein deine Gedanken den Widerstand verursachen, der die Genesung verhindert – und wenn du deine Gedanken in eine positivere Richtung lenken könntest –, könnte deine Genesung sehr schnell erfolgen. Ganz egal, an welcher Krankheit du leidest, und ganz egal, wie weit sie auch fortgeschritten ist, die Frage lautet immer: *Kannst du ungeachtet deines Zustandes deine Gedanken in eine positive Richtung lenken?*

Gewöhnlich fragt an dieser Stelle jemand: »Aber was ist mit dem Kind, das bereits krank geboren wurde oder gleich nach der Geburt erkrankte?« Nimm nicht an, dass ein Kind, nur weil es noch nicht sprechen kann, nicht denken und keine Schwingung aussenden würde. Schon im Mutterleib und bei der Geburt ist sein Wohlbefinden starken Einflüssen ausgesetzt, die zur Erkrankung führen können.

Wenn ich meine Aufmerksamkeit auf Gesundheit richte, erhalte ich mir dann meine Gesundheit?

JERRY: Weil ich erlebt habe, wie mein Körper heilt, und weil diese Heilung für mich sichtbar war, erwarte ich sie. Aber wie gelangt man dahin, zu *wissen*, dass *alle* Bereiche des Körpers heilen werden? Am meisten scheinen die Menschen um die Bereiche Angst zu haben, die man nicht sehen kann – die innerhalb des Körpers sozusagen verborgen sind.

✍ ABRAHAM:

Es ist eine wundervolle Sache, die Ergebnisse seiner Gedanken so deutlich im Außen zu sehen, und wie deine Wunde oder Krankheit ein Hinweis auf fehlende Harmonie ist, so ist deine Heilung oder Gesundheit ein Hinweis auf Harmonie. *Ihr neigt sehr viel stärker zur Gesundheit als zur Krankheit, und deshalb geht es den meisten von euch trotz einiger negativer Gedanken doch recht gut.*

Du erwartest, dass deine Wunde heilt, und das hilft beim Heilungsprozess enorm, doch wenn die Anzeichen deiner Erkrankung für dich nicht sichtbar sind – wenn du dich dafür auf die Untersuchungen deines Arztes verlassen musst, der zur Erlangung dieser Informationen seine medizinischen Tests und seine Geräte benutzt –, fühlst du dich oft machtlos und ängstlich, und das verlangsamt den Heilungsprozess nicht nur, sondern ist auch ein wichtiger Grund für die Entstehung von Krankheit. Viele Menschen fühlen sich inzwischen verwundbar in Bezug auf die nicht sichtbaren Bereiche ihres Körpers, und dieses Gefühl der Verwundbarkeit ist ein sehr starker Katalysator für den Fortbestand einer Krankheit.

Die meisten Menschen gehen, wenn sie krank sind, zum Arzt und bitten ihn um Informationen darüber, was nicht stimmt, und wenn man nach etwas sucht, was nicht in Ordnung ist, findet man gewöhnlich auch etwas. *Das Gesetz der Anziehung beruht praktisch darauf. Die anhaltende Suche nach etwas, was nicht stimmt, wird schließlich Anzeichen für etwas ergeben, was nicht stimmt, nicht weil diese Dinge die ganze Zeit dort lauerten und es dir endlich gelungen ist, sie aufzuspüren, sondern weil die sich ständig wiederholenden Gedanken daran schließlich ihre Entsprechung hervorbringen.*

Und wenn ich einen Arzt aufsuchen möchte?

✍ ABRAHAM:

Viele werden jetzt unserer Sichtweise widersprechen und erklären, es sei unverantwortlich von uns, nicht zu regelmäßigen Kontrolluntersuchungen zu ermuntern, die feststellen, ob etwas mit dem physischen Körper nicht stimmt oder aus dem Lot zu geraten droht oder vielleicht irgendwann aus dem Lot geraten könnte. Und wüssten wir nicht um die Macht eurer Gedanken, würden wir sogar sagen, geht ruhig zum Arzt, wenn ihr euch dann sicherer fühlt.

Manchmal fühlst du dich ja auch wirklich besser, wenn du dich auf die Suche nach Problemen machst und keine findest. Doch erheblich öfter ist es der Fall, dass die wiederholte Suche nach etwas, was nicht stimmt, ein solches Problem überhaupt erst erschafft. Es ist wirklich so einfach. Wir behaupten nicht, dass Medizin schlecht ist oder dass es nicht vorteilhaft für dich sein könnte, einen Arzt aufzusuchen. Medizin, Ärzte und alle Heilberufe sind für sich genommen weder gut noch böse, sondern so wertvoll, wie deine schwingungsmäßige Einstellung es ihnen ermöglicht.

Wir möchten dich jedoch ermutigen, auf dein emotionales Gleichgewicht zu achten und dich bewusst um Gedanken zu bemühen, die in dir die bestmöglichen Gefühle hervorrufen, und dich darin zu üben, bis es dir zur Gewohnheit wird ... Wenn du das tust, sorgst du zunächst für deine schwingungsmäßige Harmonie – und kannst dann jede Handlung folgen lassen, die deine Inspiration dir eingibt. Ein Arztbesuch – oder eine Handlung – ist immer wertvoll, wenn sie von *Freude, Liebe* oder einer *Emotion* begleitet wird, die ein gutes Gefühl hervorruft. Eine Handlung jedoch, die von *Furcht* oder *Verwundbarkeit* motiviert wird oder einer Emotion, die ein schlechtes Gefühl hervorruft, ist niemals wertvoll.

Dein körperliches Wohlbefinden wird, wie alles andere, ganz wesentlich von deinen *Überzeugungen* beeinflusst. In jüngeren Jahren ist deine Erwartung, gesund zu sein, stärker, doch wenn du älter wirst, lässt diese Erwartung gewöhnlich in dem Maße nach, wie du an anderen um dich herum mangelnde Gesundheit wahrnimmst. Und deine Wahrnehmung trügt dich nicht. *Ältere Menschen erleben oft mehr Krankheiten und weniger Vitalität. Aber der Grund für den körperlichen Verfall von Menschen im Alter liegt nicht darin, dass ihre physischen Körper darauf programmiert wären, nach einiger Zeit zu kollabieren, sondern darin, dass sie, je länger sie leben, umso mehr finden, worüber sie sich aufregen und Sorgen machen könnten, und das führt zu Widerstand in ihrem natürlichen Fluss des Wohlbefindens. Bei Krankheit geht es immer um Widerstand, nicht um Alter.*

Euphorie im Rachen des Löwen?

JERRY: Ich habe gehört, dass eine Berühmtheit, Dr. Livingstone, bei seinem Aufenthalt in Afrika zwischen die Fänge eines Löwen geraten und weggeschleppt worden sei. Eigenen Worten nach sei er in eine Art Euphorie verfallen und habe keinerlei Schmerzen gespürt. Ich habe gesehen, wie Beutetiere einfach erschlafften, wenn sie kurz davor standen, von einem größeren Tier gefressen zu werden. Es war, als gäben sie auf, und der Kampf war vorbei. Ich wüsste gern mehr über Dr. Livingstones Aussage, keinen Schmerz gespürt zu haben. War das, was er *Euphorie* nannte, ein geistiger oder ein körperlicher Zustand? Und geschieht so etwas nur in Extremsituationen, wie beispielsweise, wenn man im Begriff steht, getötet und gefressen zu werden, oder könnte sich das jeder zunutze machen, wenn ihm etwas Schmerzvolles bevorsteht und er keinen Schmerz spüren will?

🖎 ABRAHAM:

Zunächst müssen wir einmal feststellen, dass man das Körperliche nicht ganz vom Geistigen oder von dem, was von deinem Höheren Selbst oder *Inneren Wesen* kommt, trennen kann. Du bist ein körperlich ausgerichtetes Wesen, *ja,* und du bist ein denkendes, geistiges Wesen, *ja*, doch die Lebenskraft oder Lebensenergie, die aus dir herauskommt, entstammt einer Umfassenderen Perspektive. In einer solchen Situation, in der du wahrscheinlich nicht überleben wirst – mit anderen Worten, sobald ein Löwe dich zwischen seinen Fängen hat (meistens wird *er* als Sieger aus dem Kampf hervorgehen) –, *greift dein Inneres Wesen ein und schickt dir einen Energiefluss, der bei dir als dieser euphorische Zustand ankommt.*

Du musst nicht warten, bis du in einer so kritischen Lage bist, bevor du auf den Fluss des Wohlbefindens zugreifen kannst, den die Quelle dir schickt, aber die meisten Menschen lassen ihn erst zu, wenn sie keine andere Wahl mehr haben. Du hast die richtige Wortwahl getroffen, als du von *Aufgeben* sprachst: Du musst dem Fluss des Wohlbefindens *erlauben,* machtvoll zu fließen. Du musst den Fluss des Wohlbefindens *zulassen.* Wir wollen klarstellen, dass man nur den *Kampf* aufgibt, den Widerstand – nicht den Wunsch, weiter in diesem physischen Körper zu leben. All das musst du berücksichtigen, wenn du bestimmte Situationen betrachtest. Jemand, der nicht so begeistert ist vom Leben und nicht so entschlossen, es fortzusetzen, wäre vielleicht nicht davongekommen, sondern von dem Löwen gefressen worden. *Bei allem, was du erlebst, geht es um das gedankliche Gleichgewicht zwischen deinen Wünschen und deinen Erwartungen.*

Der Zustand des Zulassens muss unter den Bedingungen des Alltags geübt werden, nicht beim Angriff durch einen Löwen. Aber auch in einer so kritischen Lage bestimmt immer die Kraft deiner Intention das Ergebnis. Angewandte Harmonisierung – herbeigeführt durch ständige Gedanken des Wohlgefühls – ist der Weg zum schmerzfreien Leben. Schmerz ist nur ein weiterer nachdrücklicher Hinweis auf Widerstand. Erst kommt die negative Emotion, dann folgen weitere negative Emotionen und abermals weitere (du hast hier einen gewaltigen Spielraum), dann die Empfindung, dann der Schmerz.

Wir raten unseren körperlichen Freunden: Wenn ihr eine negative Emotion verspürt und darin nicht den Hinweis darauf erkennt, dass ihr gedanklich Widerstand leistet, und nichts unternehmt, um eure gedanklichen Hindernisse aus dem Weg zu räumen, werden diese kraft des *Gesetzes der Anziehung* stärker. Wenn ihr dann immer noch nichts unternehmt, um euch in Harmonie zu bringen und auf Gedanken zu kommen, die ein besseres Gefühl in euch hervorrufen, werden die gedanklichen Hindernisse anwachsen, bis ihr Schmerzen, Krankheiten oder andere Hinweise auf euren Widerstand erfahrt.

Wie kann sich jemand, der Schmerzen hat, auf etwas anderes konzentrieren?

JERRY: Schön, ihr sagt also, wenn wir uns heilen wollen, müssen wir unsere Gedanken von dem Problem abwenden und auf das richten, was wir wollen. Aber wenn wir Schmerzen haben, wie können wir dann verhindern, sie zu empfinden? Wie können wir unsere Aufmerksamkeit lange genug von den Schmerzen abwenden, um uns auf etwas zu konzentrieren, was wir wollen?

✍ ABRAHAM:

Du hast recht. Es ist sehr schwer, nicht an den »pochenden Zeh« zu denken. Die meisten von euch machen sich erst dann klar, was sie wollen, wenn sie etwas leben, was sie *nicht* wollen. Die meisten von euch lassen sich durch den Tag treiben, geraten in dies hinein und in jenes, ohne bewusst einen Gedanken darauf zu verschwenden. Da ihr die Macht eurer Gedanken nicht versteht, fasst ihr gewöhnlich erst dann einen wirklich bewussten Gedanken, wenn ihr mit etwas konfrontiert seid, was ihr nicht wollt. Und dann geht ihr es frontal an. Ihr widmet ihm eure ganze Aufmerksamkeit, was – wenn man das *Gesetz der Anziehung* so gut kennt wie wir – alles nur noch schlimmer macht ...

Und deshalb möchten wir euch ermutigen: *Haltet nach Zeiten Ausschau (oder zeitlichen Abschnitten), in denen ihr keinen pochenden Schmerz empfindet – und dann konzentriert euch auf Wohlbefinden.*

Ihr müsst einen Weg finden, das, was in eurer Erfahrung geschieht, von eurer Reaktion auf diese Erfahrung zu trennen. Zum Beispiel kann dein Körper schmerzen, und während er schmerzt, kannst du *Angst* empfinden, oder du kannst *Hoffnung* hegen, während dein Körper schmerzt. Der Schmerz muss nicht deine Einstellung oder deine Gedanken bestimmen. Es ist möglich, an etwas anderes als den Schmerz zu denken. Und wenn dir das gelingt, wird der Schmerz allmählich .nachlassen. Wenn du dem Schmerz jedoch, sobald er auftritt, deine ungeteilte Aufmerksamkeit schenkst, wirst du nur noch mehr von dem, was du nicht willst, in dein Leben holen.

Jemand, der sich auf eine Vielzahl von Themen negativ eingestimmt hat und *jetzt* Schmerzen empfindet, muss diese Schmerzen überwinden *und* sich positiv ausrichten. Du musst wissen, dass deine schlechten Denkgewohnheiten die Krankheit erst herbeigeführt haben und dass es erforderlich ist, sofort auf positives Denken umzuschalten, um Gesundheit herbeizuführen, auch wenn das vermutlich kein schneller Prozess ist, weil du dich nun mit dem hemmenden Schmerz oder der hemmenden Krankheit oder mit beidem befassen musst. *Präventiv lässt sich Gesundheit viel leichter herbeiführen, als Gesundheit zu korrigieren, doch in beiden Fällen sind Gedanken, bei denen du dich besser fühlst – Gedanken an eine zunehmende Erleichterung –, der Schlüssel.*

Selbst in Situationen, in denen starker Schmerz erlebt wird, gibt es Zeiten größeren und geringeren Unwohlseins. Suche dir aus der Bandbreite dessen, was du erlebst, die Zeiten aus, in denen du dich am wohlsten fühlst, um positive Aspekte zu finden und Gedanken zu wählen, mit denen du dich besser fühlst. Und während du weiter nach Gedanken strebst, die dir eine größere emotionale Erleichterung verschaffen, wird diese positive Tendenz dich allmählich ins Wohlbefinden zurückbringen – immer und ausnahmslos.

Mein natürlicher Zustand ist der des Wohlbefindens

✍ ABRAHAM:

Gesundheit und Wohlbefinden bilden den Kern dessen, was du bist, und wenn du etwas erlebst, was nicht an diese Zustände heranreicht, zeigt sich das in deiner Schwingung als Widerstand. Ein *Widerstand* entsteht dadurch, dass du dich auf die Abwesenheit des Gewünschten konzentrierst ... *Zulassen* dadurch, dass du dich auf das Gewünschte konzentrierst ... *Widerstand* entsteht durch ein Denken, das nicht der Sichtweise deiner Quelle entspricht ... *Zulassen* wird erfahren, wenn deine momentanen Gedanken der Sichtweise deiner Quelle entsprechen.

Dein natürlicher Zustand ist der des Wohlbefindens, der perfekten Gesundheit, der physischen Vollkommenheit – und wenn du etwas anderes erlebst, liegt es einzig und allein daran, dass das Gleichgewicht der Gedanken in dir sich in Richtung der Abwesenheit des Gewünschten neigt statt in Richtung seiner Anwesenheit.

Es ist dein Widerstand, der Krankheit überhaupt erst herbeiführt, und es ist dein Widerstand gegen Krankheit, der dich an ihr festhalten lässt, wenn sie einmal da ist. Deine Aufmerksamkeit auf dem *Unerwünschten* erschafft das *Unerwünschte* in deiner Erfahrung erst, und so ist es nur logisch, dass es angemessener wäre, deine Aufmerksamkeit auf das *Gewünschte* zu richten.

Manchmal glaubst du, dass du an Wohlbefinden denkst, während du dir eigentlich Sorgen machst, ob du nicht krank bist. Und die einzige Möglichkeit, dir des schwingungsmäßigen Unterschieds sicher zu sein, besteht darin, auf die Emotion zu achten, die deine Gedanken begleitet. *Sich in Gedanken einzufühlen, die Gesundheit fördern, ist viel einfacher, als zu versuchen, sich Gesundheit zu denken.*

Verpflichte dich dazu, dich gut zu fühlen, und dann achte auf deine entsprechenden Gedanken, und du wirst feststellen, dass du Groll, Minderwertigkeit und Ohnmacht empfunden hast, ohne dir dessen bewusst gewesen zu sein. Doch nun, da du beschlossen hast, deinen Emotionen Aufmerksamkeit zu schenken, werden dir diese hemmenden, krank machenden Gedanken nicht länger verborgen bleiben. Es ist nicht natürlich für dich, krank zu sein, und es ist auch nicht natürlich für dich, negative Emotionen zu haben – denn in deinem tiefsten Innern gleichst du deinem *Inneren Wesen*: *Du bist wohlauf, und du fühlst dich sehr, sehr gut.*

Können die Gedanken eines Babys Krankheiten anziehen?

JERRY: Wie kann es möglich sein, dass ein neugeborenes Baby eine Krankheit anzieht, von der es noch keine bewusste Vorstellung hat?

✍ ABRAHAM:

Zunächst wollen wir einmal eindeutig feststellen, dass kein anderer als du selbst deine Wirklichkeit erschaffst und dass es wichtig ist, zu verstehen, dass das »Du«, als das du dich kennst, nicht in Gestalt dieses kleinen Babys, das deine Mutter geboren hat, seinen Anfang nahm. Du bist ein Ewiges Wesen, das schon viele Erfahrungen durchlebt hat und mit einer langen Geschichte des Erschaffens in diesen physischen Körper eingetreten ist.

Die Menschen glauben oft, dass die Welt viel besser wäre, wenn alle Neugeborenen mit den Merkmalen eines »vollkommenen« physischen Körpers geboren würden, doch das ist nicht zwangsläufig die Absicht des Wesens, das in einem physischen Körper zur Welt kommt. Es gibt zahlreiche Wesen, die sich bewusst für einen anderen Weg als den der »Normalität« entscheiden, weil der Kontrast eine interessante Wirkung hervorruft, der sich in vieler Hinsicht als wertvoll erweisen kann. Anders ausgedrückt: Wenn Babys geboren werden, die sich von anderen unterscheiden, sollte man nicht unbedingt davon ausgehen, dass etwas schiefgegangen ist.

Stell dir vor, jemand ist ein erstklassiger Tennisspieler. Die Leute sitzen auf der Tribüne und verfolgen das Match in der Annahme, dass es diesem Spieler wohl am liebsten wäre, gegen weniger starke Gegner anzutreten, die er leicht schlagen kann. Dabei wäre ihm vielleicht das genaue Gegenteil lieber: Er könnte Gegner bevorzugen, die Experten sind, die ihm eine Konzentration und Präzision abverlangen wie niemand sonst. *Genauso suchen viele, die beim physischen Erschaffen Spitzenleistungen vollbringen, nach Gelegenheiten, das Leben auf neue Weise zu sehen, damit sich neue Wahlmöglichkeiten ergeben und neue Erfahrungen gemacht werden können. Diese Wesen verstehen auch, dass es für die anderen in ihrer Nähe sehr vorteilhaft sein kann, etwas zu erleben, was sich vom »Normalen« unterscheidet.*

Die Leute nehmen oft fälschlich an, dass ein Baby, weil es nicht sprechen kann, auch seine Wirklichkeit nicht selbst erschaffen kann, doch das ist nicht der Fall. Selbst diejenigen, die der Sprache mächtig sind, erschaffen nicht durch Worte, sondern durch Gedanken. Eure Babys denken bei der Geburt, und vor der Geburt sind sie sich schwingungsmäßig gewahr. Ihre Schwingungsfrequenzen werden sofort von den Schwingungen beeinflusst, die sie bei ihrer Geburt umgeben, aber das braucht niemanden zu beunruhigen, weil sie genau wie du mit einem *Leitsystem* auf die Welt gekommen sind, das ihnen hilft, zwischen dem Zulassen förderlicher Gedanken und der Ablehnung wohltuender Gedanken zu unterscheiden.

Warum kommen manche mit Krankheiten zur Welt?

JERRY: Ihr sprecht vom »Gleichgewicht der Gedanken«, aber wollt ihr damit sagen, dass es dieses gedankliche Gleichgewicht schon vor der Geburt gibt? Ist das der Grund, weshalb manche mit körperlichen Problemen zur Welt kommen?

ABRAHAM:

Genau. So wie das jetzige Gleichgewicht deiner Gedanken deinem momentanen Leben entspricht, hat das Gleichgewicht der Gedanken vor deiner Geburt deinem damaligen Leben entsprochen. Du musst wissen, dass manche bewusst mit einer körperlichen »Behinderung« zur Welt kommen, weil sie wussten, dass sie das weiterbringen wird. Sie wollten ihre Perspektive um bestimmte Erfahrungen erweitern.

Bevor du in diesen physischen Körper eingetreten bist, war dir klar gewesen, dass du von jedem Ort aus, den du einnimmst, eine neue Entscheidung treffen kannst. Und so hat es keine Rolle gespielt, wo du in deinem physischen Körper beginnst, weil du wusstest, dass der Wunsch nach einer Veränderung, der durch deine Befindlichkeit in dir geweckt wird, leicht einzulösen ist. Viele Menschen, die in Situationen hineingeboren wurden, die man als das genaue Gegenteil von Erfolg betrachten könnte, haben in vielen Lebensbereichen enormen Erfolg gehabt. Und die holprigen Anfänge haben sich für sie als sehr vorteilhaft erwiesen, weil aus ihrer Armut oder Fehlfunktion ein starkes Begehren entstand, das zu einer *Bitte* führte, die erst geäußert werden musste, bevor der Erfolg zu ihnen fließen konnte.

Alle Wesen, die in einen physischen Körper eintreten, besitzen ein umfassendes Verständnis des Körpers, in dem sie zur Welt kommen, und du kannst davon ausgehen, dass diejenigen, die zur Welt kommen und auf dieser Welt bleiben, auch schon im Nichtkörperlichen diese Absicht hatten. Und wenn der Ort, an dem du dich gerade befindest, dich zu einer Entscheidung veranlasst, die einen *anderen* Wunsch in dir weckt, dann hast du ausnahmslos immer die Fähigkeit, die Essenz dieser Schöpfung, wenn du deine Gedanken nur genügend fokussierst, auch zu erreichen.

Die meisten, die etwas anderes als Wohlbefinden anziehen, tun dies durch Unterlassung. Sie mögen sich nach Wohlbefinden sehnen, doch die Mehrzahl ihrer Gedanken befasst sich mit Themen, die das Wohlbefinden nicht fördern. *Es ist keine gute Idee, eine Perspektive einzunehmen, aus der heraus du einzuschätzen versuchst, wie angemessen jeder sein Leben führt, denn das wirst du nie herausfinden. Du weißt jedoch immer, wo* du *hinsichtlich deines Wollens stehst. Und wenn du deinen Gedanken Aufmerksamkeit schenkst und zulässt, dass sie von deinem Gefühl geleitet werden, wirst du feststellen, dass deine Gedanken öfter in eine sehr angenehme Richtung gehen.*

Sprechen wir über das Thema »unheilbare« Krankheiten

JERRY: Die jüngste unter den Krankheiten, die wir als »unheilbar« bezeichnen, ist Aids, und doch gibt es inzwischen viele, die Aids überlebt haben – Menschen, die schon erheblich länger leben, als ihnen vorausgesagt wurde. Was würdet ihr jemandem raten, der an Aids leidet und jetzt eure Hilfe sucht?

✍ ABRAHAM:

Es gibt kein körperliches System, egal in welchem Zustand des Verfalls, das nicht wieder zu vollkommener Gesundheit gelangen könnte ... Aber dein *Glaube* bestimmt, was du in deiner Erfahrung *zulässt.* Wenn du dich hast überzeugen lassen, dass etwas nicht heilbar – dass es »tödlich« – ist, und wenn man dir dann sagt, du hättest dich damit angesteckt, wird dein *Glaube* dir normalerweise sagen, dass du das nicht überlebst ... und dann überlebst du es auch nicht.

Aber dein Überleben hat nichts mit der Krankheit zu tun, sondern hängt ausschließlich von deinen Gedanken ab. Wenn du also zu dir sagst: *Das mag ja für andere stimmen, doch nicht für mich, denn ich bin der Schöpfer meiner Erfahrung, und diesmal wähle ich die Genesung, nicht den Tod ...* dann *kannst* du wieder gesund werden.

Diese Worte sind leicht von uns gesagt, aber sie werden nicht so leicht gehört von denjenigen, die nicht an ihre eigene Schöpferkraft glauben: Doch deine Erfahrung spiegelt immer das Gleichgewicht deiner Gedanken wider. *Deine Erfahrung ist ein deutlicher Hinweis auf deine Gedanken. Und wenn du deine Gedanken änderst, muss sich auch deine Erfahrung ändern. So will es das <u>Gesetz</u>.*

Soll man sich auf Spaß konzentrieren, um wieder gesund zu werden?

JERRY: Norman Cousins war ein Schriftsteller, der sich eine Krankheit zuzog, die als unheilbar galt. (Ich glaube, es hatte sich noch nie jemand von ihr erholt.) Doch er überlebte sie und sagte, dass er das nur den vielen Comedys zu verdanken habe, die er sich im Fernsehen angesehen hatte. Soweit ich weiß, hatte er sie sich immer wieder angesehen – und gelacht –, und irgendwann war die Krankheit verschwunden. Was stand eurer Meinung nach hinter dieser Genesung?

ABRAHAM:

Er erholte sich, weil es ihm gelang, in schwingungsmäßige Übereinstimmung mit seinem Wohlbefinden zu treten. Dass seine schwingungsmäßige Übereinstimmung sich wiederherstellte, hat mit zwei Faktoren zu tun: *Zum einen wurde sein Wunsch nach Gesundheit durch seine Krankheit enorm verstärkt, und zum anderen lenkten ihn die Comedys, die er sich ansah, von der Krankheit ab – die Freude, die er empfand, als er über den Humor in diesen Sendungen lachte, wies darauf hin, dass sein Wohlbefinden zuließ.* Das sind die beiden Faktoren, die für alles, was ihr erschafft, unbedingt erforderlich sind: _Wollen und Zulassen_.

Wenn die Menschen sich so sehr auf Probleme ausrichten, dass sie ihr Wohlbefinden nicht mehr zulassen und schwer erkranken, wenden sie ihre Aufmerksamkeit gewöhnlich der Krankheit zu – was diese zusätzlich verstärkt. Manchmal kann ein Arzt den Glauben an Gesundheit fördern, wenn er einen Prozess einleitet oder eine Arznei verwendet, die er für hilfreich hält. Dann wird der *Wunsch* des Erkrankten durch die Krankheit verstärkt, und der *Glaube* wird durch die vorgeschlagene Arznei gestärkt – doch im Fall der angeblich unheilbaren Krankheit und im Fall der angeblich *heilbaren* Krankheit waren die beiden Faktoren, die zur Heilung führten, die Gleichen: _Wunsch_ und _Glaube_.

Jeder, dem es gelingt, Wohlbefinden zu erwarten, ist unter allen Umständen in der Lage, Wohlbefinden auch zu erreichen. Der Trick besteht eben gerade darin, es zu *erwarten* oder, wie der Mann in deinem Beispiel, sich einfach von der *Abwesenheit* des Wohlbefindens abzulenken.

Verschwindet eine Krankheit, wenn man sie ignoriert?

JERRY: Mein ganzes Erwachsenenleben lang war ich nie so krank, dass ich die Arbeit nicht tun konnte, die ich mir für diesen Tag vorgenommen hatte. Mit anderen Worten: Ich hatte immer den Eindruck, dass meine Arbeit so wichtig war, dass ich nicht einmal daran *dachte*, sie unerledigt zu lassen. Mir fiel jedoch auf, dass ich mich, wenn ich mich einmal weniger gut fühlte – wenn eine Erkältung im Anzug war oder eine Grippe –, nur auf meine Arbeit zu konzentrieren brauchte, und schon verschwanden die Symptome. Lag das daran, dass ich mich auf etwas konzentrierte, was ich *wollte*?

🖑 ABRAHAM:

Da du die starke *Absicht* hattest, deine Arbeit zu tun – und weil sie dir Freude bereitete –, hattest du den Vorteil, mit dem Strom deines Wohlbefindens zu schwimmen. Wenn du den Eindruck hattest, als lenkte dich etwas von diesem Wohlbefinden ab, weil du ungewollt die Aufmerksamkeit auf etwas Unerwünschtes richtetest, hast du dich nur wieder auf deine gewohnte Absicht auszurichten brauchen, und schon kehrte deine Harmonie zurück – und die Symptome der fehlenden Harmonie verschwanden schnell wieder.

Oft versucht ihr, zu viel durch Handeln zu erreichen, und dabei fühlt ihr euch müde und ausgelaugt, und diese Gefühle sind dann ein Hinweis darauf, dass es an der Zeit ist, innezuhalten und neu Atem zu schöpfen. Doch häufig handelt ihr einfach weiter, statt euch die Zeit zu nehmen, euch zu erholen und wieder auszurichten, und das ist sehr oft der Grund dafür, dass unangenehme Symptome auftreten.

Die meisten Menschen wenden, sobald sie das Symptom für eine Krankheit spüren, ihre Aufmerksamkeit dem Symptom zu und gleiten gewöhnlich rasch in weiteres Unbehagen und weitere fehlende Harmonie ab. Der Schlüssel ist, deine fehlende Harmonie frühzeitig zu bemerken. Anders ausgedrückt: Immer wenn du eine negative Emotion spürst, ist das für dich ein Hinweis, dass du nach einem anderen Gedanken streben solltest, der dein schwingungsmäßiges Gleichgewicht verbessert – unterlässt du das, wird der Hinweis stärker, bis du sogar körperliches Unbehagen empfindest. Doch selbst dann kannst du dich, wie das Beispiel zeigt, das du gerade genannt hast, immer noch neu auf etwas ausrichten, das du dir wünschst (und deine Aufmerksamkeit von dem abwenden, was dich aus dem Gleichgewicht gebracht hat), und so wieder in Harmonie kommen und die Symptome der Krankheit verschwinden lassen. *Es gibt keinen Zustand, von dem du dich nicht erholen könntest, aber es ist sehr viel leichter, wenn du ihn schon am Anfang, in den frühen Stadien, wahrnimmst.*

Manchmal bietet dir eine Krankheit auch die Möglichkeit, vor etwas zu fliehen, was du nicht willst, und so wird in deiner Umgebung Krankheit oft zugelassen, damit man nichts anderes machen muss. Aber wenn du beginnst, diese Art von Spiel mit deinem Selbst zu spielen, öffnest du immer schwereren Krankheiten Tür und Tor.

Wie wirken Impfstoffe bei Krankheiten?

JERRY: Wenn wir Krankheiten kraft unserer Gedanken erschaffen, warum bereiten dann *Impfstoffe* – wie der gegen Polio – der Ausbreitung dieser bestimmten Krankheitsformen anscheinend ein Ende?

✍ ABRAHAM:

Die Krankheit stärkt deinen Wunsch, und der Impfstoff stärkt deinen *Glauben.* Damit hast du das heikle Gleichgewicht der Schöpfung geschaffen: *Du willst es, und du lässt es zu oder glaubst daran – und deshalb ist es.*

Was ist mit Ärzten, Heilern und Medizinmännern?

JERRY: Nun, das führt mich zu meiner nächsten Frage: *Medizinmänner, Heiler* und *Ärzte* ... von allen sagt man, dass sie manche Menschen *heilen,* manche ihrer Klienten aber auch *verlieren.* Welchen Platz nehmen solche Leute im Denken ein – oder im Leben?

✍ ABRAHAM:

Am wichtigsten ist, was sie gemeinsam haben: Sie regen den *Glauben* in ihren Klienten an. Die eine Seite des Gleichgewichts der Schöpfung wird erfüllt, wenn die Krankheit den *Wunsch* nach Gesundheit stärkt – dann wird alles, was *Glaube* oder *Erwartung* fördert, positive Ergebnisse bringen. Wenn Medizin und Wissenschaft erst einmal aufhören, nach *Heilmitteln* zu suchen, sondern stattdessen nach *schwingungsmäßigen Ursachen,* werden sie eine viel höhere Genesungsrate erzielen.

Glaubt ein Arzt nicht, dass du dich von deiner Krankheit erholen kannst, ist dein Verhältnis zu diesem Arzt dir ziemlich abträglich. Oft werden wohlmeinende Ärzte ihre Zweifel, dass du wieder gesunden kannst, damit rechtfertigen, dass die Wahrscheinlichkeit dagegen spricht, und dir sagen, dass du vermutlich nicht gerade eine Ausnahme bilden wirst. Das Problem an dieser Logik ist aber – selbst wenn sie auf den Fakten oder Beweisen beruht, die von Medizin und Wissenschaft erwartet werden –, dass sie nichts mit dir zu tun hat. Es gibt nur zwei Faktoren, die etwas mit deiner Genesung zu tun haben: dein *Wunsch* und dein *Glaube.* Und diese negative Diagnose behindert deinen *Glauben.*

Wenn du den *starken* Wunsch nach Genesung hast und die Ärzte dir keine Hoffnung machen, ist es logisch, dass du dich alternativen Methoden zuwendest, die Hoffnung nicht nur zulassen, sondern unterstützen, denn es gibt genügend Beweise dafür, dass Menschen auch von angeblich »unheilbaren« Krankheiten wieder genesen können.

Dein Arzt als Mittel des Wohlbefindens

✍ ABRAHAM:

Verurteilt die moderne Medizin nicht, denn sie entstand durch die Gedanken, Wünsche und Überzeugungen der Mitglieder eurer Gesellschaft. Ihr sollt jedoch wissen, dass ihr die Macht habt, alles zu erreichen, was ihr euch wünscht, auch wenn ihr nicht außerhalb eures Selbst nach einer Bestätigung suchen könnt; die Bestätigung wird in Form von Emotionen aus eurem Inneren aufsteigen.

Strebt erst nach schwingungsmäßiger Harmonie und lasst dann inspiriertes Handeln folgen. Gestattet, dass die Ärzteschaft euch beim Gesundwerden hilft, doch bittet sie nicht um das Unmögliche – bittet sie nicht darum, euch ein Heilmittel zu geben, um eure fehlende Harmonie auszugleichen.

Ohne *Bitte* kann es keine *Antwort* geben, und die Aufmerksamkeit auf ein Problem zu richten bedeutet, um eine Lösung zu *bitten;* daher ist es nicht ungewöhnlich, dass Ärzte auf der Suche nach Problemen, für die sie Lösungen zu haben glauben, den physischen Körper untersuchen. Doch die *Suche nach Problemen* ist ein machtvoller Katalysator und zieht Probleme überhaupt erst *an,* und so rufen wohlmeinende Ärzte oft unabsichtlich mehr Krankheiten hervor, als sie Heilmittel gegen sie haben. *Wir wollen damit nicht sagen, dass sie euch nicht helfen wollen; wir sagen nur, dass ihre vorrangige Absicht, wenn sie euch untersuchen, die ist, Anzeichen zu finden, dass etwas nicht stimmt. Und da dies ihre vorrangige Absicht ist, ziehen sie das mehr an als alles andere.*

Mit der Zeit, wenn sie sich lange damit beschäftigt haben, beginnen sie an die Fehlbarkeit des Menschen zu glauben. Ihnen fällt dann öfter auf, dass etwas nicht in Ordnung ist, als dass etwas in Ordnung ist, und deshalb ziehen so viele von ihnen Krankheit in ihr eigenes Erleben.

JERRY: Dann ist das also der Grund, weshalb Ärzte sich nicht selbst heilen können?

ABRAHAM:

Das ist der Grund. Es ist nicht leicht, sich auf das Negative anderer Menschen einzustimmen, ohne die negative Emotion in seinem eigenen Wesen zu erfahren – und Krankheit existiert, weil Negativität zugelassen wird. *Jemand, der nichts Negatives erlebt, wird niemals krank.*

Was kann ich tun, um ihnen zu helfen?

JERRY: Was kann ich als Einzelperson nach bestem Wissen und Gewissen tun, um anderen Menschen mit körperlichen Problemen zu helfen?

ABRAHAM:

Du hilfst anderen nie, wenn du zulässt, dass sie dich zu einem Resonanzboden für ihre Klagen machen. Das Beste, was du für sie tun kannst, ist, sie so zu sehen, wie sie deines Wissens nach sein wollen.
Manchmal bedeutet das, dass du dich aus ihrer Nähe zurückziehen musst, denn wenn du ihnen nahe bist, ist es schwer, ihre Klagen zu überhören. Du könntest zu ihnen sagen:»Ich habe gelernt, die Kraft meiner Aufmerksamkeit und meiner Gedanken einzusetzen, und wenn ich dich jetzt von Dingen reden höre, von denen ich weiß, dass du sie nicht haben willst, muss ich dir sagen, dass ich mich von dir zurückziehen werde, weil ich nicht zu deinen falschen Schöpfungen beitragen will.« Versuche, sie von ihren Klagen abzulenken, versuche, ihnen zu helfen, sich auf einige positive Aspekte auszurichten ... bemühe

dich nach Kräften, dir ihre Genesung vorzustellen. *Du wirst es wissen, wenn du jemandem von Nutzen warst, weil du dann an die Person denken und dich gleichzeitig gut fühlen kannst. Wenn du andere sorgenfrei liebst, bist du ihnen von Nutzen. Wenn du ihnen Freude bereitest, hilfst du ihnen. Wenn du erwartest, dass sie Erfolg haben, hilfst du ihnen. Anders ausgedrückt: Wenn du sie so siehst, wie dein eigenes* <u>*Inneres Wesen*</u> *sie sieht, dann und nur dann ist deine Gesellschaft ihnen von Nutzen.*

Und was ist, wenn sie im Koma liegen?

JERRY: Es kommt manchmal vor, dass jemand sagt:»Ich habe einen Freund oder einen Angehörigen, der im Koma liegt.« Können wir auch dann etwas für ein geliebtes Wesen tun, wenn es sich im Zustand der Bewusstlosigkeit befindet?

✌ ABRAHAM:

Sehr viel stärker als durch Worte kommunizierst du mit denen um dich herum schwingungsmäßig, und so muss es, wenn dein Freund kein Anzeichen von Erkennen zeigt, nicht unbedingt heißen, dass deine Kommunikation nicht auf irgendeiner Ebene doch ankommt. *Du kannst sogar mit denen kommunizieren, die ihren physischen Übergang in den Zustand, den ihr »Tod« nennt, bereits abgeschlossen haben; geh also nicht davon aus, dass ein Zustand der scheinbaren Bewusstlosigkeit eure Kommunikation unterbindet.*

Der Hauptgrund, weshalb Menschen im Koma oder in der Bewusstlosigkeit verharren, ist der, sich von den Gedanken des Mangels zu erholen, die ihnen Hindernisse in den Weg legten. Obwohl sie sich von ihrer bewussten Aufmerksamkeit auf die Details des normalen Lebens zurückgezogen haben, stehen sie mit ihrem *Inneren Wesen* weiter in schwingungsmäßiger Verbindung. Das gibt ihnen Gelegenheit, sich zu stärken, und ist oft eine Zeit der Entscheidungsfindung, in der sie sich darüber klar werden, ob sie ihre Harmonie besser wiederfinden, wenn sie ins Nichtkörperliche zurückkehren, oder ob sie in ihrem physischen Körper wiedererwachen sollten. In vieler Hinsicht unterscheidet sich das nicht sehr von der ersten Geburt in ihrem physischen Körper.

Die beste Haltung, die ihr gegenüber solchen Menschen einnehmen könnt, ist folgende: *Ich will, dass du das tust, was für dich wichtig ist. Ich billige alles, wofür du dich entscheidest. Ich liebe dich bedingungslos. Wenn du bleibst, werde ich mich für dich freuen ... und wenn du gehst, werde ich mich für dich freuen. Tu, was für dich das Beste ist.* Das ist das Beste, was ihr für sie tun könnt.

JERRY: Dann *wollen* die Personen, die sich seit vielen Jahren in einem solchen Zustand befinden, es also gar nicht anders?

✍ ABRAHAM:

Wenn so viel Zeit verstrichen ist, haben die meisten von ihnen längst die Entscheidung getroffen, nicht zurückzukehren, und jemand im Physischen hat ihre Entscheidung übergangen, sodass sie weiter an eine Maschine angeschlossen bleiben, doch ihr Bewusstsein ist schon längst weg und wird nicht mehr in den Körper zurückkehren.

Könnte ich die Krankheit meiner Großmutter erben?

JERRY: Ich habe schon gehört, wie Leute sagten: »Ich habe Migräne, weil meine Mutter Migräne hatte«, oder: »Meine Mutter hat Übergewicht, meine Großmutter hatte Übergewicht und meine Kinder haben auch Übergewicht.« Erben manche Menschen körperliche Probleme?

✍ ABRAHAM:

Was den Anschein erweckt, ererbt zu sein, ist gewöhnlich die Antwort des *Gesetzes der Anziehung* auf die *Gedanken*, die du von deinen Eltern übernommen hast. Auch die Zellen in deinem Körper sind denkende Mechanismen, und deine Zellen können – genau wie du – Schwingungen aus deiner Umgebung aufnehmen. Wenn du jedoch einen Wunsch identifiziert und Gedanken gewählt hast, die sich gut anfühlen – was anzeigt, dass du mit deinem *Inneren Wesen* oder deiner Quelle in schwingungsmäßiger Harmonie bist –, dann werden deine Körperzellen sich rasch auf die Schwingung des Wohlbefindens einstellen, die dein positives Denken herbeigeführt hat. Deine Körperzellen können keine negativen Tendenzen entwickeln, die zur Krankheit führen, wenn du mit deiner Quelle harmonierst. Deine Zellen können nur aus der Harmonie geraten, wenn *du* aus der Harmonie gerätst.

Dein Körper ist eine Erweiterung deines Denkens. Die negativen Symptome, mit denen du dich angesteckt oder die du »ererbt« hast, werden von deinem negativen Denken gestützt und könnten sich in Gegenwart ständiger positiver Gedanken überhaupt nicht einstellen, egal an welchen Krankheiten deine Eltern gelitten haben.

JERRY: Wenn ich also höre, wie meine Mutter von Kopfschmerzen spricht, und das akzeptiere, dann kann es sein, dass ich selbst Kopfschmerzen bekomme?

✍ ABRAHAM:

Ob du es von deiner Mutter oder von sonst jemandem gehört hast, wenn du die Aufmerksamkeit auf etwas richtest, was du nicht willst, ziehst du nach einer Weile dessen Essenz an.

Kopfschmerzen sind ein Symptom des Widerstands gegenüber dem Wohlbefinden, und der stellt sich ein, wenn du dich im schwingungsmäßigen Gegensatz zum Wohlbefinden deines *Inneren Wesens* befindest. Machst du dir beispielsweise Sorgen über die Arbeit oder bist du wütend auf deine Regierung, so kann das physische Symptome hervorrufen – *du musst dich nicht auf Kopfschmerzen konzentrieren, um welche zu bekommen.*

JERRY: Wenn ich höre, wie meine Mutter über Kopfschmerzen klagt, und ich das bewusst ablehne und sage:»Das mag ja für dich gelten, aber nicht für mich«, schützt mich das dann bis zu einem gewissen Grad?

✍ ABRAHAM:

Es ist immer ein Vorteil, auszusprechen, was du willst, aber du kannst nicht mit *Dem-der-du-wirklich-bist* in Harmonie bleiben und dich gleichzeitig auf die Kopfschmerzen deiner Mutter einlassen.

Sprichst du etwas aus, was du _willst_, während du gleichzeitig etwas siehst, was du _nicht willst_, bringt dich das nicht in Harmonie mit dem, was du willst. Wende deine Aufmerksamkeit von den Dingen ab, die du _nicht_ anziehen _willst_, und wende sie den Dingen zu, die du anziehen _willst_. Konzentriere dich auf einen Aspekt deiner Mutter, der dir ein gutes Gefühl bereitet, oder konzentriere dich auf etwas anderes als auf deine Mutter – Hauptsache, es bereitet dir ein gutes Gefühl.

Welche Rolle spielen die Medien bei Epidemien?

JERRY: Neulich habe ich im Fernsehen gehört, dass man sich in der Stadt kostenlos gegen Grippe impfen lassen kann. Wirken sich diese Nachrichten auf die Verbreitung des Grippevirus aus?

✍ ABRAHAM:

Ja, sie tragen sehr zur Verbreitung des Grippevirus bei. Es gibt keine größere Quelle negativer Einflussnahme als euer Fernsehen. Natürlich gibt es auch hier, wie in jedem Bereich eurer Umgebung, das Gewollte und das Ungewollte, und ihr habt immerhin die Fähigkeit, euch auf etwas zu konzentrieren und so Nutzen aus dem Fernsehen und euren Medien zu ziehen – doch diese Quellen bieten euch eine enorm einseitige, unausgewogene Sichtweise. Sie suchen auf der ganzen Welt nach Krisenherden, beleuchten und verstärken sie und vergrößern die

Probleme noch mit dramatischer Musik und verteilen das in eurem Wohnzimmer, bieten euch ein außerordentlich verzerrtes Bild der Probleme eures Planeten, entgegen jeden Wohlbefindens.

Auch das ständige Sperrfeuer der Arzneimittelwerbung ist eine mächtige Quelle negativer Beeinflussung, weil sie euch weismacht, dass »diese Krankheit in jedem Fünften lauert, und der bist wahrscheinlich du«. Sie verleiten euch, daran zu denken, und dann sagen sie: »Suchen Sie Ihren Arzt auf.« Und wenn du deinen Arzt dann aufsuchst (vergiss nicht, dein Arzt hat die *Absicht,* etwas zu finden, was mit dir *nicht* stimmt), ist deine negative Erwartung geboren, oder sie wird zumindest verstärkt. Und wenn ihr diesem Einfluss dann lange genug ausgesetzt seid, beginnt euer Körper, einen Ausdruck für diese durchdringenden Gedanken zu schaffen. Eure Medikamente sind heute weiter entwickelt als jemals zuvor, und doch werden mehr von euch krank als jemals zuvor.

Denkt daran, um etwas zu erschaffen, braucht ihr nur daran zu *denken* – und es zu akzeptieren – und schon habt ihr's. Sie zeigen euch die Statistiken, sie erzählen euch die Horrorgeschichten, sie stimulieren euer Denken, und wenn euer Denken detailliert stimuliert wird, kommt die Emotion: das *Grauen, die Angst ... das will ich nicht!* Und schon ist die eine Hälfte der Gleichung erfüllt. Dann ermutigen sie euch, eine medizinische Untersuchung durchführen oder euch kostenlos impfen zu lassen: »Wir wissen doch offenbar, dass es eine Epidemie ist, sonst würden wir euch doch keine kostenlose Grippeimpfung anbieten«, und das vervollständigt die *Erwartung* oder den Teil des *Zulassens* – und jetzt bist du in dem perfekten Zustand, die Impfung anzunehmen oder die Essenz dessen, wovon auch immer gerade die Rede ist.

Du bekommst, was du denkst, ob du es willst oder nicht. Und so ist es sehr vorteilhaft für dich, wenn du dich darin übst, deine eigene Geschichte über dein Wohlbefinden zu erzählen, damit du dir, wenn das nächste Mal im Fernsehen diese beängstigende Geschichte gebracht wird (eine, die du nicht leben willst), ihre Version anhören und darüber lächeln kannst, statt Furcht zu empfinden.

Wie löse ich unangenehme Gefühle auf, wenn sie noch in den Anfängen sind?

✍ ABRAHAM:

Das erste Anzeichen dafür, dass du dein physisches Wohlbefinden nicht zulässt, erreicht dich in Form negativer Emotionen. Beim ersten Anzeichen einer negativen Emotion wird dein Körper zwar noch nicht zusammenbrechen, aber wenn du dich weiter auf Themen konzentrierst, die den anhaltenden Eindruck einer negativen Emotion machen, wird dir das deine Leichtigkeit nehmen und Krankheit herbeiführen.

Wenn du dir nicht bewusst bist, dass negative Emotionen eine schwingungsmäßige Disharmonie anzeigen, die dich daran hindert, die erwünschte Ebene des Wohlbefindens einzunehmen, akzeptierst du vielleicht wie die meisten Menschen ein gewisses Maß an negativen Emotionen und spürst nicht das Verlangen, etwas dagegen zu tun. Die meisten Menschen wissen nicht, selbst wenn sie über das Ausmaß ihrer negativen Emotionen oder ihres Stresses erschrecken, was sie dagegen tun sollen, denn sie glauben, dass sie auf Zustände oder Bedingungen reagieren, die außerhalb ihrer Kontrolle sind. Und so, weil sie diese unangenehmen Zustände nicht kontrollieren können, fühlen sie sich machtlos und außerstande, an ihren Gefühlen etwas zu ändern.

Wir wollen dir bewusst machen, dass deine Emotionen eine Reaktion auf deinen Fokus sind und dass du unter allen Umständen die Macht hast, Gedanken zu wählen, die sich ein wenig besser oder ein bisschen weniger schlimm anfühlen – und wenn du dich ständig für Gedanken entscheidest, die ein wenig besser sind, wird das *Gesetz der Anziehung* auch deine Erfahrung ständig verbessern.

Der Schlüssel dazu, einen physischen Zustand des Wohlbefindens zu erreichen und beizubehalten, ist der, die Hinweise auf Unstimmigkeiten schon in den frühen Stadien zu erkennen. Es ist sehr viel leichter, seine Gedanken in den frühen, zaghaften Zuständen neu auszurichten, als dann, wenn das <u>Gesetz der Anziehung</u> bereits auf chronische negative Gedanken reagiert hat und einem größere negative Ergebnisse zuführt.

Wenn du den Entschluss fassen würdest, dass in dir nie mehr Platz für negative Emotionen ist – und dir gleichzeitig bewusst ist, dass es einzig und allein dir zukommt, deine Aufmerksamkeit auf eine Weise neu auszurichten, dass du dich besser fühlst, statt jemanden zu bitten, etwas anders zu machen, oder darum zu bitten, dass die Umstände sich ändern, damit du dich besser fühlst –, dann wärst du nicht nur ein kerngesunder Mensch, sondern auch eine sehr freudvolle Person. *Freude, Wertschätzung, Liebe und Gesundheit sind das Gleiche. Missgunst, Eifersucht, Niedergeschlagenheit, Zorn und Krankheit sind auch das Gleiche.*

Sind Arthritis und die Alzheimerkrankheit irgendwie heilbar?

JERRY: Können durch Arthritis verursachte rheumatische Gelenke oder durch Alzheimer hervorgerufene Gedächtnisprobleme geheilt werden? Ist es möglich, sich von diesen Krankheitsformen zu erholen, unabhängig vom Alter?

✐ ABRAHAM:

Die Zustände deines physischen Körpers sind im Grunde schwingungsmäßige Hinweise auf die Harmonie deiner Gedanken – wenn du also deine Gedanken änderst, müssen sich auch die Hinweise ändern. Manche Krankheiten erscheinen dir nur deshalb so hartnäckig und beständig, weil deine Gedanken oft so hartnäckig und beständig sind.

Die meisten Menschen verdanken ihre kontraproduktiven Denkmuster vorwiegend »Wahrheiten«, die sie an anderen erlebt oder von anderen gelernt haben, und wenn sie eisern an diesen Denkmustern festhalten (die ihnen nicht helfen), erfahren sie die Resultate dieser Gedanken. Und dann setzt ein unangenehmer Kreislauf ein, in dem sie an *unerwünschte* Dinge denken (an *wahrlich* unerwünschte Dinge) und durch das *Gesetz der Anziehung* verhindern, dass *erwünschte* Dinge in ihre Erfahrung treten, und stattdessen zulassen, dass *Unerwünschtes* zu ihnen kommt – und dann konzentrieren sie sich noch mehr auf diese unerwünschten Dinge, was dazu führt, dass sogar *noch* mehr Unerwünschtes zu ihnen kommt.

Du kannst in jeder Erfahrung Veränderungen herbeiführen, aber du musst beginnen, deine Welt anders zu sehen. Du musst die Geschichte so erzählen, wie du sie haben willst, nicht so, wie sie ist. Wenn du beschließt, die Richtung deiner Gedanken und Gespräche darauf auszurichten, wie du dich beim Denken oder Sprechen fühlst, dann beginnst du bewusst Schwingungen auszusenden. Du bist ein Schwingungswesen, ob du es nun weißt oder nicht, und das *Gesetz der Anziehung* reagiert immer auf die Schwingungen, die du aussendest.

JERRY: Können chemische Stoffe wie Alkohol, Nikotin oder Kokain den Körper negativ beeinflussen?

✍ ABRAHAM:

Dein körperliches Wohlbefinden wird erheblich mehr von deiner Schwingungsharmonie beeinflusst als von den Dingen, die du deinem Körper zuführst. Aber noch wichtiger ist, dass du dich zu keiner Substanz hingezogen fühlen würdest, die dich aus der Harmonie bringt, wenn du am Ort der Schwingungsharmonie wärst.

Fast ausnahmslos kommt der Wunsch nach solchen Substanzen von einem Ort geringerer Harmonie. *Der Antrieb, sich diese Substanzen zuzuführen, entstammt dem Verlangen, die Leere zu füllen, die sich aufgrund schwingungsmäßiger Disharmonie aufgetan hat.*

Tragen Fitness und Ernährung zur Gesundheit bei?

JERRY: Sind bessere Ernährung und mehr Fitness ein wichtiger Beitrag zu unserer Gesundheit?

✍ ABRAHAM:

Dir wird nicht entgangen sein, dass es Menschen gibt, die sehr darauf achten, sich richtig zu ernähren und fit zu halten, und die sich körperlich in einem ausgezeichneten Zustand befinden. Und es gibt Menschen, die sich jahrelang viel Mühe geben, sich richtig zu ernähren und fit zu halten, ohne es weit zu bringen, und es einfach nicht schaffen, ihr physisches Wohlbefinden zu bewahren. Was du tust, ist nicht so wichtig wie die Gedanken, die du hast, deine Art zu fühlen, deine schwingungsmäßige Harmonie und die Geschichte, die du erzählst.

Wenn du dir die Zeit nimmst, schwingungsmäßige Harmonie zu finden, wird die physische Anstrengung dir wundervolle Ergebnisse zuführen, aber wenn du dich nicht erst um deine schwingungsmäßige Harmonie kümmerst, kann kein engagiertes Handeln der Welt die falsche Ausrichtung deiner Energie wettmachen. Dein Ort der Harmonie wird dich zu vorteilhaftem Verhalten veranlassen, so wie dein Ort fehlender Harmonie dich zum gegenteiligen Verhalten veranlassen wird.

JERRY: Ich erinnere mich an einen Ausspruch von Winston Churchill, der während des Zweiten Weltkriegs britischer Premierminister war. Er sagte:»Ich renne nie, wenn ich auch gehen kann, ich gehe nie, wenn ich auch stehen kann, ich stehe nie, wenn ich auch sitzen kann, und ich sitze nie, wenn ich auch liegen kann«, und er rauchte immer eine dicke Zigarre. Er wurde neunzig Jahre alt und erfreute sich, soweit ich weiß, bis zuletzt bester Gesundheit. Aber sein Lebensstil war alles andere als das, was wir heute gesund nennen. Ist das also bloß eine *Glaubensfrage?*

ᨠ ABRAHAM:

In so jungen Jahren zu sterben? [Lachen] Es herrscht deshalb so große Verwirrung über das richtige Verhalten für ein gesundes Leben, weil so viele sich nur auf das Verhalten konzentrieren und den Teil der Gleichung außer Acht lassen, der für jedes Ergebnis eigentlich ausschlaggebend ist: die Art, wie du denkst, die Emotionen, die du hast, und die Geschichte, die du erzählst.

Was steckt dahinter, wenn eine gesunde Person sich ständig erschöpft fühlt?

JERRY: Wenn jemand anscheinend bei guter Gesundheit ist, sich aber meistens müde und ausgelaugt fühlt, welche Lösung würdet ihr vorschlagen?

ᨠ ABRAHAM:

Wenn man sich müde und ausgelaugt fühlt, bezeichnen das viele Menschen als einen Zustand niedriger Energie, und das ist eigentlich eine gute Art, es auszudrücken. Auch wenn du dich nicht von deiner Energiequelle abschneiden kannst, brauchst du nur Gedanken zu haben, die dieser Quelle widersprechen, um ein Gefühl des Widerstands oder der niedrigen Energie zu bekommen. *Die Art, wie du dich fühlst, gibt immer an, in welchem Maß du mit der Quelle harmonisierst oder eben nicht. Ausnahmslos.*

Wenn du die Geschichte erzählst, was du willst (und diese Geschichte erzählt die Quelle dir immer), bist du glücklich und voller Energie. Wenn du wenig Energie hast, bedeutet das immer, dass du eine andere Geschichte erzählst, als der größere Teil deiner Quellenergie sie erzählt. Wenn du eine Geschichte erzählst, die sich mit den positiven Aspekten deines Lebens befasst, fühlst du dich voller Energie.

Wenn du eine Geschichte erzählst, die sich mit den negativen Aspekten befasst, fühlst du dich geschwächt. Wenn du dich auf die Abwesenheit von etwas konzentrierst, was du gern in deiner momentanen Erfahrung hättest, spürst du eine negative Emotion. Wenn du dir einen verbesserten Zustand vorstellst, spürst du eine positive Emotion. *Bei deinem Gefühl geht es immer um die Beziehung zwischen dem Gegenstand deiner Aufmerksamkeit und deinem eigentlichen Wunsch. Wenn du an das denkst, was du dir wünschst, wird das die ersehnte Kräftigung herbeiführen.*

Welche Hauptursache haben Krankheiten?

JERRY: Was ist denn für euch, einfach ausgedrückt, die Hauptursache für Krankheit?

℘ ABRAHAM:

Krankheit entsteht, wenn du an *unerwünschte* Themen denkst und eine negative Emotion hast, sie jedoch ignorierst und dich weiter so sehr auf das *Unerwünschte* konzentrierst, dass die negative Emotion stärker wird – während du sie weiter ignorierst und die Aufmerksamkeit auf dem *Unerwünschten* belässt ... bis kraft des *Gesetzes der Anziehung* noch mehr negative Gedanken und Erfahrungen angezogen werden. *Krankheit entsteht, wenn du die ersten, schwachen Anzeichen für fehlende Harmonie nicht beachtest, die sich in Form einer Emotion einstellen.*

Hast du eine negative Emotion und änderst den Gedanken nicht, um das Unbehagen durch die negative Emotion loszuwerden, wird sie immer stärker, bis die negative Emotion schließlich zu einem körperlichen Empfinden wird – und dann zu einer körperlichen Störung. *Dabei ist die Krankheit nur ein Hinweis auf deine Schwingung, ein Indikator, und sobald du deine Schwingung änderst, wird sich auch der Indikator ändern und sich der neuen Schwingung anpassen. Krankheit ist nichts anderes als ein körperlicher Indikator für aus der Harmonie geratene Energie.*

Viele Menschen, die krank sind, widersprechen unserer Erklärung der Ursache ihrer Krankheit, wonach das *Gesetz der Anziehung* auf ihre Gedanken reagiert, und betonen, dass sie nie an *diese* bestimmte Krankheit gedacht haben. Aber eine Krankheit stellt sich nicht ein, weil du speziell an *diese* oder an überhaupt *irgendeine* Krankheit denkst.

Krankheit ist ein übertriebener Hinweis auf negative Gedanken, der als subtiler Hinweis auf eine negative Emotion begann und größer wurde, als die negativen Gedanken andauerten. Negatives Denken ist immer ein Widerstand, egal womit sich dieses Denken befasst. Darum entstehen auch neue Krankheiten, und bevor die wahre Ursache der Krankheit nicht angegangen wird, wird es nie ein endgültiges Heilmittel geben.

Du hast im Moment das Potenzial für jede erdenkliche Krankheit in deinem Körper, und du hast im Moment das Potenzial für den Zustand vollkommener Gesundheit in deinem Körper – und du wirst das eine oder das andere oder eine Mischung davon anziehen, je nachdem, wie harmonisch deine Gedanken sind.

JERRY: Mit anderen Worten: Aus eurer Sicht gibt es überhaupt keine *physischen* Ursachen für Krankheiten oder Gebrechen? Es sind alles *Gedanken?*

ABRAHAM:

Wir verstehen dein Verlangen, den Taten oder Handlungen Glauben zu schenken, die durch Erklärungen auf Ursachen verweisen wollen. Wenn du erklären wolltest, wo das Wasser herkommt, hättest du ganz recht damit, auf den Wasserhahn als Ursprung des in deine Spüle flie-ßenden Wassers hinzuweisen. Aber hinter der Geschichte, »wo das Wasser herkommt«, steckt so viel mehr als nur dieser Wasserhahn. Und genauso steckt auch viel mehr hinter der Geschichte über den Ursprung von Gesundheit und Krankheit. *Dein Wohlbefinden und dein*

Unwohlsein sind Symptome deiner gedanklichen Harmonie, und diese Harmonie manifestiert sich so sicher, wie Wasser abwärts fließt, auf dem Weg des geringsten Widerstands.

Ein Beispiel für meine »alte« Geschichte über mein körperliches Wohlbefinden

Ich bemerke an mir körperliche Symptome, die mich beunruhigen. Je älter ich werde, desto schwächer fühle ich mich, desto weniger gesund und weniger sicher. Ich mache mir Sorgen darüber, welche Richtung meine Gesundheit nimmt. Ich habe versucht, auf mich aufzupassen, aber ich habe nicht den Eindruck, als hätte es viel gebracht. Ich schätze, es ist wohl normal, sich im Laufe der Zeit schlechter zu fühlen. Das habe ich bei meinen Eltern gesehen, und deshalb mache ich mir ernsthaft Sorgen um meine Gesundheit.

Ein Beispiel für meine »neue« Geschichte über mein körperliches Wohlbefinden

Mein Körper reagiert auf die Gedanken, die ich mir über ihn mache, und auf die Gedanken, die ich mir über alles mache. Je besser sich meine Gedanken anfühlen, desto eher lasse ich mein persönliches Wohlbefinden zu.

Es gefällt mir, zu wissen, dass ein direkter Zusammenhang besteht zwischen der Art und Weise, wie ich mich fühle, und den Gedanken, die ich hatte, und wie diese Gedanken sich beim Denken angefühlt haben. Es gefällt mir, zu wissen, dass diese Gefühle dazu dienen sollen, Gedanken auszuwählen, die sich besser anfühlen, damit das zu Schwingungen führt, die sich besser anfühlen, was wieder zu einem Körper führt, der sich besser anfühlt. Mein Körper reagiert so auf meine Gedanken, und es tut wirklich sehr gut, das zu wissen.

Ein physischer Körper ist insofern etwas ganz Erstaunliches, als ein Klümpchen fötaler Zellen zu einem ausgewachsenen Menschen wird. Ich bin beeindruckt von der Stabilität des menschlichen Körpers und der Intelligenz der Zellen, die den menschlichen Körper bilden, während ich feststelle, wie mein Körper ohne mein bewusstes Zutun so viele wichtige Funktionen ausführt. Es gefällt mir, dass ich nicht die bewusste Verantwortung dafür trage, das Blut durch meine Adern oder die Luft durch meine Lungen zu transportieren. Es gefällt mir, dass mein Körper weiß, wie so etwas zu geschehen hat, und dass er es so gut macht. Der menschliche Körper ist ganz allgemein eine erstaunliche Sache – ein intelligentes, bewegliches, zuverlässiges und nachgiebiges Ding, das sehen, hören, riechen, schmecken und berühren kann.

Mein Körper dient mir sehr gut. Ich liebe es, durch meinen physischen Körper das Leben zu erkunden. Ich genieße meine Ausdauer und Beweglichkeit. Ich führe das Leben in meinem Körper gern. Ich freue mich so sehr über meine Augen, mit denen ich in die Welt hinausblicke, von meinem Standort aus das Nahe und das Ferne sehe, mit einer so lebhaften Wahrnehmung von Tiefe und Entfernung Formen und Farben unterscheide. Ich genieße so sehr die Fähigkeit meines Körpers, zu hören und zu riechen, zu schmecken und zu fühlen. Ich liebe den taktilen, sinnlichen Gehalt des Planeten und meines Lebens in diesem wundervollen Körper.

Ich empfinde Wertschätzung und Faszination für die Selbstheilungskräfte meines Körpers, wenn ich beobachte, wie Wunden sich mit neuer Haut bedecken, und wenn ich neuerliche Belastbarkeit spüre, wo mein Körper Verletzungen davongetragen hatte.

Ich bin mir der Beweglichkeit, der Geschicklichkeit meiner Finger und der sofortigen Reaktion meiner Muskeln so sehr bewusst.

Es gefällt mir, dass ich das Wissen meines Körpers um sein Wohlbefinden und darüber, wie er sich immer auf dieses Wohlbefinden zubewegt, verstehe und dass sich Gesundheit einstellen wird, wenn ich ihm nicht mit negativem Denken den Weg verstelle.

Es gefällt mir, dass ich den Wert meiner Emotionen begreife, und ich verstehe, dass ich die Fähigkeit habe, körperliche Gesundheit zu erreichen und beizubehalten, weil ich Gedanken des Frohsinns finden und bewahren kann.

An jedem Tag auf dieser Welt bin ich mir immer bewusst, selbst wenn manches in meinem Körper nicht zum Besten steht, dass viel, viel, viel mehr Dinge so funktionieren, wie sie sollten, und dass die Aspekte des Wohlbefindens meines Körpers vorherrschen. Und besonders liebe ich die rasche Reaktion meines Körpers auf meine Aufmerksamkeit und meine Absichten. Ich liebe es, dass ich meine Geist-Körper-Seele-Zusammenhänge und die mächtigen produktiven Eigenschaften meiner bewussten Ausrichtung auf Harmonie verstehe.

Ich liebe es, mein Leben in meinem Körper zu führen.

Ich empfinde so viel Wertschätzung für diese Erfahrung.

Ich fühle mich gut.

⌘ ABRAHAM:

Es gibt keine richtige oder falsche Art, deine verbesserte Geschichte zu erzählen. Sie kann von deinen vergangenen Erfahrungen handeln, von deinen gegenwärtigen oder von deinen künftigen Erfahrungen. Das einzig wichtige Kriterium ist, dass du bewusst eine Geschichte erzählst, mit der du dich besser fühlst, eine verbesserte Version deiner Geschichte. Wenn du jeden Tag viele kleine Geschichten erzählst, die dir ein besseres Gefühl bereiten, ändert das deinen Ort der Anziehung. Denke nur daran, dass die Geschichte, die *du* erzählst, die Grundlage *deines* Lebens ist. Erzähle sie also so, wie *du* sie haben willst.

Teil 4

Sichtweisen auf Gesundheit, Gewicht und Geist

Ich will mich an einem gesunden Körper erfreuen

Deinen physischen Körper in Harmonie zu bringen ist aus zwei Gründen äußerst erstrebenswert:

– Erstens gibt es kein Thema, über das die Menschen mehr nachdenken, als über ihren eigenen Körper. (Und das ist auch logisch, weil du ihn ja überallhin mitnimmst.)

– Zweitens wird, da jede Sichtweise, die du hast, und jeder Gedanke, den du denkst, durch die Linse deines physischen Körpers fließt, deine Einstellung zu praktisch jedem Thema davon beeinflusst, wie du deinen physischen Körper siehst.

Wissenschaft und Medizin bestätigen erst allmählich den Zusammenhang zwischen Geist und Körper, Gedanken und ihren Konsequenzen sowie Einstellungen und deren Resultaten, und so sind die meisten Menschen einer Fülle widersprüchlicher Anleitungen in Bezug auf *ihren*

Körper ausgesetzt. Wenn eine Verständnisgrundlage fehlt, können noch so viele Anstrengungen, das durch Methoden, Zaubertränke oder Heilmittelchen auszugleichen, keine dauerhaft tragfähigen Ergebnisse bringen. Und da die Ausrichtung der Energien bei jedem Menschen anders ist (aufgrund der großen Vielfalt von Überzeugungen, Wünschen, Erwartungen sowie frühen und aktuellen Einflüssen), ist es nicht gerade ein Wunder, dass es keine Heilmittel gibt, die »jedes Mal« wirken, und es ist auch kein Wunder, dass die meisten über ihren physischen Körper aufrichtig verwirrt sind.

Wenn du versuchst, Informationen darüber zu sammeln und zu verarbeiten, was mit den Körpern anderer Menschen geschieht, statt dein eigenes Emotionales Leitsystem einzusetzen, um *deine* derzeitige energetische Harmonie oder Disharmonie zu verstehen, ist das genauso, als wolltest du die Straßenkarte eines fremden Landes benutzen, um deine Route im eigenen Land zu planen: Diese Informationen haben für dich und deinen momentanen Standort einfach keine Bedeutung.

Du hast so viele Informationen erhalten, die unserem Wissen (und den *Gesetzen des Universums*) widersprechen, dass wir äußerst froh sind, im Zusammenhang des größeren Ganzen über dich und deinen Körper sprechen zu können. Wir wollen dir dabei helfen, ein klares Verständnis dafür zu entwickeln, wie man fit und ein gesundes Wesen sein kann, das so aussieht, wie du aussehen willst (ganz an Geist, Körper und Seele); und wenn du mithilfe deines Geistes deine Gedanken bewusst so ausrichtest, dass sie mit den Gedanken deines *Inneren Wesens* (oder Geistes) harmonisieren, wird dein physischer Körper zum Beweis und sichtbaren Ausdruck für diese Harmonie.

Ich will meine Wünsche und Erfahrungen ins Gleichgewicht bringen

Es ist nicht möglich, deinen physischen Körper in einen Zustand vollkommener Gesundheit zu bringen, wenn du nur an die körperlichen Aspekte deines Wesens denkst und dann deinem physischen Körper entsprechende Handlungen anbietest. Ohne ein Verständnis für den Zusammenhang zwischen dem physischen Du und dem nichtkörperlichen, schwingungsmäßigen Inneren Du kann es kein anhaltendes Verstehen und keine Kontrolle geben. Mit anderen Worten: Obwohl du den Eindruck haben magst, dass ein Körper, der sich gut anfühlt und gut aussieht, das Ergebnis deines Verhaltens in Bezug auf Nahrungsaufnahme und Aktivität sein wird, geht es eigentlich weit eher um deine schwingungsmäßige Harmonie der physischen Aspekte mit den nichtkörperlichen Aspekten deines Wesens.

Sobald du die Gesamtheit deines Wesens anerkennst und diese schwingungsmäßige Harmonie zu deiner höchsten Priorität machst, bist du auf dem besten Weg, den erwünschten physischen Körper zu erlangen und beizubehalten. Aber wenn du anderer Leute Zustände, anderer Leute Erfahrungen und anderer Leute Meinungen als Messlatte für dein Wohlbefinden nimmst, wirst du den Zustand deines eigenen physischen Körpers nie kontrollieren können.

Anders gesagt: Wenn du nach einem physischen Anspruch strebst, der auf dem Vergleich mit den Erfahrungen anderer beruht statt auf deiner persönlichen Harmonie zwischen dir und deinem *Du*, wirst du nie den Schlüssel zur Kontrolle über deinen Körper finden.

Ich brauche meinen Körper nicht mit anderen zu vergleichen

Wir möchten euch helfen zu verstehen, dass es die eine richtige Seins-weise nicht gibt, oder die wünschenswerteste, denn es gibt viele physi-sche Zustände des Körpers, die in eurer Absicht gelegen haben, als ihr in euren eintratet. Hättet ihr alle gleich sein wollen, würden sich mehr von euch gleichen – aber so ist es nicht. Ihr kommt in allen möglichen Grö-ßen und Formen daher, mit allen möglichen Eigenschaften und Fähig-keiten. Manche sind stärker, andere wendiger ... Ihr seid in großer Anzahl in eure Welt gekommen und unterscheidet euch so sehr voneinander, damit ihr für das Ganze von Nutzen seid. Ihr kommt in so großer Vielfalt vor, um zum Gleichgewicht dieser Zeit und dieses Ortes beizutragen.

Deshalb möchten wir euch ermutigen: Statt euch zu betrachten und zu verkünden, dass euch in einer Hinsicht etwas fehlt, wie es die meis-ten tun, würden wir euch gern helfen, die Vorteile davon wahrzuneh-men, was ihr seid. Wenn ihr euren physischen Körper einschätzt, ver-bringt mehr Zeit damit, auf den Nutzen zu sehen, den er nicht nur euch bringt, sondern auch dem Gleichgewicht von *Allem-was-ist*.

JERRY: Ich weiß noch, als ich auf einem Trapez trainierte (beim Zirkus), war ich zu schwer, um ein »Flieger« zu sein, und zu leicht, um ein »Fän-ger« zu sein. So fühlte ich mich auf dem Trapez nicht wohl, solange wir nicht einen schwereren Fänger oder leichteren Flieger hatten. Ich war zwar immer noch *Luftakrobat,* aber ich balancierte mit einer Stange auf dem Seil, damit mich niemand zu fangen brauchte und ich niemanden fangen musste. Doch ich fühlte nicht, versagt zu haben, weil ich nicht fand, dass ich größer oder kleiner sein sollte. Ich hatte etwas gefunden, was mir gefiel und mir das Gefühl gab, als Luftakrobat aufzutreten.

✍ ABRAHAM:
Gut. Das ist ausgezeichnet.

Was wäre, wenn ich mich als vollkommen betrachten würde?

JERRY: Könnten wir nicht unser Gewicht und unsere geistigen Fähigkeiten oder Talente genauso betrachten? Könnten wir uns nicht alle als *vollkommen* betrachten?

✍ ABRAHAM:

Wir ermutigen euch nicht dazu, euren gegenwärtigen Zustand zu betrachten und zu verkünden, dass er *vollkommen* sei, denn ihr werdet immer nach etwas streben, das jenseits *Dessen-was-ist* liegt. Aber wenn sich Aspekte eurer gegenwärtigen Erfahrung für euch gut anfühlen, während ihr euch auf sie konzentriert, wird das bewirken, dass ihr euch auf die Perspektive eures *Inneren Wesens* einstimmt, das immer auf euer Wohlbefinden ausgerichtet ist. *Wir ermutigen euch, nach der Übereinstimmung zwischen euren Gedanken über euren Körper und den Gedanken eures Inneren Wesens über euren Körper zu suchen, statt eure körperlichen Zustände dazu bringen zu wollen, mit den Zuständen anderer Körper, die ihr um euch herum seht, übereinzustimmen.*

Wehrst du dich gegen das Unerwünschte, so zieht das noch mehr Unerwünschtes an

✍ ABRAHAM:

Wenn du verstehst, dass du durch deine Gedanken erschaffst und nicht so sehr durch dein Handeln, wirst du erheblich müheloser viel mehr deiner Wünsche verwirklichen – und ohne Kampf wird es dir mehr Spaß bereiten. In jedem wachen Augenblick denkst du, und wenn du dabei eine Neigung zu positiven Gedanken entwickelst, die sich gut anfühlen, wird dir das sehr nützlich sein.

Du wurdest in eine Gesellschaft hineingeboren, die dich bei deinem Eintreffen sofort vor unerwünschten Dingen zu warnen begann, und mit der Zeit sind die meisten von euch sehr wachsam geworden. Ihr führt einen »Kampf gegen Drogen« und einen »Kampf gegen Aids« und einen »Kampf gegen Krebs«. Die meisten von euch glauben allen Ernstes, dass ihr besiegen müsst, was ihr *nicht* haben wollt, um das zu bekommen, *was* ihr haben wollt, und so richtet ihr einen großen Teil eurer Aufmerksamkeit darauf, das Ungewollte von euch zu stoßen. Wenn ihr das *Gesetz der Anziehung* so sehen könntet, wie wir es sehen – wenn ihr akzeptieren könntet, dass ihr alles kraft eurer Gedanken anzieht –, dann würdet ihr verstehen, wie rückwärtsgewandt ihr eigentlich vorgeht.

Wenn ihr sagt: »Ich bin krank, und ich will nicht krank sein, also überwinde ich diese Krankheit – ich werde das und das tun und dieser Krankheit so ein Ende bereiten«, haltet ihr aus eurer Position der Wachsamkeit, Gegenwehr und negativen Emotion heraus an dieser Krankheit fest.

Meine Aufmerksamkeit auf dem Mangel zieht noch mehr Mangel an

🖎 ABRAHAM:

Jede Sache besteht eigentlich aus zwei Sachen. Da gibt es das, was du willst, und da gibt es seine Abwesenheit. Da jeder Gedanke, den du hast, durch die Sichtweise deines Körpers gefiltert wird, wenn dieser Körper sich nicht so anfühlt, wie du willst, dass er sich anfühlt, oder nicht so aussieht, wie er deiner Meinung nach aussehen sollte, ist es hinsichtlich deines Körpers ganz natürlich, dass eine große Anzahl deiner Gedanken (ein sehr ungleicher Anteil deiner Gedanken) eher der Mangelseite der Gleichung zuneigt als der Seite, die du dir eigentlich wünschst.

Von deinem Standort des Mangels aus wirst du nur noch mehr Mangel anziehen, und deshalb funktionieren auch die meisten Diäten nicht: Du bist dir deines Fettes bewusst – du bist dir bewusst, dass dein Körper so aussieht, wie du nicht willst, dass er aussieht –, und deshalb sagst du dann, wenn es so schlimm wird, dass du es nicht mehr ertragen kannst (entweder aus deiner Sicht oder weil dich andere schief ansehen): »Ich kann diesen negativen Ort nicht mehr ertragen. Ich mache eine Diät, und ich werde dieses ganze Zeug los, das ich *nicht* haben will.« Und dabei ist dein Augenmerk auf das gerichtet, was du nicht haben willst, und dadurch hältst du daran fest. *Um dort hinzugelangen, wo du hingelangen willst, musst du deine volle Aufmerksamkeit auf das richten, was du* <u>*willst*</u>*, und nicht darauf, was du* <u>*nicht willst*</u>*.*

Wenn du die Saat der Angst ausbringst, entsteht noch mehr Angst

JERRY: Ein guter Freund, mein geschäftlicher Mentor, meldete sich einmal freiwillig zu einer medizinischen Studie. Er sagte, obwohl er sich in ausgezeichneter Verfassung befände, wolle er daran teilnehmen, wenn das für andere wertvoll sei, weil so viele Männer seines Alters in dieser Gegend an einer bestimmten Krankheit stürben. Nun, es vergingen nur wenige Wochen, und wir bekamen die Nachricht, dass man diese Krankheit auch an ihm diagnostiziert hatte. Und jetzt ist er nicht mehr in körperlicher Gestalt unter uns, obwohl er die Krankheit nicht gefürchtet hatte. Erschuf er sie in seinem Körper, indem er sich darauf einstimmte?

✍ ABRAHAM:

Es war seine darauf gerichtete Aufmerksamkeit – mit anderen Worten, seine Absicht, für andere wertvoll zu sein. Und so erlaubte er ihnen, zu sondieren und zu graben und zu schauen. Und beim Sondieren und

Graben und Schauen wurde er von den anderen gedanklich so weit stimuliert, dass er sich einer Möglichkeit bewusst wurde – nicht nur einer Möglichkeit, sondern einer *Wahrscheinlichkeit. Sie säten in ihm eine Wahrscheinlichkeit, und dann reagierte sein Körper durch das Sondieren und Graben und Schauen auf die Gewichtung, die seine Gedanken vorgenommen hatten.*

Damit hast du ein wundervolles Beispiel gebracht, denn diese Krankheit war nicht in ihm, solange er seine Aufmerksamkeit nicht nach innen gerichtet hatte, doch sobald seine nach innen gerichtete Aufmerksamkeit dieser bestimmten Krankheit galt, reagierte sein Körper entsprechend. *Das Potenzial für Gesundheit und Krankheit ist immer in dir. Die Gedanken, die du wählst, entscheiden darüber, was davon du erlebst und in welchem Ausmaß du es erlebst.*

Zieht die Aufmerksamkeit auf einer Krankheit diese zwangsläufig an?

JERRY: Wie sehr können wir mit dem Gedanken an Krankheit spielen? Wenn beispielsweise jemand im Fernsehen ein Angebot sieht, sich kostenlos ein Körperteil untersuchen zu lassen, und derjenige oder diejenige sagt: »Was soll's, ich glaube, ich gehe einfach mal hin – ich fühle mich gut, aber warum nicht, es ist ja gratis?«, wie hoch ist dann die Wahrscheinlichkeit, dass das zu dem führt, wovon ihr sprecht: einer Stimulation der Gedanken und letzten Endes einem unerwünschten Ergebnis?

ABRAHAM:

Nahezu hundert Prozent. In eurer Gesellschaft wird der Krankheit so viel Aufmerksamkeit entgegengebracht, dass Krankheiten bei euch grassieren. Trotz eurer medizinischen Technik – aller Instrumente, aller Entdeckungen – gibt es heute mehr Menschen mit schweren Erkrankungen als jemals zuvor. Das Überhandnehmen so vieler schwerer Erkrankungen verdankt sich vor allem der Tatsache, dass ihr eure Aufmerksamkeit so sehr auf Krankheiten richtet.

Du hast gesagt: »Wie sehr können wir damit spielen?«

Und wir sagen dir: Ihr achtet so sehr darauf, was ihr esst und was ihr tragt und welche Autos ihr fahrt, und dabei achtet ihr kaum darauf, was ihr denkt. *Wir möchten euch dazu ermutigen, mehr darauf zu achten, was ihr denkt. Haltet eure Gedanken auf der Seite der Gleichung, die mit eurem Wollen in Harmonie steht. Denkt an Gesundheit – nicht an dessen Abwesenheit. Denkt daran, wie ihr sein wollt, statt daran zu denken, was euch dazu alles fehlt.*

Eure Krankheiten sind nicht angeboren und bleiben euch nur deshalb erhalten, weil ihr eure negative Aufmerksamkeit auf sie richtet. Bedenkt, dass Krankheit sich den Gefühlen von Verwundbarkeit und Geschütztheit verdankt. Richtet eure Gedanken bei allem (nicht nur in Bezug auf körperliche Gesundheit) auf das, was ihr euch wünscht, dann wird der bessere emotionale Zustand, der dadurch herbeigeführt wird, euer körperliches Wohlbefinden garantieren.

Ist meine Aufmerksamkeit in erster Linie auf Wohlbefinden gerichtet?

JERRY: Eine gute Freundin von uns stockte ihr Haus kürzlich um eine weitere Etage auf, damit ihre Schwiegermutter bei ihr einziehen konnte, deren Gesundheitszustand sich sehr verschlechtert hatte. Ihre Schwiegermutter sprach fast ununterbrochen davon, wie schlecht sie sich fühlte, wie schlecht ihre Gesundheit war, wie unglücklich sie mit ihrem Leben war und über diese und jene Operation.

Dann kam die Mutter unserer Freundin, die fünfundachtzig Jahre alt war, in den Ferien zu Besuch. Sie war noch nie in ihrem Leben in einem Krankenhaus gewesen, doch nachdem sie eine Woche mit der anderen alten Dame – die andauernd von Krankheiten sprach – in diesem Haus verbracht hatte, verschlechterte sich ihr eigener Gesundheitszustand dramatisch. Sie wurde ins Krankenhaus eingeliefert und dann in einem Pflegeheim untergebracht. Kann sich jemandes Gesundheit so dramatisch verschlechtern, nur weil er für einige Tage einem negativen Einfluss ausgesetzt ist?

✍ ABRAHAM:

Das Potenzial für Krankheit oder Gesundheit liegt jederzeit in euch allen. Und worauf ihr eure Aufmerksamkeit richtet, das wird in euch die Essenz dieses Denkens hervorbringen. Denken ist sehr kraftvoll.

Obwohl es eigentlich nicht so sein muss, haben die meisten Menschen bis zu ihrem fünfundachtzigsten Lebensjahr bereits erhebliche Mengen negativer Einflüsse über ihren physischen Körper erfahren. Ihr werdet unablässig mit Gedanken an versagende Gesundheit bombardiert: die Notwendigkeit, eine Versicherung abzuschließen, die Notwendigkeit, sich zu Lebzeiten eine Grabstätte zu kaufen, die Notwendigkeit, in Vorbereitung auf seinen Tod ein Testament aufzusetzen und so weiter. Diese Frau wurde also hinsichtlich ihres körperlichen Wohlbefindens von der anderen Frau in diesem Haus nicht zum ersten Mal negativ beeinflusst.

Doch da sie bereits auf der Kippe stand, vielleicht sogar ein wenig erstaunt war über ihre eigene Langlebigkeit, beeinflussten die intensiven Gespräche dieser anderen Frau – und die Reaktionen, die das ihrer Beobachtung nach bei den Personen in ihrer Umgebung auslöste – das Gleichgewicht ihrer Gedanken so sehr, dass sich sofort negative Symptome zeigten. Und als sie dann ihre Aufmerksamkeit auf ihre eigenen negativen Symptome richtete, nahmen die Symptome in dieser intensiven Umgebung dramatisch zu.

Wenn jemand in deine Erfahrung tritt, der dein Denken auf eine Weise stimuliert, die sich eher auf Krankheit als auf Gesundheit richtet, auf den Mangel an Wohlbefinden als auf Wohlbefinden, und du dadurch an einen Ort gerätst, an dem du dich verletzbar, angegriffen oder sogar zornig fühlst, dann beginnen deine Körperzellen auf dieses Denken zu reagieren. Und dann ist es durchaus möglich, dass sich nach Wochen, Tagen – oder sogar schon nach Stunden – ein solcher negativer Prozess einstellt. *Alles, was du erlebst, ist das Resultat der Gedanken, die du hast, und zwar ausnahmslos.*

Die physischen Beweise anderer müssen nicht meiner Erfahrung entsprechen

ABRAHAM:

Wenn du um dich herum physische Beweise siehst, erwecken diese *physischen Beweise* sehr oft den Eindruck, realer zu sein als ein *Gedanke*. Ihr sagt dann Dinge zu uns wie: »Abraham, das ist wirklich real. Das ist nicht nur ein Gedanke«, als wären das *wirklich Reale* und ein *Gedanke* zwei verschiedene Sachen. Aber wir wollen euch daran erinnern, dass das Universum nicht zwischen euren Gedanken an die gegenwärtige Realität und den Gedanken an eine imaginierte Realität unterscheidet. Das Universum und das *Gesetz der Anziehung* reagieren einfach auf eure Gedanken – ob real oder imaginiert, gegenwärtig oder erinnert.

Alle Beweise, die ihr um euch herum seht, sind nichts weiter als die manifestierten Gedanken von jemandem, und es gibt keinen Grund, weshalb diese Manifestationen anderer euch Angst einjagen oder ein Gefühl von Verletzbarkeit in euch wachrufen sollten.

So etwas wie einen unveränderlichen Zustand gibt es nicht. Es gibt keine körperliche Situation, egal in welchem Zustand des Verfalls, die nicht Genesung erfahren könnte. Doch dazu ist das Verständnis des <u>Gesetzes der Anziehung</u> erforderlich, die durch Emotionen verkörperte Führung und die Bereitschaft, sich bewusst auf Dinge zu konzentrieren, die ein Wohlgefühl in dir hervorrufen. Wenn ihr verstehen könntet, dass euer Körper darauf reagiert, was ihr denkt, und wenn ihr eure Gedanken *auf das gerichtet halten könntet, auf das ihr sie richten wollt, dann könnte es euch allen gut gehen.*

Wie kann ich alles dahingehend beeinflussen, dass meine Gesundheit erhalten bleibt?

JERRY: Was wäre dann also das Beste, was wir tun könnten, um unsere vollkommene Gesundheit zu bewahren oder zu erlangen oder andere um uns herum so zu beeinflussen, dass sie zu *ihrer* vollkommenen Gesundheit finden?

⤷ ABRAHAM:

Gesundheit zu erlangen und Gesundheit zu bewahren ist eigentlich derselbe Vorgang: *sich auf noch mehr Dinge zu konzentrieren, die sich gut anfühlen.* Der größte Unterschied zwischen dem Erlangen und Bewahren besteht darin, dass es einfacher ist, Gedanken zu haben, die sich gut anfühlen, wenn du dich bereits gut fühlst, als wenn du dich schlecht fühlst, und so ist das Bewahren von Gesundheit viel einfacher als das Erlangen von Gesundheit. *Am besten kannst du andere dazu bringen, zu guter Gesundheit zu finden, indem du sie ihnen vorlebst. Am besten kannst du andere dazu bringen, krank zu werden, indem du selbst krank wirst.*

Wir wissen, dass es für die, die jetzt an einem Ort sind, an dem sie nicht sein wollen, doch allzu vereinfachend klingt, sich bloß einen Gedanken zu suchen, der sich besser anfühlt. Aber wir geben euch Brief und Siegel, dass ihr nur entschlossen genug zu sein braucht, euch bewusst für Gedanken zu entscheiden, die sich besser anfühlen, damit ihr in allem, was euch Probleme bereitet, eine sofortige Verbesserung verspürt.

Ich entspanne mich und schlafe mich ins Wohlbefinden

ABRAHAM:

Dein natürlicher Zustand ist der absoluter Gesundheit. Du musst nicht mehr gegen Krankheit ankämpfen. Entspanne dich einfach in deiner Gesundheit. Wenn du heute Abend zu Bett gehst, spüre beim Einschlafen die wundervolle Behaglichkeit des Bettes unter dir. Achte darauf, wie groß das Bett ist. Achte auf das Kissen unter deinem Kopf. Achte auf den Stoff auf deiner Haut. Richte deine Aufmerksamkeit auf Dinge, die sich gut anfühlen, denn in jedem Moment, in dem du an etwas denkst, was sich gut anfühlt, nimmst du der Krankheit ein wenig Substanz. *In jedem Moment, in dem du an etwas denkst, was sich gut anfühlt, hinderst du die Krankheit daran, fortzuschreiten; und in jedem Moment, in dem du an die Krankheit denkst, schürst du das Feuer ein wenig.*

Wenn es dir möglich ist, deine Gedanken fünf Sekunden lang auf etwas zu richten, was sich gut anfühlt, unterbrichst du in diesen fünf Sekunden den Zustrom der Krankheit. Gelingt es dir zehn Sekunden lang, hast du den Zustrom für zehn Sekunden unterbrochen. Wenn du daran denkst, wie gut du dich gerade fühlst und dass dein natürlicher Zustand dein Seinszustand ist, *dann gibst du deiner Gesundheit Nahrung.*

Sind negative Emotionen ein Hinweis auf ungesunde Gedanken?

ABRAHAM:

Wenn du an Krankheit denkst, spürst du eine negative Emotion, denn dieser Gedanke harmoniert so wenig mit deinem größeren Wissen, dass du dann nicht mehr mit *Dem-der-du-wirklich-bist* in Resonanz stehst. Die negative Emotion, die du als *Sorge, Zorn* oder *Angst* in Bezug auf deine Krankheit wahrnimmst, ist im Grunde ein Hinweis darauf, dass du dem Energiefluss zwischen dir und *Dem-der-du-wirklich-bist* starke Begrenzungen auferlegt hast.

Deine Gesundheit wird sich wieder einstellen, sobald du den vollen Fluss nichtkörperlicher Energie aus deinem *Inneren Wesen* zulässt. Und wenn du dann denkst: *Es geht mir gut,* oder *Ich werde gesund,* oder *Ich bin heil, und es ist mein natürlicher Zustand, mich gut zu fühlen,* werden diese Gedanken an einem Ort schwingen, der mit dem in Harmonie steht, was dein *Inneres Wesen* als Wahrheit kennt, und du wirst den vollen Nutzen aus der gedanklichen Energie ziehen können, die deinem *Inneren Wesen* entströmt.

Jeder Gedanke schwingt. Also konzentriere dich auf Gedanken, die dir ein gutes Gefühl bereiten, dann wird das andere und noch andere und wieder andere Gedanken anziehen, die sich gut anfühlen … bis deine Schwingungsfrequenz sich an einen Ort erhebt, an dem dein Inneres Wesen *dich vollständig einhüllen kann. Dann wirst du am Ort des Wohlbefindens sein, und dein physischer Apparat wird sehr schnell nachfolgen – das versprechen wir dir. Du solltest beginnen, nach starken körperlichen Anzeichen für deine Gesundung Ausschau zu halten – denn dass sie dann einsetzt, ist* Gesetz.

In welchem Maß kann ich meinen Körper kontrollieren?

JERRY: Nun, unser Thema sind »Sichtweisen auf Gesundheit, Gewicht und Geist«: *Wie erlange ich sie und wie kann ich sie beibehalten?*

Ich sehe eine absolut überwältigende Anzahl von Menschen, die sich über ihr Gewicht und ihre körperliche und geistige Gesundheit Sorgen machen. Und wegen der großen Aufmerksamkeit, die ausbleibender körperlicher Gesundheit entgegengebracht wird, verstehe ich das auch.

Als Kind hatte ich das Glück, zu erkennen, dass ich die Kontrolle über meinen Körper habe. Ich war etwa neun, als ich zu einem Jahrmarkt ging, auf dem zwei Berufskämpfer sich jedem stellten, der es mit ihnen aufnehmen wollte. Die Farmer konnten dort gegen Bezahlung in den Boxring steigen und gegen sie antreten, und wenn einer die Kämpfer besiegte, gewann er Geld. Aber die Farmer wurden immer fertiggemacht ...

Ich weiß noch, wie ich in diesem kleinen Leinenzelt stand, das von Kerosin- oder Gasleuchtern erhellt wurde, und beobachtete, wie das Licht über den verschwitzten Rücken eines Berufskämpfers huschte. Ich war ganz hingerissen von dem Anblick, den seine Wirbelsäule bot, die zwischen zwei herrlichen Muskeln gerade den Rücken hinab verlief, während meine eher der des Maskottchens unseres Bundesstaates Arkansas glichen – einem Razorback oder verwilderten Hausschwein. Mit anderen Worten, meine Wirbelsäule trat hervor und ruhte nicht zwischen Muskeln, während seine wunderschön eingebettet war. Es bereitete mir solche Freude, diese herrliche Rückenmuskulatur zu betrachten. Was ich an diesem Tag sah, wusste ich wahrhaft zu schätzen, aber nach acht Jahren sahen die Muskeln auf meinem Rücken genauso aus, und so verdanke ich dieser Erfahrung das Wissen, dass ich meinen physischen Körper erschaffen kann.

Als Ergebnis des äußerst schlechten Gesundheitszustandes, in dem ich mich als Kind befand, lernte ich irgendwie, meine Gesundheit zu kontrollieren. Ich experimentierte einige Male mit Ärzten, aber ihre Diagnosen und Behandlungen waren fast immer falsch. Und so dauerte es nicht lange, bis ich erkannte, dass ich erheblich besser dran war, wenn ich mich von Ärzten fernhielt, denn ich fand keinen, auf dessen Wissen ich zählen konnte. Wenn es darum ging, mir zu helfen, lagen sie fast immer daneben, und so beschloss ich, dass ich mich besser selbst um meinen Körper kümmerte.

Aber ich überlege immer noch manchmal, wie mein Körper sich wohl entwickeln und in welcher Verfassung er künftig sein wird. Werde ich mir die Vollkommenheit von Gewicht, Gesundheit und Geist bewahren können? Ich spüre, dass er jetzt perfekt ist, aber gelegentlich frage ich mich: *Wird es mir möglich sein, das aufrechtzuerhalten?* Und deshalb möchte ich, dass ihr euch zu diesem Thema äußert.

✍ ABRAHAM:

Wir schätzen, in welchen Zusammenhang du mit deinen Worten Körper und Geist gestellt hast, denn sie sind für alle Zeiten miteinander verbunden. *Dein Körper reagiert unablässig auf deine Gedanken – auf nichts anderes. Dein Körper ist ein absolut reiner Spiegel deiner Art zu denken. Außer deinen Gedanken gibt es nichts, was deinen Körper beeinflussen könnte.* Und es ist gut, dass du dir schon in jungen Jahren bewiesen hast, dass du eine gewisse Kontrolle über deinen Körper hast.

Wenn du die absolute Wechselbeziehung zwischen dem, was du denkst, und dem, was du bekommst, bewusst anerkennst, kannst du deine Erfahrungen schließlich unter allen Umständen kontrollieren. Damit du nur das bekommst, was du auch willst, statt das zu bekommen, was du *nicht* willst, brauchst du nichts anderes zu tun, als anzuerkennen, dass du die angestrebte Kontrolle bereits besitzt, und dann bewusst an Dinge zu denken, die du erfahren willst.

Gedanken an Verschlechterung fühlen sich immer schlecht an, weil du dich nicht verschlechtern willst. Also nutze die Führung, die dir zuteil wird, und wähle Gedanken aus, die sich gut anfühlen, dann brauchst du dich auch nicht zu fragen, ob deine Einstellung sich mit der Zeit ändert. Im Grunde geht es schlicht darum, eine Entscheidung zu treffen: *Ich will anerkennen, dass ich allein die völlige Kontrolle über meinen physischen Apparat habe. Ich erkenne an, dass ich das Ergebnis der Gedanken bin, die ich denke.*

Am Tag deiner Geburt hast du das Wissen gehabt (nicht die *Hoffnung* oder den *Wunsch,* sondern das tiefe *Verstehen*), dass die absolute Freiheit deine Basis ist, dass deine Suche auf Freude abzielt und das Resultat deiner Lebenserfahrung Wachstum sein wird; und du wusstest, dass du vollkommen bist und trotzdem nach weiterer Vollkommenheit strebst.

Können wir bewusst neue Muskeln und Knochen wachsen lassen?

JERRY: Ich habe in jungen Jahren meinem Körper bewusst Muskeln hinzugefügt, weil ich das wollte, aber können wir auch bewusst unsere Knochen verändern?

✍ ABRAHAM:

Das könnt ihr – auf dieselbe Weise. Der Unterschied besteht darin, dass der *Glaube* an die Muskeln schon existiert, der Glaube an die Knochen dagegen nicht.

JERRY: Das stimmt. Ich habe einmal einen Mann gesehen, der gewaltige Muskelberge entwickelt hatte, und das wollte ich auch. Und weil viele andere es schafften, dachte ich, ich schaffe das auch. Aber ich habe noch nicht gesehen, wie sich Knochen verändern.

✍ ABRAHAM:

Der Grund dafür, dass sich in eurer Gesellschaft heute nicht *mehr* Dinge rascher ändern, ist der, dass die meisten Menschen ihre Aufmerksamkeit vorwiegend auf *Das-was-ist* richten. Um Veränderungen herbeizuführen, muss man jedoch über *Das-was-ist* hinausblicken.

Es bremst dich enorm, wenn du erst einen Beweis sehen musst, bevor du etwas glaubst, denn das bedeutet, dass du warten musst, bis ein anderer etwas erschaffen hat, damit du es glauben kannst. Wenn du verstehst, dass das Universum *und das* Gesetz der Anziehung *auf deine Vorstellung ebenso rasch reagieren wie auf deine Beobachtung, dann kannst du dich schnell in neue Schöpfungen hineinbegeben, ohne auf jemanden warten zu müssen, der es als Erster hervorbringt.*

JERRY: Die Herausforderung besteht also darin, ein »Pionier« zu sein – dieser Erste zu sein.

✍ ABRAHAM:

Wenn man an vorderster Front tätig sein will, erfordert das die Kraft der Vision und positive Erwartungen, aber dort findet man auch die größte Freude. Sich in einer ersehnten Situation zu befinden und frei von Zweifeln zu sein ist die befriedigendste Erfahrung, die man machen kann, während es sich alles andere als gut anfühlt, etwas zu wollen, ohne daran zu glauben, es auch erreichen zu können. Wenn du nur an das denkst, was du dir wünschst, ohne ständige Einwände, die von Zweifel oder Unglauben erfüllt sind, reagiert das Universum sehr schnell auf deinen Wunsch, und du wirst die Kraft deines bewussten Denkens spüren. Doch diese Art des »reinen« Denkens bedarf der Übung, und dazu ist es nötig, dass du weniger Zeit darauf verwendest, *Das-was-ist* zu beobachten, und mehr Zeit darauf verwendest, zu visualisieren, was du erleben willst. Um eine neue und verbesserte Geschichte deines körperlichen Erlebens erzählen zu können, musst du dir die Zeit nehmen, an die Erfahrungen, die du leben willst, zu denken und über sie zu sprechen.

Das Kraftvollste, was du überhaupt tun kannst – das, was sehr viel mehr in Bewegung setzen wird als jede Handlung –, ist, jeden Tag dein Leben zu visualisieren, so wie du es führen willst. Wir ermutigen dich dazu, dich jeden Tag für fünfzehn Minuten in eine private Umgebung zurückzuziehen, in der du die Augen schließen und dir deinen Körper, deine Umgebung, deine Beziehungen und dein Leben dergestalt imaginieren kannst, wie du es gern hättest.

Was gewesen ist, hat nichts damit zu tun, was sein wird, und was andere erleben, hat nichts mit deinen Erlebnissen zu tun ... Du musst einen Weg finden, dich von alledem zu distanzieren – von der Vergangenheit und von den anderen –, um das zu sein, was du sein willst.

Was ist, wenn jemandes Wunsch größer ist als sein Glaube?

JERRY: Die Menschen laufen schon seit Jahrtausenden, aber niemand konnte eine Meile, 1609 Meter, unter vier Minuten laufen. Und dann tat es ein Mann namens Roger Bannister doch, und als *er* es geschafft hatte, gelang es auch vielen anderen, die »Vier-Minuten-Meile« zu laufen.

✍ ABRAHAM:

Wenn Menschen sich nicht daran hindern lassen, etwas zu tun, sind sie von großem Nutzen für andere, denn wenn ihnen einmal der Durchbruch gelungen ist und sie etwas geschaffen haben, können andere das sehen und werden es mit der Zeit *glauben* und sogar *erwarten* – und deshalb ist alles, was du erreichst, wertvoll für die Gesellschaft.

Deine Plattform für fortschrittliches Leben verbreitet sich zusehends, und das Leben wird für alle immer besser. Doch wir wollen die Notwendigkeit überflüssig machen, erst etwas sehen zu müssen, bevor du es glaubst. Wir wollen dir verständlich machen, dass du es sehen wirst, *wenn* du es glaubst. Alles, woran du denkst, bis es sich für dich langsam natürlich anfühlt, muss einen körperlichen Ausdruck erfahren. Das *Gesetz der Anziehung* garantiert es dir.

Du wirst dich enorm befreit fühlen, wenn du erkennst, dass du nicht darauf warten musst, dass jemand anderer etwas tut, um zu beweisen, dass es getan werden kann, oder bevor du dir selbst erlaubst, es zu tun. Übe dich in neuen Gedanken, strebe nach besseren Emotionen und sieh dir den Beweis an, den das Universum dir liefern wird, dann erkennst du deine eigene Macht. *Wenn dir dann jemand sagt, du leidest an einer unheilbaren Krankheit, kannst du selbstbewusst entgegnen: »Ich werde entscheiden, was ich lebe, denn ich bin der Schöpfer meiner Erfahrungen.« Wenn dein Wunsch stark genug ist, kann er deinen negativen Glauben aus dem Weg räumen, und deine Gesundung wird einsetzen.*

Es ist so ungefähr wie die Geschichte von der Mutter, deren Kind unter etwas liegt, was ein Vielfaches von dem wiegt, was sie jemals gehoben hat, und doch kann die Mutter dieses Gewicht aufgrund ihres übermächtigen Wunsches, ihr Kind zu retten, heben. Unter normalen Umständen könnte sie ein solches Gewicht nicht einmal ansatzweise heben, doch der übermächtige Wunsch setzt ihre normalen Überzeugungen vorübergehend völlig außer Kraft. Wenn du sie gefragt hättest: »*Glaubst* du, dass du ein solches Gewicht heben kannst?«, hätte sie geantwortet: »Natürlich nicht. Ich kann ja nicht einmal meinen Koffer heben, wenn er voll ist.« Aber der *Glaube* hatte *damit* nichts zu tun: Ihr Kind rang mit dem Tod, und sie *wollte* ihr Kind retten – also tat sie es.

Und was ist, wenn ich an gefährliche Krankheitserreger glaube?

JERRY: Ich will definitiv gesund sein, aber ich glaube auch, dass ich mir manches einfangen könnte. Und so halte ich beispielsweise immer die Luft an, wenn ich bei einem Besuch im Krankenhaus durch die Korridore gehe, damit ich keine Krankheitserreger in mich aufnehme.

ABRAHAM:

Deine Besuche fallen bestimmt sehr kurz aus. [Lachen]

JERRY: Sie sind wirklich sehr kurz, und ich gehe ans Fenster und versuche, frische Luft zu schnappen … Wenn ich also glaube, dass ich mich durch Luftanhalten davor schützen kann, mich mit Keimen zu infizieren, wird dieser Glaube dann verhindern, dass ich krank werde?

ABRAHAM:

Auf deine eigenartige Weise erhältst du ein Schwingungsgleichgewicht aufrecht. Du *willst* Gesundheit, du *glaubst*, dass Keime dich krank machen können, du *glaubst*, dass dein Verhalten, durch das du Keimen aus dem Weg gehst, eine Erkrankung verhindert – und so erreichst du ein Gleichgewicht, das für dich funktioniert. Du gehst dabei allerdings auf die harte Tour vor.

Würdest du wirklich auf dein *Leitsystem* hören, würdest du keine Umgebung aufsuchen, von der du glaubst, dass dort Krankheitserreger dein Wohlbefinden beeinträchtigen könnten. Die Scheu, die du davor hast, ins Krankenhaus zu gehen, ist dein Hinweis darauf, dass du im Begriff bist zu handeln, bevor du schwingungsmäßig Harmonie gefunden hast. Du könntest auch einfach darauf verzichten, das Krankenhaus aufzusuchen, aber dann wäre dir unwohl zumute, weil du weißt, dass dein kranker Freund sich über einen Besuch von dir freuen würde. Also findest du einen Weg, deinen Freund zu besuchen, ohne diese Scheu zu empfinden. Und das meinen wir, wenn wir sagen, dass du schwingungsmäßig Harmonie finden solltest, *bevor* du handelst und das Krankenhaus aufsuchst. Mit der Zeit wirst du so sehr an dein Wohlbefinden *glauben* oder dein *Wunsch* nach Wohlbefinden wird so stark werden, dass du dich jeder Umgebung aussetzen könntest, ohne es als Gefahr für deine Gesundheit zu empfinden.

Wenn du mit *Dem-der-du-wirklich-bist* in Harmonie stehst und auf dein mächtiges *Leitsystem* hörst, wirst du nie eine Umgebung aufsuchen, in der deine Gesundheit bedroht sein könnte. Leider achten viele Menschen nicht auf die Warnungen ihres *Leitsystems*, weil sie anderen einen Gefallen tun wollen. Nehmen wir zwei Menschen, die dasselbe Krankenhaus aufsuchen, wobei einer keine Gefahr für Leib und Leben sieht und der andere eine große. Ersterer würde nicht erkranken, Letzterer schon – aber nicht wegen der Keime im Krankenhaus, sondern wegen seiner schwingungsmäßigen Beziehung zu seinem eigenen Sinn für Gesundheit.

Wir versuchen nicht, deine Überzeugungen zu ändern, denn wir halten deine Überzeugungen nicht für unangebracht. Es ist unser Wunsch, dass du dir deines Emotionalen Leitsystems bewusst wirst, damit du ein Schwingungsgleichgewicht zwischen deinen Wünschen und deinen

Überzeugungen herbeiführen kannst. »Richtig« zu handeln heißt, das zu tun, was mit deiner Absicht und mit deinen derzeitigen Überzeugungen in Harmonie steht.

JERRY: Dann ist es also völlig in Ordnung, wenn man den »Ausweg des Feiglings« wählt?

ABRAHAM:

Viele Menschen achten nicht auf ihr *Leitsystem* und versuchen, es anderen immer recht zu machen, und viele Menschen würden euch »egoistisch« oder »feige« nennen, wenn ihr die Dreistigkeit besitzt, es euch selbst und nicht ihnen recht zu machen. Oft bezeichnen euch andere als »egoistisch« (weil ihr nicht bereit seid, euch *ihrem* Egoismus zu beugen), ohne die Scheinheiligkeit ihrer Forderung zu erkennen.

Manchmal wirft man uns vor, dem *Egoismus* das Wort zu reden, und wir bekennen, das ist wahr, denn wenn du nicht egoistisch genug bist, dich um deine eigene Schwingung zu kümmern und dir dadurch die Harmonie mit deiner Quelle zu bewahren (mit *Dem-der-du-wirklich-bist)*, dann hast du anderen ohnehin nichts zu geben. Wenn andere dich »egoistisch« oder »feige« nennen, sind eindeutig ihre eigenen Schwingungen aus dem Gleichgewicht geraten, und eine Veränderung d*eines* Verhaltens wird sie nicht wieder ins Lot bringen.

Je mehr du an dein eigenes physisches Wohlbefinden denkst und davon sprichst, desto tiefer werden sich deine Schwingungsmuster der Gesundheit eingraben und desto mehr wird das *Gesetz der Anziehung* dich mit Dingen umgeben, die diesen Glauben stärken und unterstützen. *Je öfter du deine eigene Geschichte des Wohlbefindens erzählst, desto weniger verwundbar wirst du dich fühlen, und dann wird sich nicht nur dein Ort der Anziehung derart verlagern, dass du von anderen Situationen umgeben bist, du wirst beim Auftauchen dieser Situationen auch anders mit ihnen umgehen.*

Ich werde in die Richtung geführt, die mir gefällt

✍ ABRAHAM:

Der einzige Weg zu dem Leben, das du dir wünschst, führt über den Weg des geringeren Widerstands oder den Weg des größten Zulassens: des Zulassens deiner Verbundenheit mit der Quelle, deinem *Inneren Wesen, Dem-der-du-wirklich-bist* und allem, was du dir wünschst. Und dieses Zulassen zeigt sich dir in Form von Emotionen, die sich gut anfühlen. Wenn du es zu deiner höchsten Priorität machst, dich gut zu fühlen, dann wirst du dich immer schlecht fühlen, wenn du ein Gespräch führst, das mit der von dir angestrebten Gesundheit nicht in Harmonie steht, und so wirst du auf deinen Widerstand hingewiesen werden ... und dann kannst du dir einen Gedanken aussuchen, der sich besser anfühlt, und wirst gleich wieder auf dem richtigen Weg sein.

Wann immer du eine negative Emotion hast, hilft dein *Leitsystem* dir zu erkennen, dass du in diesem Augenblick ein Denken an den Tag legst, das den Strom der Gesundheit behindert, der dich ansonsten voll erreichen würde. Es ist, als wollte dein *Leitsystem* sagen: *Da! Du machst es schon wieder. Da! Du machst es schon wieder. Da! Du machst es schon wieder. Diese negative Emotion bedeutet, dass du im Begriff bist, etwas anzuziehen, was du nicht willst.*

Viele Menschen ignorieren ihr *Leitsystem* und lassen negative Emotionen zu, und dadurch berauben sie sich des Vorteils der Führung aus einer Umfassenderen Perspektive. Aber wenn das Leben dich einmal dazu gebracht hat, zu erkennen, dass du dir etwas wünschst, wird es dir nie mehr möglich sein, sein Gegenteil oder seine Abwesenheit zu betrachten, ohne eine negative Emotion zu empfinden. Sobald ein Wunsch in dir aufkommt, musst du den Blick auf diesen Wunsch richten, wenn du dich gut fühlen willst. Und der Grund ist: *Du kannst nicht zu einem Leben zurückkehren, das geringer ist als das, das du schon geführt hast.* Wenn du den Wunsch nach Gesundheit oder nach einem bestimmten körperlichen Zustand in dir erkannt hast, wird es dir nie mehr möglich sein, dich auf dessen Abwesenheit zu konzentrieren, ohne eine negative Emotion zu empfinden.

Wann immer du eine negative Emotion empfindest, höre sofort mit dem auf, was du gerade tust oder denkst, und frage dich: »Was will ich?« Und sobald du deine Aufmerksamkeit wieder auf das gerichtet hast, was du willst, wird das negative Gefühl durch ein positives Gefühl ersetzt, und auch die negative Anziehung wird durch eine positive Anziehung ersetzt – und dann wirst du wieder auf dem richtigen Weg sein.

Zunächst muss ich es mir selbst recht machen

✍ ABRAHAM:

Wenn du dir eine Zeit lang über bestimmte Dinge Gedanken gemacht hast, ist es nicht einfach, schlagartig die Richtung deiner Gedanken zu ändern, denn das *Gesetz der Anziehung* versorgt dich mit Gedanken, die zu deinen aktuellen Überlegungen passen. Manchmal wirst du deine Haltung sogar verteidigen wollen, wenn du in negativer Stimmung bist und jemand, der nicht an diesem negativen Ort ist, deine negative Sicht auf dein aktuelles Thema nicht teilt. *Der Versuch, deine Meinung zu verteidigen oder zu rechtfertigen, führt aber nur dazu, dass du noch länger in diesem Zustand des Widerstands bleibst. Und viele Menschen bleiben unnötig lange im Widerstand, weil es ihnen wichtiger ist, »recht« zu haben, als sich gut zu fühlen.*

Wenn du jemandem begegnest, der dich unbedingt davon überzeugen will, dass er recht hat, und dich deshalb in einem negativen Gespräch festzuhalten versucht, hält man dich manchmal für »gefühllos« oder »kaltherzig«, wenn du ihn nicht erhörst und schließlich mit seiner Sichtweise übereinstimmst. Aber wenn du deine guten Gefühle leugnest (die sich einstellen, wenn du Gedanken wählst, die mit deiner Umfassenderen Perspektive übereinstimmen), um einem Freund in negativer Stimmung einen Gefallen zu tun, der dich als Resonanzboden missbrauchen will, zahlst du einen sehr hohen Preis für etwas, das auch ihm nicht hilft. Der Knoten, den du dann in deinem Magen spürst, ist dein *Inneres Wesen*, das dir sagt: *Dieses Verhalten, dieses Gespräch, ist nicht in Harmonie mit dem, was du willst.* Zunächst musst du es dir selbst recht machen, sonst wirst du von der Negativität, die dich oft umgibt, mitgerissen.

Gibt es einen passenden Zeitpunkt zum Sterben?

JERRY: Verlieren wir irgendwann die Kontrolle über die Verfassung, in der unser Körper ist, wenn wir auf die hundert zugehen?

ABRAHAM:

Die einzige altersbedingte Grenze ist die, die ihr durch euer eingeschränktes Denken erschafft – und die ist selbst auferlegt.

JERRY: Gibt es einen passenden Zeitpunkt zum Sterben, und wenn ja, wann ist der?

ABRAHAM:

Dein Bewusstsein endet nie, also gibt es im Grunde auch keinen »Tod«. Aber die Zeit, in der dein Bewusstsein diesen bestimmten physischen Körper durchströmt, den du als dein Selbst betrachtest, wird ein Ende nehmen.

Es bleibt dir überlassen, wann du deinen Fokus aus diesem Körper abziehst. Wenn du gelernt hast, dich auf Gedanken auszurichten, die sich gut anfühlen, und du in deiner Umgebung weiter Dinge findest, die dich faszinieren und interessieren – dann ist die Zeitspanne, die du in deinem physischen Körper fokussiert bleiben kannst, grenzenlos. Aber wenn du dich auf Negatives konzentrierst und ständig deine Verbundenheit mit dem Strom der Quellenergie reduzierst, verkürzt das deine körperliche Erfahrung, denn dein physischer Apparat kann sich langfristig nicht ohne Nachschub an Quellenergie am Leben erhalten. Deine negative Emotion ist ein Hinweis darauf, dass du dich von diesem Nachschub abschneidest. Sei glücklich, dann lebst du lange.

Ist nicht jeder Tod eine Form des Selbstmords?

JERRY: Dann ist also jeder Tod eine Art »Selbstmord«?

✍ ABRAHAM:

So könnte man es ausdrücken. Da alles, was du erlebst, sich aufgrund deines gedanklichen Gleichgewichts einstellt, und kein anderer deine Gedanken denken und deine Schwingungen aussenden kann, ist alles, was in deiner Lebenserfahrung geschieht – auch das, was ihr als euren physischen Tod bezeichnet –, selbst zugefügt. *Aber die meisten beschließen nicht zu sterben – sie beschließen nur einfach nicht, weiterzuleben.*

JERRY: Was haltet ihr von den vielen, die *sehr wohl* beschließen zu sterben und das begehen, was wir *Selbstmord* nennen?

✍ ABRAHAM:

Es macht keinen Unterschied, ob du den Gedanken, den du denkst, bewusst ausgewählt hast oder ob du nur beiläufig etwas beobachtest und der Gedanke dabei unwillkürlich in dir entsteht – in jedem Fall denkst du diesen Gedanken, sendest die Schwingung aus und erfährst das Resultat dieses Gedankens. Du erschaffst also immer deine eigene Realität, ob absichtlich oder nicht.

Es gibt welche, die aus ganz unterschiedlichen Gründen dein Verhalten kontrollieren wollen, die sogar dein Verhalten in Bezug auf deine persönliche Erfahrung kontrollieren wollen, aber sie erleben ein hohes Maß an Frustration, denn es ist nicht möglich, andere zu kontrollieren, und jeder derartige Versuch einer Kontrolle ist vergebliche Mühe und vergeudete Anstrengung. Deshalb bereitet die Vorstellung, dass jemand sich absichtlich durch »Selbstmord« aus dieser physischen Erfahrung entfernen will, vielen beträchtliches Unbehagen, aber ihr sollt wissen, dass ihr selbst dann nicht zu existieren aufhört – und ob ihr nun bewusst durch »Selbstmord« oder weniger bewusst diese körperliche Erfahrung verlasst, das Ewige Wesen, das ihr seid, bleibt bestehen und blickt auf die physische Erfahrung, die es hinter sich gelassen hat, nur mit Liebe und Wertschätzung zurück.

Es gibt welche, die so hasserfüllt sind, während sie ihre physische Erfahrung machen, dass das ständige »Abschnüren« von der Quelle und von der Gesundheit die Todesursache ist. Es gibt auch welche, die einfach keine interessanten Gründe mehr finden, sich weiter zu fokussieren und zu bleiben, und deshalb ihre Aufmerksamkeit dem Nichtkörperlichen zuwenden, und das ist dann deren Todesursache. Und es gibt welche, die kein Verständnis für Energie, Denken oder Harmonie entwickelt haben, sich verzweifelt um ein gutes Gefühl bemühen und einfach keine Möglichkeit finden, die chronischen Schmerzen zu beenden, mit denen sie schon so lange leben, sodass sie sich bewusst entschließen, wieder in das Nichtkörperliche einzutreten.

Doch in jedem Fall seid ihr Ewige Wesen, die, wenn sie sich wieder im Nichtkörperlichen fokussiert haben, ganz und gar erneuert sind und vollkommen mit *Dem-der-du-wirklich-bist* in Harmonie stehen.

JERRY: Dann suchen wir uns also gewissermaßen alle selbst aus, wie lange wir unsere Lebenserfahrungen machen?

ABRAHAM:

Ihr kommt auf diese Welt, um zu leben und in Freude zu wachsen. Wenn ihr euer *Leitsystem* missachtet und weiter nach Gedanken sucht, die eure Verbundenheit mit der Quelle nicht zulassen, schränkt ihr eure Verbundenheit mit dem erfrischenden Strom der Quellenergie ein, und ohne diese Unterstützung verkümmert ihr.

Gibt es einen Prozess, durch den man sein Körpergewicht beeinflussen kann?

JERRY: Welchen Prozess könntet ihr denjenigen empfehlen, die Einfluss auf ihr Körpergewicht nehmen wollen?

✗ ABRAHAM:

Über dieses Thema gibt es so viele Auffassungen. So viele verschiedene Methoden wurden bereits ausprobiert, und die meisten, die um die Kontrolle über ihr Körpergewicht kämpfen, haben schon viele dieser Methoden ohne anhaltenden Erfolg ausprobiert. Und so sind sie zu der *Überzeugung* gelangt, dass sie ihr Körpergewicht nicht kontrollieren können – und tun es deshalb auch nicht.

Wir möchten euch ermutigen, euch so zu visualisieren, wie ihr sein wollt, euch *auf diese Weise* zu sehen und es dadurch anzuziehen. Die Einfälle und Bestätigungen durch andere und sämtliche Umstände und Begebenheiten, die das mühelos und rasch herbeiführen, werden in eure Erfahrung treten, sobald ihr euch auf diese Weise zu sehen beginnt. Wenn ihr euch dick fühlt, könnt ihr keine Schlankheit anziehen. Wenn ihr euch arm fühlt, könnt ihr keinen Reichtum anziehen. Das, was ihr seid – der Seinszustand, den ihr *empfindet* –, ist die Basis, von der aus ihr anzieht. Deshalb heißt es ganz richtig: »Das Gute wird immer besser, und das Schlechte wird immer schlechter.«

Wenn du etwas sehr negative Gefühle entgegenbringst, versuche nicht, es aufzuarbeiten und sofort zu lösen, denn die negative Aufmerksamkeit, die du ihm entgegenbringst, macht es nur noch schlimmer. Lenke dich von dem Gedanken ab, bis du dich besser fühlst, und dann nimm aus deiner positiven, frischen Perspektive einen erneuten Anlauf.

JERRY: Machen die Leute deshalb so oft eine Nulldiät und verlieren jede Menge Kilos, die sie dann prompt wieder zulegen? Liegt es daran, dass der *Wunsch* so stark ist, sie aber nicht den *Glauben* und das

Bild von sich als schlanker Person besitzen, sodass sich das Bild des dicken Menschen rasch wieder »mit Fleisch« füllt?

✍ ABRAHAM:

Sie *wollen* das Essen. Sie *glauben*, dass das Essen sie dick macht. Und deshalb denken sie an das, was sie *nicht* wollen – in ihrem *Glauben* erschaffen sie das, was sie nicht wollen. Und das setzt ihnen dann so schwer zu. Der Grund, warum sie Gewicht verlieren und dann rasch wieder zulegen, ist meistens der, dass sie sich nie ein Bild von sich machen, wie sie sein wollen. Sie fühlen sich weiterhin dick. Sie denken weiter so über sich und halten an diesem Bild fest ... Dein Körper wird auf dein Selbstbild reagieren – immer. Deshalb bist du auch gesund, wenn du dich als gesund siehst. Wenn du dich als schlank siehst oder wie auch immer du dich sehen möchtest in Bezug auf Muskeln, Form und Gewicht, dann wirst du auch schlank sein.

Kann ich in Bezug auf Essen tun, was mich glücklich macht?

✍ ABRAHAM:

Manche haben argumentiert, dass sie, wenn sie unserem Rat folgen und einfach tun würden, was sie glücklich macht – immer auf der Suche nach Dingen, die sich gut anfühlen –, dass sie dann frohgemut Dinge in sich hineinschaufeln würden, die ihrer Gesundheit eher abträglich und ihrem Körpergewicht zuträglich wären. Wenn sie sich nicht gut fühlen, versuchen sie durch Essen oft eine innere Leere zu füllen, aber wenn du dich für eine Weile um dein Schwingungsgleichgewicht gekümmert und gelernt hast, deine Gedanken positiv auf das Bild deines Körpers auszurichten, so wie er sein soll, dann würde sich, sobald du glaubst, dass eine bestimmte Ernährung diesem Wunsch zuwiderläuft, eine negative Emotion einstellen. *Es ist nie eine gute Idee, etwas zu tun, was eine negative Emotion hervorbringt, denn die negative Emotion weist auf ein energetisches Ungleichgewicht hin, und alles, was du tust, während du eine negative Emotion spürst, wird negative Ergebnisse zeitigen.*

Eine negative Emotion tritt in einer Person nicht wegen eines bestimmten Nahrungsmittels auf, das ungesund wäre, sondern wegen widersprüchlicher Gedanken. Zwei Menschen können die gleiche Diät machen und demselben Fitnessprogramm folgen und doch gegensätzliche Resultate haben, weil noch viel mehr zu der Gleichung beiträgt als der Verzehr von Nahrung und das Verbrennen von Kalorien. *Deine Ergebnisse zeigen immer nur den Grad an energetischer Harmonie, die von deinen Gedanken herbeigeführt wird.*

Eine gute Faustregel lautet:»Werde glücklich und iss dann. Aber versuche nicht, durch Essen glücklich zu werden.« Wenn du dein emotionales Gleichgewicht zu deiner höchsten Priorität gemacht hast, wird deine Beziehung zur Ernährung sich ändern, und dein Impuls in Bezug auf Nahrungsmittel wird sich ändern, aber noch wichtiger: Deine Reaktion auf Nahrungsmittel wird sich ändern. Änderst du dein *Verhalten* in Bezug auf das Essen, ohne dich um deine Schwingung zu kümmern, bringt das nur minimale Ergebnisse, aber wenn du dein *Denken* änderst, bringt dir das erheblichen Nutzen, ohne dass du dein *Verhalten* ändern musst.

Sagen wir einmal, du hättest beschlossen, ganz schlank zu sein, siehst dich aber noch nicht so, wie du gern sein willst. Und dein Glaube ist: *Wenn ich diese Nahrung zu mir nehme, werde ich dick.* Da du den *Wunsch* hast, schlank zu sein, aber *glaubst*, dass diese Nahrung dich dick macht, würdest du eine negative Emotion spüren, wenn du das Nahrungsmittel äßest. Du kannst es *Schuldgefühl, Enttäuschung* oder *Zorn* nennen – aber was es auch ist, *der Verzehr dieser Nahrung fühlt sich schlecht an, weil diese Handlung angesichts deiner Überzeugungen und deines Wunsches nicht in Harmonie mit dir steht. Wenn du also einfach tust, was dich glücklich macht, hast du ein gutes Gefühl, wenn du Dinge isst, die mit deiner Überzeugung harmonieren, und ein schlechtes Gefühl, wenn du Dinge isst, bei denen das nicht der Fall ist. Sobald sich ein Wunsch einmal in dir gebildet hat, ist es nicht mehr möglich, ein deiner Überzeugung nach widersprüchliches Verhalten an den Tag zu legen, ohne eine negative Emotion zu spüren.*

Welche Glaubenssätze habe ich in Bezug auf Essen?

✍ ABRAHAM:

Die Glaubenssätze, die du in Bezug auf Essen hast, drücken sich deutlich in deinen Lebenserfahrungen aus:

– Wenn du *glaubst*, dass du fast alles essen kannst, ohne zuzunehmen, entspricht das deiner Erfahrung.

– Wenn du *glaubst*, dass du leicht zunimmst, nimmst du auch leicht zu.

– Wenn du *glaubst*, dass eine bestimmte Ernährung dich mit Energie erfüllt, wird es so sein.

– Wenn du schlank sein willst, jedoch *glaubst*, dass eine bestimmte Ernährungsweise dem Schlanksein nicht förderlich ist, und du dich dennoch auf diese Weise ernährst, wirst du zunehmen.

Anfangs reagieren die Menschen oft sehr zurückhaltend auf unsere scheinbar allzu vereinfachende Analyse ihrer Glaubenssätze in Bezug auf Ernährung und wie sie ihre physische Realität beeinflusst, denn sie glauben, dass sie ihre Glaubenssätze durch die Beobachtung von Erfahrungen gewonnen haben, und es fällt ihnen schwer, die »faktischen« Beweise, die sie durch ihr eigenes Leben und die Beobachtung des Lebens anderer gewonnen haben, zu ignorieren.

Doch die Beobachtung von Ergebnissen bringt nur spärliche und unzureichende Informationen, und wenn man nicht die Faktoren *Wunsch* und *Erwartung* mit einbezieht, spielt es keine Rolle, wenn man betrachtet, was gegessen wurde und was nicht. Man kann nicht einfach die wichtigste Zutat im Rezept der Schöpfung auslassen und das Ergebnis verstehen.

Die Menschen reagieren unterschiedlich auf Nahrungsmittel, weil die Nahrung nicht die Konstante ist - sondern der Gedanke. Die Art und Weise, wie du über das Essen denkst, macht den Unterschied.

Was andere über meinen Körper denken, ist unwichtig

FRAGE: Jemand, der mir sehr nahe steht, wies mich einmal darauf hin, dass ich eine kleine Speckrolle an den Hüften habe und es gut für mich wäre, sie durch harte Arbeit loszuwerden – ich könnte mehr trainieren oder weniger Essen oder Salat bestellen. Und weil dieser Jemand eine sehr gute Köchin ist, nahm ich es mir zu Herzen – und meine Speckrolle wurde noch größer.

ABRAHAM:

Vor allem musst du verstehen, dass jemand dir noch so *nahe* stehen kann, und doch werden solche Vorschläge dich nicht zum *Abnehmen* bringen. [Lachen]

Natürlich verstehen wir, dass die Menschen in deinem Leben dir wichtig sind, aber du darfst nicht zulassen, dass ihre Meinung von dir wichtiger wird als deine eigene, und immer wenn dich jemand dahingehend beeinflusst, dass du dich auf etwas ausrichtest, was dir ein schlechtes Gefühl bereitet, hast du einen negativen Einfluss erfahren.

Wir wollen, dass du deine Gedanken so sehr stabilisierst, dass die Meinung anderer für dich unwichtig wird. Die einzige Freiheit, die du jemals erleben wirst, stellt sich bei der Abwesenheit von Widerstand ein, was bedeutet, dass du einen Weg gefunden haben wirst, deine ständigen Gedanken mit den Gedanken deines *Inneren Wesens* zu harmonisieren. Wir haben noch nie erlebt, dass jemand so etwas erreicht hätte, wenn er die Wünsche und Überzeugungen anderer in die Gleichung einbezog. Es gibt dann einfach zu viele Variablen, die nicht auf einen Nenner zu bringen sind.

Wenn also jemand zu dir sagt: »Ich sehe etwas an dir, was mir nicht gefällt«, würden wir antworten: »Sieh woandershin. Was hältst du von meiner Nase? Süßes kleines Ding, nicht wahr? [Lachen] Was ist mit diesem Ohr hier?« Wir würden den anderen auffordern, nach positiven Aspekten Ausschau zu halten, und wir würden darüber scherzen und nicht zulassen, dass unsere Gefühle verletzt werden. Wir würden in Bezug auf unser ganzes Leben positives Denken praktizieren, bis unsere Gefühle unverletzbar geworden sind.

Ein Beispiel für meine »alte« Geschichte über meinen Körper

Ich bin nicht glücklich darüber, wie mein Körper aussieht. Es gab Zeiten in meinem Leben, da war ich durchtrainiert und fit, aber es ist mir nie leichtgefallen, und diese Phasen haben auch nie sehr lange angehalten. Ich habe den Eindruck, dass ich immer unglaublich hart arbeiten musste, um auch nur annähernd so auszusehen, wie ich wollte, und dann gelang es mir einfach nicht, dieses Aussehen aufrechtzuerhalten. Ich habe es satt, mich um das gute Essen zu bringen, nur um dann doch nicht besser auszusehen. Das ist hart. Aber mein Stoffwechsel lässt es eben nicht zu, allzu viel von dem zu essen, was mir schmeckt. Eigentlich ist das nicht gerecht. Aber ich will auch nicht dick sein …

Ein Beispiel für meine »neue« Geschichte über meinen Körper

Mein Körper ist vor allem ein Spiegelbild meiner Gedanken. Ich bin froh, dass ich weiß, wie ich meine Gedanken vorteilhaft ausrichten kann, und ich freue mich schon auf die physischen Veränderungen in meinem Körper, die die Veränderungen meines Denkens widerspiegeln. Ich fühle mich gut dabei, wenn ich meine verbesserte Größe und Gestalt vorwegnehme – und ich bin zuversichtlich, dass diese Veränderungen bereits stattfinden. Dabei fühle ich mich so gut, dass ich nicht unglücklich mit meinem jetzigen Selbst bin. Es macht Spaß, so zielgerichtet zu denken, und sogar noch mehr Spaß, die Ergebnisse dieser bewusst ausgewählten Gedanken zu sehen. Mein Körper reagiert sehr schnell auf meine Gedanken. Das zu wissen gefällt mir.

✍ ABRAHAM:

Es gibt keine richtige oder falsche Art, deine verbesserte Geschichte zu erzählen. Sie kann von deinen vergangenen Erfahrungen handeln, von deinen gegenwärtigen oder von deinen künftigen Erfahrungen. Das einzig wichtige Kriterium ist, dass du bewusst eine Geschichte erzählst, mit der du dich besser fühlst, eine verbesserte Version deiner Geschichte. Wenn du jeden Tag viele kleine Geschichten erzählst, die dir ein besseres Gefühl bereiten, ändert das deinen Ort der Anziehung. Denke nur daran, dass die Geschichte, die *du* erzählst, die Grundlage *deines* Lebens ist. Erzähle sie also so, wie *du* sie haben willst.

Teil 5

Karrieren –
einträgliche Quellen der Freude

Meine ersten Schritte bei der
Wahl meiner Karriere

JERRY: Was schlagt ihr vor, woran wir erkennen sollten, ob wir die richtige Laufbahn eingeschlagen haben? Und wie können wir die Karriere, für die wir uns entschieden haben, zum Erfolg führen?

✍ ABRAHAM:
Wie lautet deine Definition von *Karriere*?

JERRY: Eine *Karriere* ist eine Art Lebenswerk. Eine Tätigkeit, in die sich die Leute hineinstürzen und bei der sie ihr Bestes geben. Und meistens würden die Leute natürlich auch einen finanziellen Gewinn daraus ziehen wollen.

✍ ABRAHAM:
Was verstehst du unter einem *Lebenswerk*?

JERRY: Eine Arbeit, die die Menschen ihr restliches Leben lang ausüben wollen, wie einen Job, einen Beruf oder ein Geschäft, ein Gewerbe …

ABRAHAM:

Willst du uns damit sagen, dass in deiner Kultur der Glaube weit verbreitet ist oder es ein akzeptierter Wunsch ist, sich für eine Karriere zu entscheiden und dann zu erwarten, dass man in diesem Umfeld für alle Zeit glücklich und in Frieden leben wird?

JERRY: Nun, solange ich mich zurückerinnern kann, entsprach das der Tradition. Schon in meiner frühesten Kindheit fragten mich die Leute, was ich einmal werden wolle, wenn ich groß bin. Es ist jetzt interessant für mich, zu erkennen, dass die Erwachsenen um mich herum in mir das Gefühl von Notwendigkeit weckten, mich für eine Laufbahn zu entscheiden; und ich weiß noch, wie ich dem Milchmann zusah, der die wundervolle, köstliche Milch in Glasflaschen lieferte, und wie ich, wenn er davonfuhr, dachte, dass ich das einmal beruflich machen wollte. Und dann wurde ich Zeuge, wie ein Polizist meine Mutter dazu *brachte,* anzuhalten, indem er sie von der Straße abdrängte, und ich habe jeden, der meine Mutter dazu *bringen* konnte, etwas zu tun, so sehr bewundert, dass ich für eine Weile entschlossen war, Polizist zu werden. Nicht lange danach richtete ein Arzt meinen gebrochenen Arm, und ich dachte, ich würde gern Arzt werden; und dann brannte unser Haus, und ich konnte mir nichts Schöneres vorstellen, als Feuerwehrmann zu werden.

Und selbst als ich schon das geworden war, was viele einen Erwachsenen nennen, beobachtete und erwog ich immer noch die zahlreichen Möglichkeiten aus meiner sich ständig ändernden Perspektive. Und so war meine Umgebung ein wenig enttäuscht, dass ich weiter von einer Sache zur anderen sprang, statt mich für etwas zu entscheiden, was mein »Lebenswerk« oder meine »Karriere« werden sollte.

✒ ABRAHAM:

Viele Menschen würden, wenn sie von deiner Kindheitsgeschichte mit den Begebenheiten in deinem Leben lesen, die dir Ideen eingaben, was du als Erwachsener einmal werden könntest, deine sich ständig ändernden Vorstellungen als kindisch oder unrealistisch bezeichnen. Aber du sollst wissen: Die Ereignisse in deinem Leben inspirieren dich immer, und wenn du dir erlaubst, dem Fluss dieser inspirierenden Vorstellungen zu folgen, hast du ein erheblich größeres Potenzial, eine freudige Erfahrung zu machen, als wenn du deine Karriere auf der Basis anderer Gründe ausgewählt hättest, deren die Menschen sich gewöhnlich bedienen, um ihre Entscheidung zu rechtfertigen, wie Familientradition oder Einkommenshöhe.

Es überrascht uns nicht, dass es vielen schwerfällt, sich zu entscheiden, was sie den Rest ihres Lebens tun wollen, denn ihr seid vielseitige Wesen. Eure vorrangige Absicht ist es, eure Freiheit zu genießen und bei eurem Streben nach freudvollen Erlebnissen Ausdehnung und Wachstum zu erfahren. Also: Ohne eine echte Wahrnehmung von *Freiheit* werdet ihr nie *Freude* erfahren, ohne *Freude* könnt ihr nie wahre *Ausdehnung* erfahren. Deshalb ist es, so kindisch es manchen auch vorkommt nur natürlich, dass das Leben euch die Inspiration für euer nächstes Abenteuer gibt und für euer übernächstes und das darauf.

Wir wollen euch ermutigen, dass ihr so früh im Leben wie möglich eure vorherrschende Absicht darauf richtet, immer ein glückliches Leben zu führen, und dass ihr darin den Grund für eure Existenz seht.

Das wäre eine gute Karrierewahl: sich den Tätigkeiten zuzuwenden und die Wünsche zu nähren, die mit euren tiefsten Absichten übereinstimmen, bei denen es sich um Frieden und Wachstum handelt – und um Freude. *Macht eine »Karriere« daraus, ein glückliches Leben zu führen, statt euch eine Arbeit zu suchen, die genug Einkommen bringt, um mit eurem Geld das tun zu können, was euch dann glücklich macht. Wenn es für euch von größter Bedeutung ist, euch glücklich zu fühlen – und die Art, wie ihr euren »Lebensunterhalt« verdient, euch glücklich macht –, dann habt ihr die beste aller Kombinationen gefunden.*

Ihr könnt sehr gut darin werden, euch unter allen Umständen gut zu fühlen, aber wenn ihr erst gut darin werdet, euer Schwingungs-gleichgewicht zu finden – und dann von diesem glücklichen Ort aus Umstände und Begebenheiten anzieht –, ist euer Potenzial für anhaltendes Glück erheblich größer.

»Womit verdienst du deinen Lebensunterhalt?«

JERRY: Es gibt selbst heute noch Kulturen (gewöhnlich nennen wir sie »primitiv« oder »ursprünglich«), die anscheinend im Jetzt leben und keine Arbeit kennen. Mit anderen Worten: Wenn diese Menschen hungrig sind, fangen sie einen Fisch oder pflücken eine Frucht von einem Baum.

ABRAHAM:

Werden sie das hier lesen? [Lachen] Nein, das werden sie sicher nicht. Was meinst du, welcher Kategorie die Leute, die das hier lesen, im Wesentlichen wohl angehören?

JERRY: Es dürften Menschen sein, denen es wichtig ist, eine Arbeit zu haben, die sie ernährt.

ABRAHAM:

Und was ist deiner Meinung nach der Hauptgrund, weshalb die Leute glauben, schon früh im Leben eine Laufbahn beginnen und diesen Job dann für den Rest ihres Lebens ausüben zu müssen?

JERRY: Ich kann natürlich nicht für alle sprechen, aber es scheint fast eine moralische oder ethische Einstellung zu sein, dass wir eine Arbeit finden *sollten* oder *müssten*, mit der wir Geld verdienen. Es wird als unangebracht angesehen, Geld zu beziehen, ohne etwas dafür zu geben oder in irgendeiner Hinsicht produktiv zu sein.

✍ ABRAHAM:

Du hast recht. Die meisten Menschen haben das Bedürfnis, ihre Existenz durch Mühsal und Plackerei zu rechtfertigen, und das ist wohl auch der Grund, warum die erste Frage, die ihr einander bei eurer ersten Begegnung stellt, meistens lautet: *Womit verdienst du deinen Lebensunterhalt?*

JERRY: Ungefähr vierzig Jahre lang habe ich meinen Lebensunterhalt mit etwa anderthalb Stunden Arbeit am Tag verdient. Und oft äußerten die Menschen einen gewissen Unmut darüber, dass ich ein solches Einkommen erzielen konnte, ohne mehr Zeit aufzuwenden, was gewöhnlich dazu führte, dass ich Entschuldigungen vorbrachte, weil ich dann zu erklären begann, wie viel Energie ich in diese neunzig Minuten steckte, wie viele Jahre ich gebraucht hatte, um in meinem Job gut zu werden, oder wie weit ich fahren musste, um mit der Arbeit überhaupt anfangen zu können. Ich verspürte immer das Bedürfnis, zu rechtfertigen, dass ich auch *wirklich* einen fairen Preis für das bezahlte, was ich erhielt.

✍ ABRAHAM:

Wenn du dich in schwingungsmäßiger Harmonie befindest (du also in Harmonie mit der Quelle in dir bist und deine Wünsche und Überzeugungen im Gleichgewicht sind), dann verspürst du nie das Bedürfnis, dich vor anderen zu rechtfertigen. Viele Menschen versuchen, ihr Verhalten oder ihre Ideen zu rechtfertigen, aber es ist nie eine gute Idee, die Meinungen anderer als Leitfaden für die eigene Harmonie zu nehmen statt seines eigenen *Leitsystems*.

Schon früh in deinem Erleben haben viele Menschen verlangt, dass du mit ihren Regeln und Meinungen übereinstimmst, aber wenn du zulässt, dass das, was sie für zentral halten, deine Entscheidungen bestimmt, gerätst du immer mehr aus der Harmonie mit *Dem-der-du-wirklich-bist* und mit den Absichten, mit denen du geboren wurdest, und denen, die sich aus deiner bisherigen Lebenserfahrung ergeben haben. *Du wirst nie das köstliche Gefühl der Freiheit erleben, wenn du nicht von dem Wunsch ablässt, es anderen recht machen zu wollen. Du musst diesen Wunsch durch die machtvolle Absicht ersetzen, dich in Harmonie mit Dem-der-du-wirklich-bist (deiner Quelle) zu begeben, indem du darauf achtest, wie du dich fühlst, und Gedanken auswählst, die sich gut anfühlen und dich wissen lassen, dass du deine Harmonie gefunden hast.*

Wenn du spürst, dass jemand dein Verhalten nicht billigt oder dich angreift, ist es eine natürliche Reaktion, sich zu verteidigen, doch dieses Bedürfnis, sich zu verteidigen, wird rasch weichen, wenn du darin geübt bist, mit deinem *Inneren Wesen* in Harmonie zu treten, denn dann werden alle Gefühle von Verwundbarkeit durch das klare Bewusstsein dessen ersetzt, *der du wirklich bist.*

Ganz egal, welche Entscheidung du triffst, es wird immer jemanden geben, der damit nicht einverstanden ist, aber wenn du dein Gleichgewicht gefunden hast und deine Harmonie aufrechterhältst, werden die meisten, die dich kennen, dich eher nach dem Geheimnis deines Erfolges fragen, als dich für deinen Erfolg zu kritisieren. Und diejenigen, die dich weiterhin kritisieren, würde das, was du ihnen als Rechtfertigung anbietest, ohnehin nicht zufriedenstellen, egal wie überzeugend dein Argument ist.

Deine Aufgabe besteht nicht darin, das Gefühl des Mangels in anderen zu beseitigen, sie besteht darin, *dein* inneres Gleichgewicht zu wahren. *Wenn du dir von deiner Gesellschaft, oder auch nur einer anderen Person, ihren Willen aufzwingen lässt oder dich ihren Verhaltensvorstellungen beugst, wirst du dein inneres Gleichgewicht verlieren, weil dein Gefühl von Freiheit – das der Kern deines Wesens ist – herausgefordert wird. Wenn du darauf achtest, wie du dich fühlst, und dich in Gedanken der Selbstermächtigung übst, die dich mit Dem-der-du-wirklich-bist in Übereinstimmung bringen, wirst du ein Beispiel des Wohlbefindens und Wachstums bieten, das für diejenigen, die das Glück haben, deinen Werdegang zu verfolgen, von enormem Wert sein wird.*

Du kannst nicht arm genug werden, um armen Menschen zu helfen, ihr Glück zu machen, und du kannst nicht krank genug sein, um kranken Menschen zu helfen, gesund zu werden. Du kannst anderen immer nur aus deiner Position der Stärke, Klarheit und Harmonie heraus ein Ansporn sein.

Das GESETZ DER ANZIEHUNG und die Karriere

ABRAHAM:

Was ist der Hauptgrund für den Wunsch, Karriere zu machen?

JERRY: Ich habe kürzlich eine Studie gelesen, die zu dem Schluss kam, dass die meisten Menschen nach *Prestige* streben. Sie bot den Befragten die Wahl zwischen einem höheren Titel und mehr Geld, und die meisten wählten den Titel.

ABRAHAM:

Diejenigen, die nach Prestige streben, haben an die Stelle ihres *Leitsystems* den Wunsch nach Anerkennung durch andere gesetzt, und das ist eine Lebensweise, die nicht viel Erfüllung bringt, weil diejenigen, denen du zu gefallen versuchst, nicht sehr lange auf dich achten. Die Studie ist durchaus zutreffend, denn den meisten Menschen ist es wirklich wichtiger, was andere über sie denken, als wie sie sich persönlich fühlen, nur kann diese Art der Führung nicht von Dauer sein.

Manchmal befürchten die Menschen, dass sie, wenn sie darüber nachdenken, was sie am glücklichsten machen würde, egoistisch sein könnten und vielleicht nicht mehr auf die anderen um sie herum achten und sie ungerecht behandeln, aber wir wissen, dass das Gegenteil der Fall ist. *Wenn du darauf achtest, mit der Quelle in Harmonie zu sein, was sich an deiner Befindlichkeit zeigt, und du dich bemühst, deine*

Verbundenheit aufrechtzuerhalten, wird das für jeden, der zum Gegenstand deiner Aufmerksamkeit wird, ein Vorteil sein. Du kannst andere nur dann erhöhen, wenn du selbst mit dem Strom des Wohlbefindens verbunden bist.

Wir verstehen, dass es sich sehr gut anfühlen kann, der Gegenstand der Aufmerksamkeit anderer zu sein, weil die anderen dann genau das tun, was wir dir gerade erklärten: In ihrer Wertschätzung für dich sind sie mit der Quelle verbunden und strahlen diese Haltung auf dich ab. Aber andere zu bitten, immer mit der Quelle in Harmonie zu stehen und *dich* zum Gegenstand ihrer Aufmerksamkeit zu wählen, damit du in das Wohlbefinden gehüllt bist, das sie auf dich abstrahlen, ist nicht sehr praktisch, denn du kannst ihre Verbundenheit nicht kontrollieren und wirst nicht für immer der einzige Gegenstand ihrer Aufmerksamkeit bleiben. Über deine eigene Verbundenheit zur Quelle hast du jedoch immer uneingeschränkt die Kontrolle, und wenn du in erster Linie die Absicht hast, deine Verbundenheit aufrechtzuerhalten und dabei andere aus der Gleichung herauszulassen, dann wirst du frei von dem Bedürfnis sein, anderen gefallen zu wollen (was dir ohnehin nicht immer gelingen wird), und es wird dir möglich sein, ständige Verbundenheit und ein ständiges Gefühl des Wohlbefindens zu bewahren. Interessant ist die Beobachtung, dass diejenigen, die darauf achten, wie sie sich fühlen – die sich ständig um Emotionen bemühen, die ihnen ein besseres Gefühl verleihen –, von anderen gewöhnlich als *attraktiv* angesehen werden, und dass ihnen häufig sehr viel Wertschätzung und Anerkennung entgegengebracht wird.

Du kannst die Anerkennung, nach der du strebst, nicht von einem Ort der *Bedürftigkeit* aus erlangen oder vom Ort ihrer *Abwesenheit* aus. Ein Büro mit einem wundervollen Blick aus dem Fenster oder ein Parkplatz mit dem eigenen Namen darauf oder ein imposanter Titel kann einfach nicht die Leere füllen, die dadurch entsteht, dass du nicht mit *Dem-der-du-wirklich-bist* in Harmonie stehst. Wenn du diese Harmonie erreichst, fühlt sich alles andere weniger wichtig an – aber gerade dann stellt es sich interessanterweise ein.

Soll ich meine innere Leere durch Dienstbarkeit füllen?

JERRY: Während der zwanzig Jahre, die ich in der Unterhaltungsindustrie tätig war, bekleidete ich eine Vielzahl von Positionen und hatte eine Menge Spaß. Ich musste nur wenige Stunden täglich aufwenden, und weil ich reichlich neue Erfahrungen machte, erlebte ich jede Menge Abenteuer, und es stellten sich mir viele Herausforderungen … dennoch sagte ich oft zu den Leuten, dass ich mich fühlte, als zerrinne mir das Leben zwischen den Fingern, und dass, wenn ich zurückblicke, ich nicht den Eindruck hätte, Spuren zu hinterlassen. Ich erfreute mein Publikum für eine Weile, hinterließ aber nichts von bleibendem Wert.

Haben wir alle von Natur aus diesen Drang, andere zu inspirieren? Kommt das von einer anderen Ebene in uns selbst oder übernehmen wir diese Absicht von anderen, sobald wir in diese körperliche Umgebung hineingeboren werden?

✍ ABRAHAM:

Du wirst mit dem Wunsch geboren, wertvoll zu sein und andere zu inspirieren. Und du wirst mit dem Wissen geboren, dass du wertvoll bist. Das Gefühl des Mangels rührt nicht in erster Linie daher, dass du, wie du geschildert hast, nicht imstande wärst, anderen ein bleibendes Gefühl von Wert zu vermitteln, sondern daher, dass deine Gedanken dich von deiner persönlichen Harmonie fernhalten. Das funktioniert so: Wenn du mit *Dem-der-du-wirklich-bist* (mit deinem *Inneren Wesen* oder deiner Quelle) in Harmonie stehst, kannst du gar nicht anders, als jeden, mit dem du in Kontakt kommst, zu inspirieren und aufzubauen, und im Zuge *dieser* Harmonie bemerkst du nicht mehr, wie viele andere *nicht* mit sich in Harmonie stehen. *Das Gesetz der Anziehung umgibt dich nicht mit unzufriedenen Menschen, wenn du zufrieden bist. Und das Gesetz der Anziehung umgibt dich nicht mit zufriedenen Menschen, wenn du unzufrieden bist.*

Du kannst deine Disharmonie nicht dadurch ausgleichen, dass du mehr Zeit, Energie oder Arbeit aufwendest. Dein Wert für deine Umgebung hängt nur von einem ab: deiner persönlichen Harmonie mit der Quelle. Und das Einzige, was du anderen geben kannst, ist ein Beispiel für diese Harmonie – die sie bemerken, sich wünschen und dann ebenfalls zu erlangen versuchen, indem sie die nötigen Schritte ergreifen. Aber geben kannst *du* sie ihnen nicht.

Die Freude, die du deinem Publikum gebracht hast, war im Grunde ein viel größeres Geschenk, als du damals erkennen konntest, denn du hast sie von ihren Sorgen abgelenkt; und dadurch, dass dein Publikum seine Aufmerksamkeit zeitweise nicht mehr auf seine Probleme richtete, erlangte es in vielen Fällen vorübergehend Harmonie mit der Quelle. Aber du kannst nicht jeden Einzelnen begleiten und dich zum einzigen Gegenstand ihrer Aufmerksamkeit machen, um ihr gutes Gefühl aufrechtzuerhalten. *Jeder ist selbst verantwortlich für die Gedanken, die er denkt, und die Dinge, die er zum Gegenstand seiner Aufmerksamkeit macht.*

Ihr alle tragt das tiefe Wissen in euch, dass ihr als freudige Schöpfer hier seid, und ihr werdet immer von der Erfüllung angelockt, obwohl die Liste dessen, was von euch verlangt wird, nicht gerade lang ist. Es war deine Absicht, dich durch deine physische Umgebung zu grenzenlosen Gedanken der Ausdehnung und unendlich vielen Wünschen inspirieren zu lassen, und dann hattest du die Absicht, dich mit der Quellenergie in dir zu verbinden, um diese Ideen Wirklichkeit werden zu lassen. Anders ausgedrückt: Du wusstest, dass deine Anwesenheit hier deine Wünsche hervorbringen würde und dass du, wenn erst der Wunsch in dir lebendig war, deine Gedanken ausrichten konntest, bis ein Gefühl der Erwartung einsetzte – und dein Wunsch dann Früchte trug.

Die Rolle, die andere um dich herum in dieser Gleichung der Schöpfung spielen, besteht im Wesentlichen darin, dass sie die Vielfalt liefern, der deine Wünsche entspringen. *Du hattest nicht vor, deinen Wert gegen den Wert anderer aufzurechnen, du wolltest durch die Kombina-*

tion der Ereignisse um dich herum zu neuen Ideen inspiriert werden. Jeder Vergleich mit anderen soll nur dazu dienen, noch mehr Wünsche in dir zu wecken. Das hat dich nie herabsetzen oder deinen Wert infrage stellen sollen.

In deinem Leben geht es nicht darum, was du nach der Arbeit oder am Wochenende tun wirst oder wenn du in den Ruhestand gegangen bist. Dein Leben vollzieht sich jetzt und bemisst sich immer daran, wie du dich im Augenblick fühlst. Wenn deine Arbeit sich unangenehm oder hart anfühlt oder dich nicht erfüllt, liegt das nicht daran, dass du am falschen Platz bist, sondern dass deine Sichtweise von widersprüchlichem Denken verstellt ist.

Eine Reise, die nicht angenehm verlief, kann kein glückliches Ende nehmen. Der Zweck rechtfertigt nie die Mittel. Die Mittel oder der Weg tragen in sich immer die Essenz eines genau gleichartigen Ausgangs.

Verleiht mein Erfolg anderen Auftrieb?

JERRY: Meine Freiheit war mir schon immer am wichtigsten, und so war ich nie bereit, viel davon dem Geld zu opfern. Ich behauptete immer, recht wenig an Geld interessiert zu sein, weil ich meine Freiheit nicht aufgeben wollte, aber dann brachte mich mit der Zeit dieses Gefühl, »keine Spuren zu hinterlassen«, dazu, mir die Frage zu stellen, ob das Leben nicht doch mehr für mich bereithielt als Spaß.

Kurz nach dieser Erkenntnis entdeckte ich das Buch *Denke nach und werde reich*, und obwohl ich die Vorstellung, an *Reichtum zu denken* oder daran *interessiert* zu sein, strikt geleugnet hätte, erregte das Buch meine Aufmerksamkeit, und ich fühlte mich stark davon angezogen. Ich nahm es mit, und die Haare standen mir zu Berge, als wäre ich auf etwas gestoßen, was große Bedeutung in meinem Leben hatte. In dem Buch stand: *Triff eine Entscheidung darüber, was du willst!* Das schien eine simple Aussage zu sein, aber ich spürte auf seltsame und neue Art ihre Macht, und so begann ich zum ersten Mal in meinem Leben,

Entscheidungen darüber zu treffen, was ich wollte, und schrieb sie nieder: »Ich will freischaffend sein; ich will ein eigenes Geschäft führen; ich will keinen festen Standort für dieses Geschäft haben; ich will nicht irgendwo festgenagelt sein; ich will keine Angestellten – diese Art von Verantwortung will ich nicht. Ich will *Freiheit*.«

Ich wollte in der Lage sein, mein Einkommen selbst zu bestimmen. Ich wollte mobil sein, damit ich überallhin reisen und mich überall aufhalten konnte, wo ich wollte. Ich wollte, dass ich durch meine Arbeit jedes Leben, das ich berührte, erhöhte (oder dass die Menschen einfach so blieben, wie sie waren), aber dass niemand jemals dadurch herabgesetzt wurde, dass er mich kannte.

Die Leute lachten immer, wenn ich ihnen das erzählte. Sie sagten: »Ach, Jerry, du bist so ein Träumer. So einen Beruf gibt es doch gar nicht.« Und ich sagte dann immer: »Nun, es muss ihn geben. Ihr kennt doch Emersons Spruch: ›Du hättest nicht den Wunsch, wenn es dir nicht möglich wäre, ihn dir zu erfüllen.‹« Und daran glaubte ich fest. Deshalb erwartete ich wirklich, dass sich irgendwann auf meinem Lebensweg die Gelegenheit bieten würde …

Etwa einen Monat nachdem ich für mich geklärt hatte, was ich *wollte*, traf ich einen Mann, der mir ein Geschäft aufzeigte, das ich nach Kalifornien mitnehmen und dort starten konnte – und es war die Antwort auf alles, worum ich gebeten hatte. In den nächsten Jahren meines Lebens trug dieses Geschäft reichlich Früchte. Und es war die Essenz aller Wünsche, die ich aufgeschrieben hatte.

Ich will Freiheit, Wachstum und Freude

JERRY: Ich hatte nicht gesagt, dass es etwas sein sollte, was ich beherrschte oder wofür ich das Talent, die Fähigkeiten oder genug Intelligenz besaß. Ich hatte einfach nur gesagt: *Das will ich.*

Kann das jeder erreichen? Kann jeder bekommen, was er will, wenn er einmal für sich geklärt hat, *was* er will?

🖎 ABRAHAM:

Ja. Wenn diese Lebenserfahrung den Wunsch in dir weckte, besitzt sie auch die erforderlichen Mittel, ihn dir bis ins letzte Detail zu erfüllen.

Über einen langen Zeitraum hinweg haben deine Lebenserfahrungen deine Entscheidungen, was du wolltest, vorbereitet. Dass du dich auf diese Wünsche konzentriert und sie auf verständliche Weise niedergeschrieben hattest, stärkte deinen *Glauben* an sie. Wenn *Wunsch* und *Glaube* zusammenkommen, setzt *Erwartung* ein. Und wenn die *Erwartung* in dir ist, tritt sie schnell in dein Erleben.

Frei zu sein war der wichtigste Bestandteil deiner Wünsche, die du schon länger gehegt hattest, und als du etwas sahst, wovon du glaubtest, dass es dein Verlangen nach Freiheit nicht bedrohte und das Potenzial besaß, dir ein Einkommen zu sichern, hast du zugelassen, dass dein Wunsch nach einem höheren Einkommen sich ausdehnte, während du bis dahin alles, was deiner Auffassung nach das Potenzial besaß, deine Freiheit einzuschränken, sofort abgelehnt hattest.

Ihr wurdet alle mit einer Triade von Absichten in euch geboren: *Freiheit*, *Wachstum* und *Freude*. *Freiheit* ist die Basis deines Seins, denn alles, was zu dir kommt, kommt als Antwort auf die Gedanken, die du denkst – und außer dir hat niemand die Kontrolle über deine Gedanken. Freude wiederum ist dein vorrangiges Streben, damit du deine Gedanken behutsam mit *Dem-der-du-wirklich-bist* in Harmonie bringen und dann die *Ausdehnung* oder das *Wachstum* zulassen kannst, die deine Lebenserfahrung dir eingegeben hat.

Ich will, dass mein Leben sich gut anfühlt

🖎 ABRAHAM:

Wenn du dich für eine Karriere entscheidest oder die Dinge tust, die deine Arbeit gerade mit sich bringt, und deine vorherrschende Absicht darin besteht, bei deiner Arbeit Freude zu empfinden, wird deine Triade der Absichten rasch und mühelos in Harmonie miteinander treten, denn wenn du das Gefühl des Wohlseins annimmst, gerätst du in Harmonie mit den umfassenderen nichtkörperlichen Aspekten deines Wesens. Diese Harmonie erlaubt dann deine Ausdehnung in Richtung auf all die Dinge, bei denen dein Leben dir geholfen hat, sie als das zu erkennen, was du willst, sodass du schnell und zu deiner Zufriedenheit wächst.

Freiheit ist die Basis deiner Lebenserfahrung, du musst sie dir nicht verdienen. *Freude* ist dein Ziel. *Wachstum* ist das Ergebnis von allem. Aber wenn du glaubst, dass du unwürdig bist, und beginnst, deinen Wert durch Taten unter Beweis stellen zu wollen, kannst du dein Gleichgewicht nicht finden. Wir erklären diese perfekte Triade der Absichten aus *Freiheit, Wachstum und Freude* oft, aber die meisten körperlichen Wesen wenden ihr Augenmerk dann sofort der Vorstellung von *Wachstum* zu – in ihrem irregeführten Versuch, ihren Wert unter Beweis zu stellen – einen Wert, der nie infrage gestellt worden ist. Du musst niemandem etwas beweisen, und du brauchst dich für nichts zu rechtfertigen. *Dein Existenzgrund bedarf keiner Rechtfertigung, denn deine Existenz ist Rechtfertigung genug.*

Ich erschaffe mir meine freudvolle Karriere selbst

✍ ABRAHAM:

Wir möchten, dass ihr eure Karriere als etwas betrachtet, was eine freudvolle Lebenserfahrung hervorbringt. Ihr erschafft die Dinge nicht, ihr bringt nicht hervor, was ein anderer erschaffen hat, und ihr sammelt auch nichts. Ihr seid Schöpfer, und der Gegenstand eurer Schöpfung ist eure freudvolle Lebenserfahrung. Das ist eure Mission. Das ist euer Streben. Deshalb seid ihr hier.

Ist es unmoralisch, zu nehmen, ohne zu geben?

JERRY: Abraham, würdet ihr sagen, dass es moralisch und ethisch richtig ist, wenn Menschen nie etwas geben? Wenn sie von ererbtem Geld leben oder Geld gewonnen haben, etwa in der Lotterie, oder von der Wohlfahrt oder von Geldspenden leben, würdet ihr sagen, dass das für uns *alle* angemessen wäre?

✍ ABRAHAM:

Deine Frage impliziert noch immer, dass du für das Wohlbefinden, das zu dir fließt, einen Preis bezahlen musst, und dass ein bestimmtes Handeln erforderlich ist, um den Fluss des Wohlbefindens zu rechtfertigen. Das ist nicht der Fall. *Es ist weder notwendig noch möglich, das zu dir fließende Wohlbefinden zu rechtfertigen, aber es ist notwendig, sich mit dem Wohlbefinden in Harmonie zu begeben. Du kannst dich nicht auf den Mangel an Wohlbefinden konzentrieren und zulassen, dass du Wohlbefinden erfährst.*

Viele Leute konzentrieren sich auf das *Unerwünschte*, ohne der emotionalen Führung in ihnen bewusst Aufmerksamkeit zu schenken, und versuchen dann ihr Mangeldenken durch körperliches Handeln auszugleichen. Und weil ihr Handeln aufgrund ihrer energetischen Disharmonie keine Ergebnisse bringt, bemühen sie sich noch mehr, indem sie umso mehr handeln, und trotzdem werden die Dinge nicht besser. *Wie die Luft, die du einatmest, steht dir alles Mögliche im Überfluss zur Verfügung. Du lebst in Fülle. Dein Leben wird so gut sein, wie du es erlaubst.* Wenn du glaubst, dass du hart arbeiten musst, damit die Fülle zu dir kommt, dann kann sie ohne harte Arbeit nicht zu dir kommen. Doch in zahlreichen Fällen fühlst du dich umso schlechter, je härter du arbeitest, und je schlechter du dich fühlst, desto weniger lässt du zu, dass deine harte Arbeit die erwünschten Ergebnisse bringt. Es ist kein Wunder, dass so viele Menschen mutlos geworden sind und nicht wissen, in welche Richtung sie gehen sollen, denn es scheint, als hätten sie keinen Erfolg, was auch immer sie tun.

Wertschätzung, Liebe und *Harmonie* mit der Quelle ist das, was »zurückgegeben« wird. In *Leid* und durch *Kampf* kannst du nichts geben. Viele Menschen beklagen sich, wie ungerecht und unrechtmäßig es ist, wenn sie sehen, dass manche sehr viel empfangen und anscheinend wenig Mühe dafür aufwenden, während andere, die sehr hart arbeiten, oft wenig erfolgreich sind – doch das *Gesetz der Anziehung* macht keine Unterschiede.

Dein Leben entspricht immer genau deinen schwingungsmäßigen Gedankenmustern. Nichts könnte gerechter sein als das Leben, das du führst, denn wenn du denkst, schwingst du, und wenn du schwingst, ziehst du an – und so bekommst du immer die Essenz dessen zurück, was du gibst.

JERRY: Wenn wir Geld einmal aus der Gleichung herauslassen und *nicht* um des Geldes wegen handeln, was sollten wir dann mit unserem Leben *anfangen?*

✍ ABRAHAM:

Die meisten Menschen *verbringen* ihr Leben mit Handlungen, die das schwingungsmäßige Ungleichgewicht wieder ausgleichen sollen. Sie denken oft an das, was sie *nicht wollen*, verhindern dadurch, dass das, was sie *wollen*, mühelos in ihr Erleben fließt, und versuchen dann, die Disharmonie durch Handeln wieder wettzumachen. Würdest du erst für deine schwingungsmäßige Harmonie sorgen – indem du den Wert deiner Emotionen anerkennst und dich auf das zu konzentrieren versuchst, was sich gut anfühlt –, würdest du aus dieser Harmonie enormen Nutzen ziehen, und wundervolle Dinge würden mit sehr viel weniger Aufwand zu dir fließen.

Die Mehrzahl der Handlungen, die heutzutage aufgeboten werden, erfolgt unter großem schwingungsmäßigem Widerstand. Das ist auch der Grund, warum so viele glauben, auch du, dass Erfolg und Freiheit einander ausschließen, während sie in Wahrheit auf das Gleiche hinauslaufen. *Es ist nicht nötig, Geld aus der Gleichung herauszunehmen,* aber es ist nötig, dass du dein Streben nach Freude zum vorherrschenden Teil deiner Gleichung machst. Wenn du das tust, wird die Fülle in jeglicher Form zu dir fließen.

Willkommen auf dem Planeten Erde

✒️ ABRAHAM:

Wenn wir am ersten Tag deiner körperlichen Erfahrung zu dir sprechen könnten, wäre das für dich ein enormer Vorteil, weil wir dann sagen würden:»Willkommen auf dem Planeten Erde. Es gibt nichts, was du nicht sein, tun oder haben kannst. Und deine Arbeit hier – deine lebenslange Karriere – besteht darin, nach Freude zu streben. Du lebst in einem Universum der absoluten Freiheit. Du bist so frei, dass du mit jedem Gedanken, den du denkst, das Gedachte anziehst. Wenn du Gedanken denkst, die sich gut anfühlen, wirst du mit *Dem-der-du-wirklich-bist* in Harmonie sein. Also nutze deine grundlegende Freiheit. *Strebe zunächst nach Freude, dann wird jegliches Wachstum, das du dir nur vorstellen kannst, freudig und in Fülle zu dir kommen.*«

Doch dies ist nicht der erste Tag deiner Lebenserfahrung. In den meisten Fällen liest du das hier, lange nachdem man dich überzeugt hat, dass du nicht frei bist und dass du wertlos bist und dass du durch dein Handeln erst beweisen musst, es überhaupt wert zu sein, etwas zu bekommen.

Viele von euch haben eine Laufbahn eingeschlagen oder gehen einer Arbeit nach, die ihnen nicht besonders gefällt, aber sie haben den Eindruck, dass sie nicht einfach davongehen können, weil die finanziellen Folgen noch größeres Unbehagen hervorrufen würden als das, das sie schon empfinden. Viele andere, die gerade keine Arbeit haben, um dadurch ihr Einkommen zu generieren, empfinden Unbehagen, weil sie keine Möglichkeit, sich über Wasser zu halten, und keine Aussicht auf künftige Sicherheit haben. Aber egal, wo du gerade stehst, wenn du die Entscheidung triffst, die positiven Aspekte deiner momentanen Situation zu sehen, erlahmt dein Widerstand, der das Einzige war, das dich von dem getrennt hielt, was du dir wünschst.

Du musst nicht zurückgehen und die Dinge ungeschehen machen oder dich dafür niedermachen, was du alles noch nicht erreicht hast. Wenn du diesen Moment als den Beginn deiner Lebenserfahrung ansehen könntest – und dein Bestes geben würdest, um den ständigen Gedanken an Wertlosigkeit und Groll zu widerstehen, die ein schlechtes Gefühl in dir hervorrufen und die so oft mit dem Thema Geld in Verbindung gebracht werden –, dann würde sich dein finanzielles Bild sofort ändern. Du brauchst nur zu sagen: *Hier bin ich, am ersten Tag vom Rest meines körperlichen Lebens. Und es ist meine vorrangige Absicht, von jetzt an nach Gründen Ausschau zu halten, mich wohlzufühlen. Ich will mich gut fühlen. Nichts ist wichtiger für mich, als dass ich mich gut fühle.*

Es gibt nichts Wichtigeres, als sich gut zu fühlen

✍ ABRAHAM:

In deiner Arbeitsumgebung gibt es oft Dinge, die deinem Wohlgefühl nicht gerade förderlich sind, und oft glaubst du, dass deine einzige Chance, dich jemals wirklich gut zu fühlen, darin besteht, diesen negativen Einflüssen zu entkommen. Doch die Vorstellung, alles hinzuschmeißen und zu kündigen, fühlt sich auch nicht gut an, weil das dein Einkommen versiegen ließe, wo deine finanzielle Lage doch ohnehin schon angespannt ist, also machst du weiter, unglücklich und mit dem Gefühl, in der Falle zu sitzen.

Wenn du einen Schritt zurücktreten könntest und deine Karriere nicht mehr als Arbeit betrachten würdest, der du im Austausch gegen Geld nachgehst, sondern als Aufwendung deiner Lebenserfahrung, mit der du deine freudvollen Erfahrungen begleichst, dann würdest du erkennen, dass viele Gedanken, die du denkst, und viele Worte, die du sprichst, nicht mit diesem Streben nach Freude übereinstimmen. Wenn du sagst: »Es gibt nichts Wichtigeres, als dass ich mich gut fühle«, wirst du feststellen, dass du dir einen Weg zu anderen Gedanken, Worten und Verhaltensweisen eröffnest.

Die einfache Übung, bewusst nach positiven Aspekten deiner gegenwärtigen Arbeit und an den Menschen, die sie mit dir verrichten, Ausschau zu halten, wird dir ein sofortiges Gefühl der Erleichterung bescheren. Und diese Erleichterung wird eine Veränderung in deiner Schwingung anzeigen, was bedeutet, dass dein Ort der Anziehung sich verlagert hat. Sobald das geschieht, wird das *Gesetz der Anziehung* dafür sorgen, dass du anderen Menschen begegnest, und es wird sogar dafür sorgen, dass du mit denselben Menschen andere Erfahrungen machst. Es ist eine Art Erschaffen aus dem Inneren heraus statt der handlungsbetonten Version vom Äußeren ins Innere, die nie funktioniert. *Sobald du die einfache, aber kraftvolle Voraussetzung erfüllt hast, dass du beschließt, dich gut fühlen zu wollen, wird sich alles auf dramatische Weise verbessern.*

Warum kommt meine Karriere nicht in Gang?

JERRY: Was würdet ihr denjenigen sagen, die ihre erste Anstellung bekommen oder ihren Beruf wechseln und über solche Dinge wie Einkommen und Wachstumspotenzial, Nachfrage und Serviceleistungen nachdenken, um herauszufinden, wie es für sie weitergehen soll?

✍ ABRAHAM:

Dein bisher gelebtes Leben hat dazu geführt, dass du die Details der Erfahrung, nach der du suchst, bereits festgelegt hast, und die perfekte Situation steht schon für dich bereit. Deine Aufgabe besteht jetzt nicht darin, dich auf den Weg zu machen und die perfekten Umstände zu finden, sondern vielmehr darin, *zuzulassen*, dass die Umstände sich entfalten, die dich geradewegs in eine Position bringen, durch die die unzähligen Absichten, die du in deiner Lebenserfahrung gesammelt hast, zufriedengestellt werden. Mit anderen Worten: Du weißt nie deutlicher, was du *willst*, als dann, wenn du das lebst, was du *nicht willst*.

Wenn du nicht genug Geld hast, führt das dazu, dass du um Geld bittest. Ein undankbarer Angestellter veranlasst dich, um jemanden zu *bitten*, der dein Talent und deine Bereitschaft zu schätzen weiß. Eine Arbeit, die dich unterfordert, führt dazu, dass du dich nach etwas *sehnst*, was zu mehr Klarheit und Wachstum anregt. Eine Arbeit, bei der du lange als Pendler unterwegs bist, erweckt in dir den Wunsch, dass deine Arbeitsstelle näher an deinem Wohnort liegt ... und so weiter.

Wir möchten jedem, der eine Veränderung in seinem Arbeitsumfeld anstrebt, vorschlagen: Richte eine Art Schwingungskonto ein. Deine Aufgabe ist es, dich auf das einzustimmen, was du durch deine früheren und derzeitigen Erfahrungen als das erkannt hast, was du willst.

Es mag seltsam klingen, aber der schnellste Weg zu einem besseren Arbeitsumfeld besteht darin, nach Dingen in deinem derzeitigen Umfeld Ausschau zu halten, die dir ein gutes Gefühl bereiten. Die meisten Menschen machen jedoch genau das Gegenteil und weisen auf die Schwächen hin, die sie an sich kennen, wenn sie sich bemühen, eine Verbesserung des Umfelds zu rechtfertigen. Aber da das *Gesetz der Anziehung* dir immer mehr von dem gibt, worauf du deine Aufmerksamkeit richtest, wird umso mehr Unerwünschtes deinen Weg kreuzen, je mehr du deine Aufmerksamkeit auf Unerwünschtes richtest. *Wenn du eine Situation wegen der unerwünschten Dinge verlässt, die es dort gibt, findest du im Großen und Ganzen dieselben unerwünschten Dinge in deinem nächsten Umfeld wieder.*

Denke an das, was du willst, und sprich es aus.

Mach Listen der Dinge, die dir an dem Ort, an dem du dich befindest, gefallen.

Denke voller Vorfreude an die Verbesserungen, die sich bereits in dir entfalten.

Betone das, was du nicht magst, nicht so sehr.

Betone das, was du magst.

Verfolge die Reaktionen des Universums auf deine verbesserte Schwingung.

Ich suche nach Gründen, um mich gut zu fühlen

JERRY: Heißt das, wenn diese Personen sich nicht auf das konzentrieren, was sie *wollen*, und ihre Aufmerksamkeit nicht von dem abwenden, was sie in ihrer gegenwärtigen Lage *nicht wollen* oder auch in ihrer früheren Position *nicht wollten*, werden sie einfach – in irgendeiner Form – erneut eine negative Situation erschaffen?

✍ ABRAHAM:

Das ist absolut korrekt. *Ganz egal, wie begründet deine negative Emotion auch ist, du vermasselst dir trotzdem deine Zukunft.*

Die meisten von euch haben schon genug darüber nachgedacht, was sie wollen, dass sie zehn oder zwanzig glückliche Leben damit verbringen könnten, doch eure Manifestationen dringen nicht zu euch durch, weil eure Tür verschlossen ist. Und eure Tür ist deshalb verschlossen, weil ihr so sehr damit beschäftigt seid, euch über *Das-was-ist* zu beklagen oder euren derzeitigen Standpunkt zu verteidigen ... *Sucht nach Gründen, euch gut zu fühlen. Dann öffnet ihr in eurer Freude die Tür. Und wenn ihr die Tür öffnet, können all die Dinge, zu denen ihr gesagt habt:* »Ich will«, *hereinfließen. Und wir sind überzeugt, dass ihr unter diesen Umständen bis an euer seliges Ende glücklich leben würdet – was auch eurer ursprünglichen Absicht entsprach, als ihr zu dieser Laufbahn der körperlichen Lebenserfahrung angetreten seid.*

WILL *ich oder* MUSS *ich?*

JERRY: In meiner Jugend, als wir in Oklahoma, Missouri und Arkansas auf mehreren Farmen mit vierzig Morgen Land lebten, habe ich viele verschiedene Jobs gehabt, um mir Geld zu verdienen, lauter Schwerstarbeit, bei der man nichts zu lachen hatte. Mit Erdbeerpflücken und der Aufzucht und dem Verkauf von Küken, mit dem Pflanzen, Ernten und Verkauf von Tomaten und dem Hacken und Verkauf von Feuerholz verdiente ich (für damalige Verhältnisse) eine Menge Geld, aber meine Arbeit machte mir kein bisschen Spaß. Dann hatte ich, als ich in New Orleans auf die Highschool ging, wieder Jobs, die mir allesamt keinen Spaß machten – als Dachdecker, Metallarbeiter und Liftboy. Der erste Job, der mir wirklich gefiel, war der eines Rettungsschwimmers am Pontchartrain Beach.

Ich war wohl wie die meisten anderen um mich herum, denn es kam mir nicht in den Sinn, dass Spaß und Geldverdienen zusammengehen könnten. Zu der Zeit, als ich diese ganze Schwerstarbeit leistete, die mir kein bisschen Spaß machte, habe ich mir meinen Spaß *nach* der Arbeit geholt. Ich traf mich abends mit anderen Jugendlichen im Park und spielte auf meiner Gitarre, und ich sang in der Kirche und im Opernchor von New Orleans. Ich leitete ein Cub Scout Pack, eine Pfadfindergruppe von Jungs bis zu zehn Jahren, trat als Akrobat auf und war ehrenamtlicher Lehrer für Gymnastik und Tanz. Ich habe viele wundervolle Dinge getan, die Spaß machten, aber mit keinem habe ich Geld verdient.

Aber als ich dann erwachsen wurde, bin ich nie mehr besonders lange einer Arbeit nachgegangen, die mir keinen Spaß machte. Stattdessen machte ich mich selbstständig und tat genau das Gleiche wie zuvor – nur dass ich jetzt für meine Arbeit Geld bekam.

Ich war für eine Karriere in der Musikszene oder als Sänger, Tänzer oder Akrobat nicht ausgebildet und wollte sie auch nicht einschlagen. Aber dann rief die Gewerkschaft der Metallarbeiter einen Streik aus, und während ich arbeitslos war, machte jemand vom Fitnessstudio des

Christlichen Vereins Junger Menschen den Vorschlag, dass ich mich als Luftakrobat *(artista)* dem kubanischen El Gran Circo de Santos y Artigas anschließen könnte. Und so wählte ich nicht den sicheren Job eines Dachdeckers oder Metallarbeiters, den mein Vater für mich vorgesehen hatte. (Der Job garantierte einen ständigen Lohn, und ich hatte die Ausbildung und war sehr gut darin, auch wenn er mir nicht so recht behagte.) Vielmehr wandte ich mich als Ergebnis des *unerwünschten* Streiks der Gewerkschaft mühelos einem wirklich erfreulichen Leben voller Abenteuer und neuer Verdienstmöglichkeiten zu. Ich begann als Akrobat bei dem kubanischen Zirkus und blieb dann in dieser oder jener Funktion zwanzig Jahre lang im Showgeschäft.

✌ ABRAHAM:

Man beachte, wie die Details deines Lebens deutlich das demonstrieren, was wir hier erklärt haben. Siehst du, wie diese frühen Jahre, in denen du so hart gearbeitet hast und die dir keinen Spaß machten, nicht nur dazu beitrugen, dass du erkanntest, was du *nicht* wolltest, sondern dass sie dir auch zu der Entscheidung verhalfen, was du lieber tätest? Und selbst wenn du als Jugendlicher Dinge getan hast, die dir keine Freude bereiteten, hast du doch viel Zeit damit verbracht – im Grunde jede freie Minute –, um Dinge zu tun, die dir wirklich *viel* Freude bereiteten. Es waren also beide Seiten der Gleichung des freudvollen Erschaffens gegeben: Die Schwerstarbeit veranlasste dich, um etwas anderes zu *bitten*; die Zeit, in der du Musik und Gymnastik und so weiter gemacht hast, lauter Dinge, die dir am Herzen lagen, versetzten dich in einen chronischen Zustand des Zulassens; und dann lieferte dir das Universum auf dem Weg des geringsten Widerstands einen gangbaren Weg, der dich zu Freiheit, Wachstum und Freude führte – was du dir alles gewünscht hattest.

Weil dir diese frühen Jahre der harten Arbeit sehr viel Unbehagen bereitet hatten, gehörtest du zu den wenigen, die seltsam, verrückt oder einfach anders genug waren, um zuzulassen, dass sie nach Glückseligkeit strebten. Das führte zu vielem, was die du dir gewünscht hattest.

Die meisten Menschen spüren eine starke Diskrepanz zwischen dem, was sie tun *wollen*, und dem, wovon sie glauben, dass sie es tun *müssen*. Und die meisten haben alles, womit man Geld verdienen kann, in die Kategorie dessen gestellt, *was getan werden muss*. Deshalb fällt das Geldverdienen oft so schwer, und deshalb bekommen sie meistens nicht genug Geld.

Wenn du klug genug bist, dem Pfad der Gedanken zu folgen, die sich gut anfühlen, wirst du feststellen, dass dieser segensreiche Pfad dich zu allem führt, was du dir ersehnst. Indem du unterwegs bewusst nach positiven Aspekten Ausschau hältst, gelangst du in schwingungsmäßige Harmonie mit Dem-der-du-wirklich-bist und mit den Dingen, die du wirklich willst, und sobald das geschieht, muss das Universum dir geeignete Mittel liefern, um deine Wünsche zu erfüllen.

So zieht die Freude Geld an

JERRY: Noch ein Beispiel: Esther und ich hatten nicht vor, durch unsere Arbeit mit euch, Abraham, Geld zu verdienen. Es bereitete uns wirklich Freude, von euch zu lernen, und wir waren ganz begeistert von den positiven Resultaten, die wir persönlich erzielten, wenn wir das Erlernte anwendeten, aber es lag nie in unserer Absicht, dass unsere Arbeit zu einem Geschäft werden sollte. Es war eine aufschlussreiche Erfahrung, die einfach nur Spaß machte (und es macht immer noch Spaß), doch inzwischen hat sie sich auf dramatische Weise zu einem weltweiten Unternehmen entwickelt.

ABRAHAM:

Willst du damit sagen, dass eure Vorstellungen und Wünsche im gleichen Maße wuchsen wie eure Lebenserfahrung? Und obwohl ihr am Anfang nicht in der Lage wart, detailliert zu erkennen oder zu beschreiben, *wie* die Dinge sich entfalten würden ... weil es Spaß machte und es sich für euch gut anfühlte, wurde es zu einer kraftvollen Möglichkeit für euch, sich Wünsche zu erfüllen und Ziele zu erreichen, die schon lange vor unserer Begegnung an ihrem Platz gewesen waren, lange bevor wir mit unserer Arbeit begannen?

JERRY: Ja. Meine Gespräche bei euch verfolgten ursprünglich die Absicht, eine wirkungsvollere Methode zu erlernen, anderen dabei zu helfen, wie sie finanziell erfolgreich sein konnten. Und außerdem wollte ich lernen, wie wir unser Leben besser in Harmonie mit den natürlichen *Gesetzen des Universums* bringen konnten.

Ich will mich bei der Arbeit frei fühlen

JERRY: Der größte Teil dessen, was man vielleicht als meine *Karrieren* bezeichnen könnte, verfolgte jahrelang also gar nicht die Absicht, Geld damit zu verdienen. Es waren hauptsächlich Dinge, die mir einfach Freude bereiteten, was dann dazu führte, dass es mir Geld einbrachte.

✍ ABRAHAM:

Nun, das ist das eigentliche Geheimnis des Erfolges, dessen du dich seit so vielen Jahren erfreust. Weil du bereits früh beschlossen hattest, dass es für dich am wichtigsten war, dich gut zu fühlen, gelang es dir, eine Vielzahl interessanter Möglichkeiten zu finden, an dieser Absicht festzuhalten, ohne damals zu wissen, dass es *das Geheimnis jedes Erfolges ist, glücklich zu bleiben.*

Vielen von euch hat man beigebracht, dass euer persönliches Glück ein egoistisches und unangemessenes Streben ist und dass eure wahren Ziele in Hingabe, Verantwortung, Kampf und Aufopferung münden sollten ... Aber seid versichert, dass ihr hingebungsvoll, verantwortungsbewusst, aufbauend sein könnt – *und* glücklich. Es ist sogar so, dass, wenn ihr keine Möglichkeit findet, euch mit eurem wahren Glück zu verbinden, all dieses andere Streben gewöhnlich nur leere, hohle Worte sind, hinter denen kein wirklicher Wert steht. *Ihr könnt auf andere immer nur aus einer Position der Verbundenheit und Stärke heraus aufbauend wirken.*

Die Leute sagen oft: »Ich will nicht arbeiten«, und damit meinen sie: »Ich will nicht irgendwo hingehen, wo ich nur um des Geldes wegen Dinge tun muss, die ich nicht tun will.« Und wenn wir fragen, warum nicht, sagen sie: »Weil ich frei sein will.« Aber es ist nicht die Freiheit vom Handeln, die ihr euch wünscht, denn Handeln kann Spaß machen. Und es ist auch nicht die Freiheit vom Geld, die ihr euch wünscht, weil Geld und Freiheit auf das Gleiche hinauslaufen. *Ihr sehnt euch danach, von der Negativität und vom Widerstand frei zu sein, davon frei zu sein, dass ihr Die-die-ihr-wirklich-seid und die Fülle nicht zulasst, die euer Geburtsrecht ist. Ihr sehnt euch nach Freiheit vom Mangel.*

Welche positiven Aspekte hat das?

✒ ABRAHAM:

Wann immer du eine negative Emotion hast, gibt dir dein Emotionales Leitsystem einen Hinweis darauf, dass du gerade die negativen Aspekte von etwas betrachtest und dich dabei dessen beraubst, was du dir wünschst.

Wenn du die Absicht in dir verankerst, von allem, worauf du deine Aufmerksamkeit richtest, die positiven Aspekte sehen zu wollen, wirst du sofort erkennen, dass sich die Schleier vor den Mustern des Widerstands heben, weil das Universum dann durch deine Schwingungsänderung die Erlaubnis bekommt, dir deine lang ersehnten Wünsche zu liefern.

Die Menschen ziehen oft von einem Job zum nächsten, von einem Beruf zum nächsten, von einem Arbeitgeber zum nächsten, nur um immer wieder festzustellen, dass auch der nächste um keinen Deut besser ist als der vorige – und der Grund dafür ist, dass sie sich selbst überallhin mitnehmen. Wenn du woanders hingehst und dich weiter darüber beschwerst, was mit deiner letzten Stelle nicht stimmte, um zu erklären, warum du die neue Stelle angenommen hast, begleitet dich derselbe schwingungsmäßige Widerstand und verhindert weiter, dass das, was du dir wünschst, zu dir gelangt.

Die ideale Möglichkeit, ein besseres Arbeitsumfeld zu finden, besteht darin, sich auf das Beste zu konzentrieren, was der Ort, an dem du dich gerade befindest, zu bieten hat, bis deine schwingungsmäßigen Denkmuster von *Wertschätzung* durchflutet werden, und in dieser anderen Schwingung kannst du dann zulassen, dass die neuen und besseren Umstände und Bedingungen in deine Erfahrung kommen.

Manche sind besorgt und glauben, wenn sie unserem Vorschlag folgen und dort, wo sie sich befinden, nach guten Dingen Ausschau halten, sie nur umso länger an einem unerwünschten Ort festgehalten werden, aber eigentlich trifft das Gegenteil zu: *Im Zustand der Wertschätzung überwindest du jegliche selbst auferlegten Beschränkungen (und alle Beschränkungen sind selbst auferlegt) und befreist dich eigenmächtig, sodass du wundervolle Dinge empfangen kannst.*

JERRY: Abraham, welche Rolle spielt *Wertschätzung* bei der Gleichung des Erschaffens? Und inwiefern entspricht der Zustand der Wertschätzung dem, was als Haltung der Dankbarkeit bezeichnet wird? Durch Napoleon Hills Buch *Denke nach und werde reich* lernte ich zu entscheiden, was ich will, und mich anschließend darauf auszurichten (oder daran zu denken), bis es ins Sein tritt. Ich setzte mir also Ziele und entwickelte Zeitpläne für ihre Erfüllung. Aber nachdem ich euch begegnet war, wurde mir klar, dass diese grenzenlos wundervollen Dinge, die in mein Leben traten, nicht so sehr Dinge waren, von denen ich gezielt gesagt hätte, ich *will* sie (obwohl das auch oft der Fall war). Im Grunde manifestierten sie sich dadurch, dass ich ihrer Essenz die allergrößte *Wertschätzung* entgegenbrachte.

Beispielsweise kannte ich Esther schon seit Jahren, bevor wir zusammenkamen. Und in all den Jahren habe ich sie mir nie *gewünscht*, obwohl ich so viele Aspekte dessen, was sie war, sehr zu *schätzen* gewusst habe … und dann trat sie (mit all ihren hinreißenden Aspekten) endgültig in mein Leben. Und seht, wie sehr sie die erfreulichen Aspekte meines Lebens durch ihre Gegenwart bereichert hat.

Ich las auch immer wieder die Bücher von Seth und hegte nie den *Wunsch,* ebenfalls einen »Seth« in meinem Leben zu haben. Aber ich wusste die Lehre dieses nichtkörperlichen Wesens sehr zu *schätzen,* und auch Jane Roberts und Robert Butts, die diese Erfahrung ermöglichten. Und nun seid ihr hier, zwar kein »Seth«, doch ihr bringt mit euch die Essenz von allem, was ich an Jane, Rob und Seths phänomenalen metaphysischen Erlebnissen so sehr *schätzte.*

Vor mehr als vierzig Jahren besuchte ich eine Familie in der Nähe von San Francisco, die ihren Lebensunterhalt mit einem sehr einfachen, fast primitiven Versandhandel für Edelsteine bestritt, den sie von zu Hause aus führte. Ich sagte nie, dass ich auch so einen Laden führen *wollte,* doch in meiner *Wertschätzung* erzählte ich Tausenden von Menschen davon. Und eines Tages (vor etwa zwanzig Jahren), als ich auf der Post war, um Bestellungen für Musikkassetten mit den *Lehren Abrahams* abzuholen, begriff ich, dass ich gerade die Essenz dieses Versandhandels erlebte, den ich so sehr *geschätzt* hatte – und nun seht, wie viele Millionen Menschen als Ergebnis der geschäftlichen Aspekte dieser Wertschätzung positiv berührt worden sind!

Ich könnte noch viel mehr auflisten, aber ich will nur noch eine andere Sache nennen: Als Esther und ich nach San Antonio in Texas zogen, fanden wir ein kleines Haus, das wir mieteten und das einen Gemüsegarten hatte, mit Legehennen, einer Ziege, die uns Milch gab, und einem eigenen Brunnen … Auf unseren Spaziergängen überquerten wir die Straße vor dem Haus und gingen dann über eine kleine Flugzeuglandebahn in ein Wäldchen mit großen Zedern und Eichen. Selbst in der Hitze des Sommers konnten wir uns an unseren Spaziergängen erfreuen, indem wir einfach den Wildpfaden folgten, die sich durch das Dickicht der Bäume wanden.

Eines Tages stellten wir fest, dass einer dieser Wildpfade auf eine kleine Wiese zwischen den Eichen führte. Es war dort einfach himmlisch! Das Gras, die Blumen und die allgemeine Atmosphäre lassen sich am besten mit dem Wort »zauberhaft« beschreiben. Esther und ich liebten diesen Wohlfühlort in den Wäldern, und wir suchten ihn oft auf. Wir beschworen Szenarien herauf, wie diese anscheinend uralte, anscheinend natürliche Lichtung entstanden sein könnte und wer sie vielleicht schon vor uns entdeckt und sich an ihr erfreut hatte. Wir fragten uns, warum sie uns so ausnehmend gut gefiel – und wir wussten sie *enorm zu schätzen!* Wir haben *nie* gesagt, dass wir dieses Stück Land *wollten* – wir haben sein Vorhandensein einfach nur zu *schätzen* gewusst.

Fünf oder sechs Jahre später rief uns dann ein Fremder an und sagte, er habe gehört, dass wir nach Bauland suchten, um ein Bürogebäude zu errichten … und zu den sieben Morgen, die er uns anbot, gehörte auch diese kleine versteckte Lichtung. Und nun befindet sich unser Büro direkt auf diesem wunderschönen, bezaubernden Flecken Erde. Aus den sieben Morgen, etwas mehr als 28 000 Quadratmetern, waren bei dem Handel zwanzig Morgen geworden … und eines Tages *bewunderte* ich die herrlichen Eichen auf den angrenzenden zwanzig Morgen Land unseres Nachbarn, und um eine lange, erfreuliche Geschichte kurz zu machen – aus dieser kleinen Wiese sind jetzt vierzig Morgen Land geworden, die durch den Interstate 10 begrenzt werden … mit Flugzeughangar, Hubschrauberlandeplatz und Stall (wir haben kein Flugzeug und auch keine Pferde). *Und das alles entstand nur aus unserer Wertschätzung für diese kleine Wiese in den Wäldern.*

Abraham, würdet ihr euch bitte zu meiner Sichtweise des Gefühls der *Wertschätzung* äußern?

ABRAHAM:

Die Schwingung der wahren Liebe, dieses Gefühl, das du manchmal empfindest, wenn du jemanden siehst und einfach spürst, wie tief ihr einander berührt … Das Gefühl, das du hast, wenn du die Unschuld eines Kindes betrachtest und die Schönheit und Kraft dieses Kindes spürst … *Liebe* und *Wertschätzung* sind identische Schwingungen.

Wertschätzung ist die Schwingung der Harmonie mit <u>Dem-der-du-bist</u>. Sie ist die Abwesenheit von Widerstand. Sie ist die Abwesenheit von Zweifel und Furcht. Sie ist die Abwesenheit von Selbstverleugnung und Hass auf andere. Wertschätzung ist die Abwesenheit von allem, was sich schlecht anfühlt, und die Gegenwart von allem, was sich gut anfühlt. Wenn du dich auf das konzentrierst, was du willst – wenn du die Geschichte erzählst, wie dein Leben aussehen soll –, wirst du zunehmend mehr in die Nähe der Wertschätzung gelangen, und wenn du sie erreichst, wird dich das auf sehr machtvolle Weise zu all den Dingen hinziehen, die du als gut betrachtest.

Aber reden wir jetzt einmal umgekehrt über den Unterschied zwischen, sagen wir, *Dankbarkeit* und *Wertschätzung*. Für viele Menschen sind diese Worte austauschbar, doch wir spüren in ihnen ganz und gar nicht dieselbe Schwingungsessenz, denn wenn du Dankbarkeit empfindest, blickst du dabei oft auf einen Kampf, den du hinter dich gebracht hast. Mit anderen Worten: Du bist froh, dass du diesen Kampf nicht mehr austrägst, aber es ist immer noch etwas von dieser »Kampf«-Schwingung übrig. Ein ähnlicher Unterschied besteht zwischen *Inspiration*, die sich an *Den-der-du-bist* wendet, und *Motivation*, die dich irgendwohin bringen will.

Wertschätzung ist ein Gefühl von Eingestimmtheit, Berührtheit und Geborgenheit. Wertschätzung ist die schwingungsmäßige Harmonie mit »dem, zu dem ich geworden bin«. Der Zustand der Wertschätzung »bin ich, im Einvernehmen mit meinem ganzen Sein«.

Wenn du im Zustand der Wertschätzung bist, siehst du alles durch die Augen der Quelle. Wenn du in diesem Zustand bist, könntest du eine überfüllte Straße entlanggehen, mit allen möglichen Dingen, die vielen Leuten Anlass zur Kritik gäben oder über die sie ihre Besorgnis zum Ausdruck brächten, und du hättest doch keinen Zugang zu ihnen, weil deine Schwingung der Wertschätzung für dich Dinge auswählt, die von einer anderen schwingungsmäßigen Natur sind.

Der Zustand der Wertschätzung ist ein Zustand der göttlichen Ehrfurcht. Im Zustand der Wertschätzung bist du *Der-der-du-wirklich-bist*.

Im Zustand der Wertschätzung zu sein bedeutet, der zu sein, der du am Tag deiner Geburt warst und der du im Moment deines Todes sein wirst, und es wäre (wenn wir in euren physischen Schuhen stecken würden) auch der einzige Zustand, den wir im Leben anstrebten.

Joseph Campbell benutzte das Wort *Glückseligkeit*, und wir finden, das trifft es genau: »Folge deiner Glückseligkeit.« Doch manchmal kann man an dem Ort, an dem man sich befindet, nicht den Hauch von Glückseligkeit finden. Deshalb sagen wir: Wenn du verzweifelt bist, sinne auf Rache: Sie führt *stromabwärts*. Wenn du auf Rache sinnst, folge deinem Hass: Er führt *stromabwärts*. Wenn du zornig bist, folge deiner Frustration: Sie führt *stromabwärts*. Wenn du Hoffnung empfindest, ist die Wertschätzung nicht mehr weit.

Sobald du in der Schwingung der Hoffnung bist, beginne, Listen von Dingen zu machen, die sich gut für dich anfühlen, und fülle deine Notizbücher damit. Mache Listen positiver Aspekte. Mache Listen der Dinge, die du liebst. Geh ins Restaurant und suche dir deine Lieblingsspeisen aus und beklage dich nie über etwas. Suche dir aus, was du am liebsten magst ... Selbst wenn es unter allem nur eines gibt, was du magst, schenke ihm deine ungeteilte Aufmerksamkeit – und nimm es als Vorwand dafür, der zu sein, *der du bist*.

Und während du diese Dinge, die so hell strahlen und dir ein gutes Gefühl bereiten, als Vorwand nimmst, um *Dem-der-du-bist* deine volle Aufmerksamkeit zu schenken, wirst du dich auf *Den-der-du-bist* einstimmen, und die ganze Welt wird sich vor deinen Augen zu transformieren beginnen. *Es ist nicht deine Aufgabe, die Welt für andere zu transformieren – aber es ist deine Aufgabe, sie für <u>dich</u> zu transformieren.* Der Zustand der *Wertschätzung* ist reine Verbundenheit mit der Quelle, in der es keine Wahrnehmung von Mangel gibt.

Meine Arbeitszeit ist
eine Frage der Wahrnehmung

✍ ABRAHAM:

Genauso wie sich viele auf *Geldmangel* ausrichten, richten sich auch viele auf *Zeitnot* aus, und oft sind diese beiden Themen des Mangels so miteinander verwoben, dass sie einander negativ aufschaukeln. Gewöhnlich besteht der Grund für diese schädliche Paarung mangelbehafteter Themen in dem Gefühl, dass einfach nicht genug Zeit ist, um alles Erforderliche zu tun, damit sich Erfolg einstellt.

Der Hauptgrund, warum die Zeit den Menschen dermaßen knapp erscheint, ist der, dass sie ihre Handlungen so effektiv wie möglich gestalten wollen. Wenn du dir der Macht der Harmonie nicht bewusst bist und keine oder nur wenige Anstrengungen unternimmst, um deine persönliche Harmonie zu erreichen – wenn du überwältigt wirst oder zornig bist oder gereizt und voller Groll und dann aus dieser emotionalen Sicht heraus handelst, um etwas zu erreichen –, wirst du sehr wahrscheinlich in gewaltige Zeitnot geraten.

Es gibt einfach nicht genug Handlungen auf der Welt, um energetische Disharmonie auszugleichen, aber wenn du darauf achtest, wie du dich fühlst, und dich erst um dein Schwingungsgleichgewicht kümmerst, dann erlebst du etwas, was sich wie ein kooperierendes Universum anfühlt, das dir anscheinend überall die Türen öffnet. Die körperliche *Anstrengung*, die jemand aufwendet, der sich in Harmonie befindet, beträgt nur einen Bruchteil von der, die jemand benötigt, der nicht in Harmonie ist. Die *Ergebnisse*, die jemand erzielt, der sich in Harmonie befindet, sind riesig im Vergleich mit denen, die jemand erzielt, der nicht in Harmonie ist.

Wenn du Zeitnot oder Geldmangel erlebst, solltest du dich auf Gedanken ausrichten, die sich besser anfühlen, lange Listen positiver Aspekte machen, nach Gründen suchen, dich gut zu fühlen, und mehr Dinge tun, die dir ein gutes Gefühl bereiten. Wenn du dir die Zeit nimmst, dich besser zu fühlen, positive Aspekte zu finden und dich mit Dem-der-du-wirklich-bist in Harmonie zu bringen, wird das zu hervorragenden Ergebnissen führen und dir helfen, deine Zeit sehr viel effektiver zu nutzen.

Zeitnot ist nicht dein Problem. Geldmangel ist nicht dein Problem. Alle Mangelgefühle, die du erlebst, haben gemeinsam, dass die Verbundenheit mit der Energie, die Welten erschafft, eingeschränkt ist. Diese Leere oder Knappheit kann nur durch eines gefüllt werden: die Verbundenheit der Quelle und Harmonie mit Dem-der-du-wirklich-bist.

Zeit ist eine Frage der Wahrnehmung, und auch wenn die Uhr für alle Menschen gleich geht, beeinflusst deine Harmonie doch deine Wahrnehmung sowie die Ergebnisse, die du zulässt. Nimmst du dir die Zeit, dein Leben so zu visualisieren, wie du es gern hättest, dann trittst du mit einer Macht in Kontakt, die dir nicht zur Verfügung steht, wenn du dich auf die Probleme deines Lebens konzentrierst.

Wenn du dir den großen Unterschied ansiehst, der zwischen dem Aufwand, den die Menschen betreiben, und den Ergebnissen, die sie erzielen, besteht, musst du zu dem Schluss kommen, dass an der Gleichung des Erfolgs mehr beteiligt ist als bloßes Handeln. Der Unterschied besteht darin, dass manche durch die machtvolle Wirkung der Harmonie Nutzen aus ihren Gedanken ziehen – während andere diese machtvolle Wirkung gerade durch ihre Gedanken verhindern.

Stell dir vor, du läufst eine Meile weit, und auf dieser Meile musst du zweitausend Türen passieren. Stell dir vor, du musst jede selbst öffnen, wenn du sie erreichst, um hindurchlaufen zu können. Nun stell dir vor, du läufst diese Meile, und immer wenn du dich einer Tür näherst, wird sie für dich geöffnet, sodass du dein Tempo beibehalten kannst und nicht vor jeder Tür langsamer zu werden brauchst. *Wenn du mit der Energie, die Welten erschafft, in Harmonie bist, musst du nicht länger verlangsamen und die Türen öffnen. Deine energetische Harmonie erlaubt dir dann, dass die Dinge sich vor dir aufreihen, und die Handlungen, die du tätigst, sind nur noch ein Ausdruck deiner Freude, wenn du diese Harmonie, die du herbeigeführt hast, nutzt.*

Sollte ich mich bemühen, härter zu arbeiten?

✍ ABRAHAM:

Du bist ein machtvoller Schöpfer, der mit dem Wissen in diese herausfordernde Umgebung kam, dass er durch die Macht seines Denkens erschaffen kann, einfach indem er seine Aufmerksamkeit auf das richtet, was er will. Du hattest nicht die Absicht, dich bei diesen Schöpfungen auf dein Handeln zu verlassen.

Es mag eine Weile dauern, sich auf das Wissen einzustellen, dass du durch dein Denken erschaffst, nicht durch dein Handeln – aber wir können den Wert, so an die Dinge zu denken und von ihnen zu sprechen, wie du sie gern hättest, statt so, wie sie sind, gar nicht hoch genug ansetzen. *Sobald du die Macht deiner Gedanken verstehst und dieses mächtige Werkzeug bewusst auf die Dinge ausrichtest, die du dir wünschst, wirst du feststellen, dass der Handlungsbereich deines Lebens dir lediglich dazu dient, dich an dem zu erfreuen, was du kraft deines Denkens erschaffen hast.*

Wenn du schwingungsmäßige Harmonie erlangst (was bedeutet, dass deine Gedanken dir angenehm sind) und die Eingebung hast, zu handeln, hast du das Beste aus beiden Welten gemacht. Dein Handeln fühlt sich dann mühelos an, wenn du auf die Schwingungsfrequenz der Quelle eingestimmt bist, und du fühlst dich inspiriert. Diese Ergebnisse sind immer angenehm. Aber zu handeln, ohne sich erst um schwingungsmäßige Harmonie zu bemühen, ist harte und ergebnislose Arbeit, die mit der Zeit zermürbt.

Die meisten sind so sehr damit beschäftigt, sich um dringende Angelegenheiten zu kümmern, dass sie nicht die Zeit finden, sich um das Wichtige zu kümmern. Viele erzählen uns, dass sie so sehr damit beschäftigt sind, Geld zu verdienen, dass sie sich gar nicht daran erfreuen können ... denn wenn du dich beim Erschaffen auf dein Handeln verlässt, bist du oft zu erschöpft, um noch Freude an deiner Schöpfung zu haben.

FRAGE: Meine Arbeit ist ein Abenteuer, und sie bereitet mir wirklich Freude. Aber wenn ich Geld und Einkommen mit meiner Arbeit verbinde, spannt sich alles in mir an, was mich der Freude daran beraubt. Passt das einfach nicht zueinander?

🖎 ABRAHAM:

Das hören wir sehr oft von Menschen, die mit Musik oder Kunst zu tun haben, die sie lieben, doch wenn sie beschließen, diese Sache, die sie lieben, zu ihrer Haupteinkommensquelle zu machen, müssen sie oft nicht nur darum kämpfen, genug Geld zu verdienen, sondern ihre frühere Freude daran lässt auch nach.

Die meisten Menschen haben eine ziemlich negative Einstellung zu Geld, einfach weil sie öfter davon sprechen, was sie sich *nicht* leisten können oder dass sie *nicht* genug Geld haben, als vom *Nutzen* des Geldes. Außerdem verbringen die meisten Menschen viel mehr Zeit damit, darüber nachzudenken, was gerade in ihrer Erfahrung geschieht, statt damit, was ihrer Vorstellung nach geschehen *sollte*, und so betrachten die meisten Menschen, ohne dass es eigentlich ihre Absicht ist, Geld als etwas, was fehlt.

Wenn du dann also die Vorstellung von etwas, was dir Freude bereitet – ein Abenteuer, deine Musik oder deine Kunst –, mit etwas verbindest, von dem du schon lange den Eindruck hast, dass es dir fehlt (Geld), neigt sich die Waagschale deines Denkens in Richtung des vorherrschenden Gefühls.

Wenn du anfängst, mehr Zeit mit dem Visualisieren dessen zu verbringen, was du dir wünschst, und weniger Zeit mit dem Beobachten von *Dem-was-ist*, und wenn du dich dann noch darin übst, eine positivere Geschichte zu erzählen, die sich besser anfühlt, wird das *Abenteuer* mit der Zeit die vorherrschende Schwingung in dir werden, und wenn du es dann mit deinem Wunsch nach Einkünften verbindest, werden die beiden sich perfekt vermischen und einander verstärken.

Es gibt keinen besseren Weg, Geld zu verdienen, als das zu tun, was man liebt. Geld kann auf unzählig vielen Wegen in deine Erfahrung flie-

ßen. *Es ist nicht die Wahl deines Handwerks, die das Geld am Fließen hindert – sondern lediglich deine Einstellung zum Geld.*

Deshalb öffnen sich ständig so viele Marktnischen, und Menschen werden sehr reich durch Ideen, die noch vor Kurzem überhaupt keine Wachstumschance gehabt hätten. Du bist der Schöpfer deiner Realität, und du bist auch der Schöpfer deiner Unternehmungen und deines Geldflusses.

Es ist nicht korrekt, manche Tätigkeiten als <u>harte</u> Arbeit und andere als <u>leicht</u> verdientes Geld zu bezeichnen, denn alles, was in Harmonie mit dem ist, was du willst, geschieht mühelos und fließend, während alles, was nicht in Harmonie mit dem ist, was du willst, schwerer fällt und mehr Widerstand entgegenbringt.

Immer wenn das, was du tust, sich wie ein Kampf anfühlt, muss dir klar sein, dass dein widersprüchliches Denken einen Widerstand in die Gleichung einführt. Der Widerstand wird dadurch verursacht, dass du an etwas denkst, was du nicht willst, und das erschöpft dich so sehr.

Ein Beispiel für meine »alte« Geschichte über meine Karriere

Ich habe in jedem Job, den ich hatte, immer schwer geschuftet, aber es wurde eigentlich nie so richtig gewürdigt. Irgendwie glaube ich, meine Arbeitgeber haben mich immer ausgenutzt und alles aus mir herausgeholt, was sie nur konnten, und mir so wenig wie möglich zurückgegeben. Ich habe es satt, für so wenig Geld so schwer zu schuften. Ich werde mich künftig auch zurückhalten – zwecklos, mich auszupowern, wenn das doch keiner zu würdigen weiß. Viele meiner Kollegen wissen weniger als ich, arbeiten weniger als ich und machen mehr Geld als ich. Das ist einfach ungerecht.

Ein Beispiel für meine »neue« Geschichte über meine Karriere

Ich weiß, dass ich nicht immer hier an diesem Ort sein und dieselbe Arbeit verrichten werde. Es gefällt mir, zu wissen, dass sich alles ständig entwickelt, und es macht Spaß, sich vorzustellen, wohin mich mein Weg führt. Auch wenn es an diesem Ort vieles gibt, was besser sein könnte, so ist das doch kein Problem, weil der Ort,»an dem ich bin«, sich ständig verbessert. Es gefällt mir, zu wissen, dass in dem Maße, wie ich hier nach den besten Dingen suche, diese Dinge in meiner Erfahrung immer vorherrschender werden. Es macht Spaß, zu wissen, dass sich für mich immer alles zum Guten wendet und ich auf Hinweise darauf achten kann ... und jeden Tag entdecke ich mehr solcher Hinweise.

✍ ABRAHAM:

Es gibt keine richtige oder falsche Art, deine verbesserte Geschichte zu erzählen. Sie kann von deinen vergangenen Erfahrungen handeln, von deinen gegenwärtigen oder von deinen künftigen Erfahrungen. Das einzig wichtige Kriterium ist, dass du bewusst eine Geschichte erzählst, mit der du dich besser fühlst, eine verbesserte Version deiner Geschichte. Wenn du jeden Tag viele kleine Geschichten erzählst, die dir ein besseres Gefühl bereiten, ändert das deinen Ort der Anziehung. Denke nur daran, dass die Geschichte, die *du* erzählst, die Grundlage *deines* Lebens ist. Erzähle sie also so, wie *du* sie haben willst.

Es wird Zeit,
eine neue Geschichte zu erzählen

Meine alte Geschichte handelt …

… von Dingen, die schiefgegangen sind.

… von Dingen, die nicht so sind, wie ich sie haben will oder wie ich finde, dass sie sein sollten.

… von anderen, die mich im Stich gelassen haben.

… von anderen, die nicht ehrlich mit mir waren.

… von zu wenig Geld.

… von zu wenig Zeit.

… davon, wie die Dinge normalerweise sind.

… davon, wie die Dinge mein Leben lang waren.

… davon, wie die Dinge in letzter Zeit liefen.

… von Ungerechtigkeiten, die ich in der Welt sehe.

… von anderen, die einfach nicht verstehen.

… von anderen, die sich keine Mühe geben.

… von anderen, die zwar was draufhaben, sich aber nicht einbringen.

… davon, wie unzufrieden ich mit meinem Äußeren bin.

… von der Sorge um meine physische Gesundheit.

… von Menschen, die andere ausnutzen.

… von Menschen, die mich kontrollieren wollen.

Meine neue Geschichte handelt …

… von den positiven Aspekten meines momentanen
Gegenstands der Aufmerksamkeit.

… davon, wie ich die Dinge wirklich haben will.

… davon, wie gut alles läuft.

… davon, dass in Wahrheit das *Gesetz der Anziehung*
alles am Laufen hält.

… von der Fülle, die reichlich fließt.

… davon, dass Zeit endlos und eine Frage
der Wahrnehmung ist.

… von den besten Dingen, die ich sehe.

… von meinen Lieblingserinnerungen.

… vom offensichtlichen Wachstum meines Lebens.

… von den erstaunlichen, interessanten und
wundervollen Aspekten meiner Welt.

… von der unglaublichen Vielfalt, die mich umgibt.

… von der Bereitschaft und Effektivität so vieler Menschen.

… von der Macht meiner Gedanken.

… von den positiven Aspekten meines Körpers.

… von der stabilen Grundlage meines physischen Körpers.

… davon, wie wir alle unsere eigene Realität erschaffen.

… von meiner absoluten Freiheit und davon, wie froh ich
darüber bin und wie bewusst ich mir dessen bin.

✎ ABRAHAM:

Jeder einzelne Bestandteil, der deine Lebenserfahrung ausmacht, wird als Antwort auf die Gedanken, die du hast, und die Geschichte, die du über dein Leben erzählst, kraft des machtvollen *Gesetzes der Anziehung* von dir angezogen. Dein Geld und dein Vermögen, dein körperlicher Zustand der Gesundheit, Klarheit, Geschmeidigkeit, Größe und Form, dein Arbeitsumfeld und wie du behandelt wirst, wie zufrieden du mit deiner Arbeit bist, dein Lohn – ja, sogar das Glück deiner Lebenserfahrung im Allgemeinen –, das alles ist so und nicht anders aufgrund der Geschichte, die du erzählst. *Wenn du erlaubst, dass deine vorherrschende Absicht die ist, den Inhalt der Geschichte deines Lebens, die du jeden Tag erzählst, zu überarbeiten und zu verbessern, versprechen wir dir hoch und heilig, dass dein Leben zu dieser sich ständig verbessernden Geschichte wird. Denn kraft des machtvollen Gesetzes der Anziehung muss es so sein!*

Abraham live:

ein Workshop über das

GESETZ DER ANZIEHUNG

(Dieser Workshop über das *Gesetz der Anziehung* wurde am 29. September 2007 in Boston, Massachusetts, abgehalten. Es gibt ihn auch auf CD. Die folgende Abschrift wurde der besseren Lesbarkeit wegen geringfügig verändert. Wenn Sie sich für unsere Bänder, CDs, Bücher, Videos, Kataloge oder DVDs interessieren oder einen Platz bei einem Abraham-Hicks-Workshop über das *Gesetz der Anziehung* buchen möchten, wählen Sie bitte [830] 755–2299 oder schreiben Sie an Abraham-Hicks Publications, P. O. Box 690070, San Antonio, Texas, 78269. Einen sofortigen Überblick über unsere Arbeit bietet Ihnen unsere interaktive Website www.abraham-hicks.com.)

Steht ihr mit uns in Resonanz?

Guten Morgen. Wir sind sehr erfreut, dass ihr hier seid. Es fühlt sich gut an, zum Zweck des gemeinsamen Erschaffens zusammenzukommen, findet ihr nicht auch? Wisst ihr, was ihr wollt? Wirklich? Nun, wir glauben, dass ihr das bis zu einem gewissen Grad glaubt. Zu wissen, was man *nicht* will, hilft einem zu wissen, was man *will*, nicht wahr?

Drücken wir es einmal anders aus: Glaubt ihr, dass ihr mit euren Wünschen in Resonanz steht? Tatsächlich? Nun, wir wollen euch verraten, wie ihr herausfinden könnt, ob ihr mit euren Wünschen in Resonanz steht. Ihr lebt sie. Wenn ihr mit dem, was ihr wollt, in Resonanz steht, lebt ihr es. Wenn ihr aufgrund dessen, was das Leben euch beibrachte, vorzugsweise mit *Geld* in Resonanz steht ... damit, welches zu haben, es auszugeben und in seinen Besitz zu gelangen ..., fließt es in eure Erfahrung und wieder hinaus, wieder hinein und wieder hinaus, wieder hinein und wieder hinaus. Wenn ihr in Resonanz damit steht, dass ihr schon ein Leben lang an eurer *Beziehung* arbeitet, lebt ihr auch das.

Schön, das war eine Fangfrage (nehmt es uns nicht übel), denn die meisten unserer physischen Freunde glauben, dass es bei unserer Frage »Weißt du eigentlich, was du willst?« im Grunde um die Seite der Waagschale geht, auf der die noch nicht manifestierten Dinge zu finden sind. Mit anderen Worten: *Ich will es immer noch.*

Eine Frau sagte einmal zu uns, als wir versuchten, ihre Aufmerksamkeit auf das Positive zu lenken, und eine Liste positiver Dinge für sie erstellten, an die sie denken konnte: »Ach, Abraham, das will ich doch alles gar nicht; das habe ich doch schon.« Und in Wahrheit meinte sie damit: »Ich will das, was noch nicht geschehen ist.«

Wir wollen euch helfen, einen bestimmten Zusammenhang zu erkennen: Wenn ihr etwas wollt, was noch nicht ins Sein getreten ist (was es in eurer Erfahrung noch nicht gibt, dessen Abwesenheit ihr lebt und weswegen ihr vor allem eine negative Emotion verspürt, etwa Frustration darüber, wie lange das alles dauert, oder Enttäuschung, weil es euch entgangen ist, während ein anderer es schon lebt), ist das ein starker Hinweis darauf, dass ihr es durch die Schwingungsfrequenz, die ihr regelmäßig ausstrahlt (ihr könntet es auch ein chronisches Schwingungsmuster nennen, das ihr aussendet, denn um nichts anderes handelt es sich beim *Glauben),* in einer Art Schwebezustand haltet, bei dem sich die Distanz zwischen dem Ort, an dem ihr euch befindet, und dem Standort dieser Sache nicht verringert. Kurzum: Deshalb erleben so viele Menschen so lange immer wieder dieselbe Situation.

Kennt ihr solche Menschen nicht auch – die eine schlechte Beziehung führen und sich jedes Mal, wenn ihr euch begegnet, darüber beklagen, und dann endet die Beziehung, weil sie endlich genug davon haben und diese Tür für immer schließen ... und ehe ihr euch verseht, erzählen sie euch von einer neuen Beziehung, und schon beklagen sie sich auch über diese?

Und wenn ihr euch so etwas überhaupt merkt, wenn ihr überhaupt auf so etwas achtet (vielleicht reden wir ja auch von *dir*?), dann dürfte euch aufgefallen sein, dass unterschiedliche Gesichter und unterschiedliche Orte durch ihre Erfahrungen ziehen, sich sonst aber nicht viel bei ihnen ändert. [Lachen] Sie verabreden sich immer wieder mit derselben Person. Sie ziehen immer wieder in dasselbe Viertel, zu denselben Nachbarn und leben mit den gleichen Problemen in den gleichen Häusern.

Jerry sagte einmal zu Esther:»Du hast immer noch dieses Ding mit dem Parkett laufen, nicht wahr?«, als es ein Problem nach dem anderen mit dem Parkettboden gab.

Und Esther sagte:»Das Parkett ist mir wichtig.«

Worauf Jerry antwortete:»Anscheinend. Wenn du nicht daran denken würdest, hätten wir bereits das *perfekte* Parkett.« [Lachen]

Ihr habt diese Denkmuster, und das *Gesetz der Anziehung* hilft euch, euren Glauben aufrechtzuerhalten. (Ein Glaube ist nur ein Gedanke, den ihr immer wieder denkt.) Und so habt ihr schon früh in eurer Erfahrung dadurch, dass ihr dem Leben ausgesetzt wart, bestimmte Denkmuster zu entwickeln begonnen. Manchmal haben andere sie euch zaghaft beigebracht. Manchmal entstanden sie auch dadurch, dass euch etwas, was ihr gesehen habt, worüber ihr dann spracht und was ihr in Erinnerung behieltet, neuerlich angezogen hat.

Anders ausgedrückt: Das Leben hier ist ziemlich interessant, nicht wahr? Ihr könnt nicht lange über etwas reden, ohne dass es sich in eurer Lebenserfahrung reproduziert. Und dadurch entstehen bei euch jene Muster, die ihr *Wahrheiten* nennt. Ihr sagt:»Erst war ich mir nicht sicher, dann dachte ich eine Weile darüber nach. Und kaum hatte ich meine Aufmerksamkeit darauf gerichtet, sah ich überall Hinweise darauf. Und jetzt *glaube* ich es. Und da ich es glaube, manifestiert es sich in meiner Erfahrung.«

Und wir sind der Meinung, dass das einfach wundervoll ist, oder nicht? ... Wenn es Dinge sind, die ihr wollt. Aber wenn ihr Denkmuster in Bezug auf Dinge wiederholt, die ihr *nicht* wollt – und darin seid ihr wirklich sehr, sehr gut –, habt ihr dafür diese Theorie des Massenbewusstseins, die ungefähr so geht: Wenn wir unsere Geschichte nicht hinausposaunen, werden wir sie garantiert wiederholen.

Und wir sagen euch, das Gegenteil davon ist wahr: Je mehr ihr eine Geschichte hinausposaunt, desto stärker aktiviert ihr deren Essenz in eurer Schwingung. Je stärker deren Essenz in eurer Schwingung aktiviert ist, desto eher führt euch das *Gesetz der Anziehung* mit etwas Gleichartigem zusammen. Und je eher das *Gesetz der Anziehung* euch mit etwas Gleichartigem zusammenführt, desto mehr solcher Dinge fallen euch auf. Und je mehr solcher Dinge euch auffallen, desto öfter redet ihr davon. Und je öfter ihr davon redet und es euch auffällt, desto mehr posaunt ihr diese Geschichte hinaus und desto stärker sendet ihr diese Schwingung aus.

Je stärker ihr diese Schwingung aussendet, desto öfter tritt das Ge-
setz der Anziehung damit in Resonanz. Je öfter das Gesetz der Anzie-
hung damit in Resonanz tritt, je mehr ihr diese Schwingung lebt, je mehr
ihr über sie redet und sie hinausposaunt, je stärker ihr sie aussendet ...
Ja, je stärker ihr diese Schwingung aussendet, desto mehr richtet das
Gesetz der Anziehung euch darauf aus. Je mehr das Gesetz der Anzie-
hung euch darauf ausrichtet, desto stärker nehmt ihr diese Schwingung
wahr. Je stärker ihr diese wahrnehmt, desto öfter redet ihr über sie. Je
öfter ihr über sie redet, desto stärker sendet ihr sie aus. Je stärker ihr
diese Schwingung aussendet, desto mehr richtet das Gesetz der An-
ziehung euch darauf aus. Je mehr das Gesetz der Anziehung euch da-
rauf ausrichtet ... So könnten wir ewig weitermachen. [Lachen] Eure Le-
benserfahrung beweist es euch: Ihr könnt nicht immer wieder dieselbe
Geschichte erzählen, ohne weiter in denselben Umständen zu leben.

Darum diese Beweisführung – wir nennen das *die Kunst, eine andere Geschichte zu erzählen.* Die Kunst, die Geschichte so zu erzählen, wie ihr sie durch euren Lebensweg aufgefasst habt – und diese Geschichte dabei mit euren Worten zu erzählen, aus eurer Sicht, mit euren Erwartungen, eurer Schwingung. Dann, wenn das *Gesetz der Anziehung* auf das *bewusste* gedankliche Angebot reagiert, bekommt ihr das, was ihr wollt, und nicht mehr das, was ihr *seht.*

Ihr seid schwingende Quellenergie

Es ist so interessant, unseren vielen Freunden unter den Menschen zuzuhören, die uns erzählen, dass sie über etwas reden, weil es »wahr« ist. Und wir antworten dann, dass das wirklich eine armselige Entschuldigung ist, weil so vieles wahr ist. *Wahr* heißt nur, dass jemand einer Sache seine Aufmerksamkeit geschenkt hat, ihm seine Schwingung entgegengebracht hat, und dass das *Gesetz der Anziehung* es ihm dann zuführte. Als das *Gesetz der Anziehung* es ihm zuführte, sah er es. Als er es sah, brachte er ihm seine Schwingung entgegen – ach, das sagten wir ja schon. [Lachen] Etwas ist nur deshalb wahr, in wessen Erfahrung auch immer, weil jemand eine entsprechende Schwingung ausgesandt hat.

Du bist der Schöpfer deiner Lebenserfahrung, ob du es weißt oder nicht – also kannst du auch gleich *bewusst* erschaffen. Du kannst deine Schwingung nicht abschalten. Du sendest immer eine Schwingung aus, und das *Gesetz der Anziehung* reagiert immer auf deine Schwingung, also kannst du sie auch gleich *bewusst* aussenden.

Viele verkünden: »Gut, ich *tu's.* Ich sende sie bewusst aus, weil ich mir dessen, was ich *nicht* will, so bewusst bin und weil ich hartnäckig dafür sorge, dass dieses Unerwünschte nicht in meine Erfahrung gelangt. Und ich will dir die Liste der Dinge, die ich *nicht* will, einmal nennen, damit du sicher sein kannst, dass keines dieser unerwünschten Dinge jemals zu mir gelangt. Es ist eine sehr lange Liste. Ich arbeite schon mein ganzes Leben daran und bin darin inzwischen richtig gut. [Lachen] Ich kann sie auch gut vortragen. Ich kann dich zum Lachen bringen, während ich die Probleme in meiner Lebenserfahrung für dich wiederhole. Damit unterhalte ich die Menschen bereits seit Jahren. [Lachen] Also lehne dich zurück und genieße meine Erklärung dafür, warum mein Leben nicht so verläuft, wie ich es gern hätte. Und wenn ich diese Geschichte noch einmal erzählt habe (das habe ich schon Hunderte von Malen getan), werde ich das *Gesetz der Anziehung* bitten, mich laut und deutlich zu vernehmen und mir genau das Gegenteil davon zu bringen.«

Und wir sagen dazu: Das *Gesetz der Anziehung* ist enorm fair. Es wird deine Schwingung immer reproduzieren. Wir wollen, dass du stets in Erinnerung behältst, dass du die Schwingung, die du gerade aussendest – dein Schwingungsgleichgewicht, deine innere Harmonie, deinen Ort der Anziehung, das, was in dir auf Resonanz trifft, immer am besten daran erkennst, wie du dich *fühlst*.

Wie du dich fühlst, das zeigt dein Schwingungsgleichgewicht an. Und zwar aus folgendem Grund: Du bist Quellenergie in einem physischen Körper, viele von euch wissen das. Ihr redet über Gott, ihr redet über die *Quelle*, ihr redet über *Seelen*, ihr redet über den *Himmel* und die *Engel*, ihr versucht euch sogar die Ewigkeiten *Dessen-der-du-bist* vorzustellen. Viele von euch glaubten bereits, lange bevor sie uns kennenlernten, dass es vor diesem Körper schon ein Leben gab (und ihr hofft, dass es auch nach diesem Körper noch eines gibt). Und ihr sollt wissen, dass das meiste von dem, was ihr denkt, ziemlich wirres Zeug ist. [Lachen]

Ihr sollt wissen, dass ihr ein Ewiges Wesen seid. Aber ihr seid weder tot noch lebendig. Ihr seid nicht erst ein Engel und dann ein Sterblicher. Ihr seid nicht in einem Moment in der Quelle und im nächsten hier und außerhalb davon.

Ihr seid immer Quellenergie; meistens seid ihr Schwingung, und dieses körperliche Wesen, als das ihr euch kennt, und all die physischen Fallen, die euch umgeben, sind Interpretationen der Schwingung, die ihr in dieser wundervollen Welt, in der ihr lebt, geschaffen habt.

Ihr seid hier als Speerspitze des Denkens, auf euren physischen Körper konzentriert. Und es ist großartig, dass ihr hier seid. Aber wir wünschen uns so sehr von euch, zu erkennen, dass ihr nicht *ganz und gar* in diesen physischen Körper hineingeboren wurdet. Und mit *ganz und gar* meinen wir nicht die sogenannte Masse, mit *ganz und gar* meinen wir *vollständig*. Der größte Teil von euch wird immer stabil, nichtkörperlich, rein und positiv sein, mit göttlicher Macht und Liebesenergie versehen, ein Bestandteil der Quelle. Das ist *Was-ihr-seid*, und ein Teil dieses Bewusstseins ist hier in diesen physischen Körper projiziert.

So wie ihr heute nicht vollständig als *Die-die-ihr-seid* in diesen physischen Körpern an diesem Workshop teilnehmt – ihr seid auch noch Mutter oder Vater, Schwester oder Bruder, Chef oder Angestellter –, so hat euer Leben zahlreiche Aspekte, die nicht hier und jetzt stattfinden, während ihr auf uns ausgerichtet seid. Deshalb sollt ihr verstehen, dass buchstäblich der größere Teil von euch nichtkörperlich ausgerichtet ist und den Nutzen daraus zieht, dass ihr euch hier in diesem physischen Körper befindet.

Alles war Gedankenschwingung

Versteht ihr, dass ihr Quellenergie wart, bevor ihr in diesen Körper kamt? Könnt ihr unserem Gedanken folgen, dass dieser Quellenergie-Anteil von euch noch immer im Nichtkörperlichen verankert ist? So wie Elektrizität die Mauern eurer Häuser durchdringt, wodurch ihr Brot toasten könnt, wenn ihr den Toaster einstöpselt. Vielleicht fragt jemand: »Warum ist Elektrizität nicht der Toaster?« Worauf wir antworten, weil Elektrizität eben Elektrizität ist und ein Toaster ein Toaster. Euer Quellenergie-Anteil ist euer Quellenergie-Anteil – der körperliche Anteil von euch der »Toaster«. Aber alles wirkt zusammen, weil ihr hier in eurem physischen Ausdruck auf Forschungsreise seid. Ihr bildet die Speerspitze. Ihr führt etwas Größeres an, und die Quelle in euch sagt: »Wir sind einverstanden, und wir stehen damit schwingungsmäßig in Resonanz.«

Ihr müsstet einen ziemlich großen Schritt zurücktreten, um zu begreifen, was wir über die Erschaffung der Dinge wissen – über die Erschaffung eures Planeten und die Erschaffung dessen, was ihr das *Leben auf dem Planeten Erde* nennt –, aber ihr sollt wissen, dass alles, was existiert und was ihr Manifestation nennt (alles Feste und Physische, das ihr mit euren körperlichen Sinnen wahrnehmen könnt) ... dass jedes bisschen davon ursprünglich Schwingung war. *Alles war erst Gedanke und wurde dann schwingungsmäßiges Denken, das länger anhielt, bis es nach und nach, als ihm genug Aufmerksamkeit geschenkt wurde, Gestalt und Form annahm.*

Ihr seid euch der Realität, die ihr lebt, so sicher, während ihr eure Umwelt wahrnehmt und hinsichtlich ihres Zustandes übereinstimmt, dass ihr euch darauf verständigt habt, eure Raum-Zeit-Realität ganz selbstverständlich zu unterteilen. Ihr sagt:»Wir sehen dieses Zimmer, und wenn wir es ausmessen, sind wir uns einig, wie groß es ist. Wir kennen uns mit Quadratmetern aus. Wir kennen uns mit Maßeinheiten aus. Wir kennen uns mit Abständen aus. Die meisten von uns sind sich in Bezug auf Farben einig. Wir stimmen in so vielen Dingen überein, weil wir uns unserer körperlichen Sinne bedienen, um Schwingung zu entschlüsseln.«

Und was wir euch klarmachen wollen (wir wissen, dass das nicht ganz einfach ist, weil die Realität eurer physischen Umgebung sich so stabil und beständig anfühlt, so statisch und so real), ist Folgendes: *Alles ist Schwingung und wird von euch, die ihr sie wahrnehmt, interpretiert.*

Was ihr mit euren Augen seht, ist nur eine Interpretation von Schwingung. Was ihr mit euren Ohren hört und selbst das, was ihr riecht und schmeckt und ertastet, sind nichts als Interpretationen von Schwingung. Und weil ihr das schon so lange macht und darin mit so vielen übereinstimmt, besitzt ihr diese statische Realität, die eine wundervolle Plattform darstellt, auf der ihr stabil steht. Aber ihr sollt verstehen, dass diese *Realität*, die ihr für so stabil und fest haltet, gar nicht statisch ist – sie verändert sich ständig. Sie verändert und verwandelt sich in dem Maße, in dem ihr es ihr in eurer Körperlichkeit *erlaubt*.

Wir wollen euch einen Eindruck davon vermitteln, wie eure physische Welt durch die Augen der Quelle aussieht. Wenn ihr eure Welt nämlich durch die Augen der Quelle zu sehen beginnt, verwirrt euch das, haltet ihr die andere Wange hin, zieht ihr eure Aufmerksamkeit von den Aspekten eures Planeten und des Lebens auf diesem Planeten ab, die ihr nicht vermehren, wiederholen und euren Kindern beibringen wollt ... und wendet stattdessen eure Aufmerksamkeit den Aspekten zu, die ihr in eurer Schwingung halten wollt, von denen ihr *wollt*, dass das *Gesetz der Anziehung* darauf reagiert.

Nun, über die Reaktion des *Gesetzes der Anziehung* braucht ihr euch keine Sorgen zu machen. Das <u>*Gesetz der Anziehung*</u> ist immer aktiv. *Es ist immer eingeschaltet – und das heißt, dass es auf alles, was ihr schwingungsmäßig aussendet, reagiert.* Aber den meisten von euch ist nicht bewusst, dass das *Gesetz der Anziehung* auf zwei Aspekte eures Seins reagiert: *Da gibt es einmal euren nichtkörperlichen Anteil*, der, wie wir euch schon erklärten, immer auf das Nichtkörperliche ausgerichtet ist (und könnt ihr euch vorstellen, wie lange das bereits so geht?). *Und da gibt es den körperlichen Anteil, der schon ebenso lange existiert wie euer körperliches Selbst – was gar nicht besonders lange ist.*

Es gibt also den *einen* Teil von euch, auf den das *Gesetz der Anziehung* reagiert, und den <u>*anderen*</u> Teil, auf den das *Gesetz der Anziehung* reagiert. Und ihr sollt verstehen, dass der größere Teil von euch der dominierende Teil ist, denn das *Gesetz der Anziehung* reagiert nicht nur darauf, wer ihr vor eurer Geburt wart, sondern als Ergebnis dessen, dass ihr euch hier in diesem physischen Körper befindet, auch darauf, *wer ihr wirklich seid.* Könnt ihr euch vorstellen, dass diese Lebenserfahrung bewirkt, dass der größere Teil von euch sich ausdehnt und entsteht? Wisst ihr, dass ihr auf diese Weise überhaupt erst in die Welt gekommen seid?

Die Menschen erzählen eine absolut irrationale Geschichte, die ungefähr so geht:»Die Quelle ist unvollkommen, und ich wurde hierher geschickt, um herauszufinden, wie man vollkommen wird. Darum hat die Quelle *Gesetze* für mich erlassen, die ich lernen muss, und ich werde sie lernen, und ich werde mich nach Kräften bemühen, und ich werde nach der Vollkommenheit streben, die die Quelle erlangt hat.« Und ihr sollt verstehen, dass *diese Quelle, von der ihr redet, stets in euch ist. Ihr könnt euch nicht von ihr entfernen. Ihr könnt euch ganz gut abklemmen, doch die Quelle, die in euch verborgen ist, bleibt auch immer in euch, und an euren Gefühlen könnt ihr erkennen, in welchem Maß eure Gedanken gerade die Fülle der Quelle zulassen.*

Wenn ihr für euch oder eine andere Person *Liebe* empfindet, steht ihr mit der Quelle in euch vollkommen in Resonanz. Wenn ihr auf euch oder eine andere Person *Hass* empfindet oder *Zorn*, seid ihr weit davon entfernt, mit eurer Quelle in Resonanz zu stehen – und dann nehmt ihr die schwingungsmäßige Diskrepanz zwischen dem, der ihr euch erlaubt zu sein, und *Dem-der-ihr-wirklich-seid* als negative Emotion wahr. Eine *negative Emotion*, gleich welchen Ausmaßes, bedeutet immer, dass ihr euch in dem Ausmaß, das diese Emotion annimmt, von der Fülle *Dessen-der-ihr-seid* entfernt.

Wenn ihr euch gestattet, dem Verlangen, das die Quelle in euch hervorbringt, in eurer physischen Menschengestalt Ausdruck zu verleihen, spürt ihr *Leidenschaft*, spürt ihr *Begeisterung*, spürt ihr *Liebe*, spürt ihr *Gewissheit*, spürt ihr *Duldsamkeit* und *Vitalität*, seid ihr *energetisiert ... ihr liebt dann das Leben* – und seid *Der-der-ihr-wirklich-seid*. Und wenn ihr *Frustration* empfindet, euch *überwältigt* fühlt, wenn *Groll* in euch aufsteigt oder sogar noch *größerer Groll*, wenn euch *Zorn* oder *Enttäuschung* erfüllt, wenn euch *Angst* oder *Niedergeschlagenheit* erfasst, entfernt ihr euch mehr und mehr von *Dem-der-ihr-wirklich-seid*.

Wir wollen euch bewusst machen, dass die Emotionen, die ihr empfindet (in jedem Moment, in dem ihr sie wahrnehmt, ob sie sich nun nach *Liebe* anfühlen oder nach *Verzweiflung*) – *dass die Emotionen, die ihr empfindet, immer, zu jedem beliebigen Zeitpunkt, ein Hinweis auf die schwingungsmäßige Beziehung zwischen dem sind, wozu das Leben euch gemacht hat, und dem, der ihr euch erlaubt zu sein, und zwar in jedem beliebigen Augenblick, kraft dessen, was immer es auch gerade ist, dem ihr eure Aufmerksamkeit schenkt.*

So viel zur Führung, die jeden Moment, Abschnitt für Abschnitt, geschieht! So viel dazu, dass ihr immer zumindest ansatzweise wisst, wer ihr wirklich seid und was ihr wirklich wollt und welchen Weg ihr, wie ihr sagt, wirklich einschlagen wollt. Anders ausgedrückt: Das ist eine äußerst raffinierte *Führung*, die euch da ständig zuteil wird, sobald ihr einmal gelernt habt, sie wahrzunehmen.

Die Navigationssysteme in euren Fahrzeugen funktionieren ähnlich. Sie wissen, wo ihr seid, ihr programmiert das gewünschte Ziel ein, und das System berechnet die Strecke zwischen eurem Standort und dem Ort, an den ihr hinwollt – euer *Leitsystem* macht das Gleiche.

Da steht ihr nun, vielleicht mit nicht genügend Geld oder einer Beziehung, die sich grässlich anfühlt, oder in einer körperlichen Verfassung, die euch nicht behagt oder euch Angst macht. Da steht ihr nun, erfüllt von dieser widersprüchlichen Erfahrung, und wünscht euch nach Kräften eine Besserung der Verhältnisse – stärker als jemals zuvor, denn zu wissen, was ihr *nicht* wollt, hilft euch zu erkennen, was ihr *wollt*. Und die Quelle in euch treibt dieses Verlangen nicht nur an, sondern wird sogar zur schwingungsmäßigen Entsprechung eures neuen und ausgedehnteren Selbst.

Daher lautet die Frage, die wir euch stellen wollen, jetzt: Gestattet ihr euch gerade – *kraft dessen, was ihr denkt und sagt – gestattet ihr euch, mit euch Schritt zu halten? Gestattet ihr euch, das zu sein, was eure Lebenserfahrungen euch gelehrt haben zu sein?* Wenn ja, dann seid ihr eingestimmt, angebunden, aufgeschlossen – und fühlt euch großartig. Wenn ja, gestattet ihr euch, diese ausgedehntere Version eures Selbst zu sein. *Dann seht ihr die Welt durch die Augen der Quelle.*

Wenn ihr eine negative Emotion habt, heißt das, dass etwas eure Aufmerksamkeit erregt hat, und das sicher nicht ohne Grund. Wir wissen, dass ihr diese Dinge nicht erfindet, ihr seht sie, nehmt sie wahr. Ihr versucht nicht, euch bewusst von *Dem-der-ihr-seid* zu entfernen, aber immer wenn ihr eine negative Emotion habt, tut ihr trotzdem genau das: Ihr entfernt euch von *Dem-der-ihr-seid*.

Lebt ihr in Resonanz?

Wir wollen euch zeigen, wie ihr euer *Leitsystem* erkennen und effektiver nutzen könnt, Augenblick für Augenblick. Wir wollen, dass ihr diese Zusammenkunft mit der neuen Gewissheit verlasst, dass eure Befindlichkeit eine Rolle spielt, weil eure Gefühle euch Hinweise darauf bieten, ob ihr mit *Dem-der-ihr-seid* mehr oder weniger harmonisiert – mit eurer Offenheit dafür, dass *Der-der-ihr-seid* vollständig in diesem Moment anwesend ist, oder eurem Widerstand dagegen, dass *Der-der-ihr-seid* in diesem Moment anwesend ist.

Zahlreiche körperliche Wesen bewegen sich als bloße Schatten *Dessen-der-sie-sind* durchs Leben. Mütter schreien wutentbrannt ihre Kinder an, obwohl es auf der ganzen Welt niemanden gibt, den sie mehr lieben – außer Kontrolle, weil sie nicht wissen, wie sie an der Schwingung der Liebe festhalten können, weil sie knietief in Reaktionen auf das Leben stecken. Und wir wollen, dass ihr den Kontrast *bewusst*, *tiefgreifend* und *umfassend* verstehen lernt.

Wir wollen, dass ihr versteht, woraus das Leben besteht. Wenn euch klar ist, wer ihr seid, und wenn euch klar ist, wie sich *Der-der-ihr-wirklich-seid* fühlt, wenn ihr anfangt, euch auf dieses Gefühl einzustimmen, werdet ihr mit *Dem-der-ihr-wirklich-seid* in Resonanz treten. Und wenn ihr eingestimmt, angebunden und aufgeschlossen seid – wenn ihr die Schwingung aussendet, die dem Kern eures Wesens entstammt –, ist eure Macht der Einflussnahme so groß, dass andere, die euch sehen, ganz erstaunt sein werden über das Selbstvertrauen und die Stärke, mit denen ihr durchs Leben geht. Wenn ihr mit *Dem-der-ihr-seid* in Resonanz tretet, bringt euch das *Gesetz der Anziehung* einen stetigen Strom kraftvoller, erfreulicher Gelegenheiten und Durchbrüche, umgibt euch mit ihnen, reiht sie für euch auf, und das führt euch Abschnitt für Abschnitt zu einer sich ständig weiterentwickelnden, unablässig entfaltenden und behaglichen Lebenserfahrung.

Es geht nicht darum, zu wissen, was ihr *nicht* wollt, damit ihr herausbekommt, was ihr *wollt*, und dann einen Weg findet, wie ihr zu dem *gelangt*, was ihr wollt. Wir sprechen nicht von der Handvoll Dinge – oder dem Dutzend, den Hunderten oder sogar Tausenden von Dingen –, die ihr wollt. Dieser Workshop soll euch nicht zu diesen Dingen *verhelfen*. Dieser Workshop soll euch darin unterstützen, ein neues Verständnis dafür zu gewinnen, warum ihr hier in diesem Körper seid.

Ihr seid nicht in eure Welt gekommen, um »die Sache durchzuziehen«. Ihr seid nicht gekommen, um zu erkennen, was ihr wollt, und dann die Manifestation dieser Dinge zu leben, weil ihre Manifestation eben besser ist als ihre Abwesenheit. Ihr seid in eure Welt gekommen, um zu erkennen, was ihr wollt, damit ihr in Richtung des Gewünschten gehen und euch am ständigen und Ewigen Strom des Lebens erfreuen könnt. Ihr wollt im Fluss mit dem sein, der ihr seid, und nicht von der Strömung hin- und hergerissen werden.

Das *Gesetz der Anziehung* und seine Reaktion auf dieses machtvolle Selbst, zu dem ihr geworden seid, erschafft eine Strömung, die sich für euch wie ein Fluss oder reißender Strom anfühlt, der sich immer in Richtung dessen bewegt, was das Leben aus euch gemacht hat. Und wenn ihr euch auf diesen Strom *einlasst*, habt ihr Emotionen, die ihr als positiv bezeichnet. Bewegt ihr euch jedoch *gegen die Strömung*, spürt ihr das in eurem Körper; ihr spürt es dann in jeder Faser eures Seins. Ihr spürt es, weil ihr euch nicht erlaubt, *der zu sein, der ihr seid*. Und dieser energetische Widerspruch zerreißt euch. Ihr fühlt euch dann elend. Es zerstört euren Körper. Bis zu einem gewissen Grad zerstört es euer Leben. Er hält euch davon ab, *der zu sein, der ihr seid*.

Wenn ihr dann abkratzt, ist natürlich alles vorbei. Denn wenn ihr abkratzt (wir lieben dieses respektlose Wort – da es den Tod nicht gibt, versuchen wir eurer Vorstellung vom Tod so respektlos wie möglich zu begegnen) – wenn ihr das habt, was ihr eure Todeserfahrung nennt (beim Abkratzen) –, posaunt ihr die Dinge, um die ihr euch in eurer physischen Gestalt solche Sorgen gemacht habt, nicht mehr hinaus, und die Schwingung *Dessen-der-ihr-seid* wird vorherrschend.

Schlagartig werdet ihr zu dem Wesen, zu dem all eure Lebenserfahrungen euch gemacht haben. Aber ihr sollt wissen, dass ihr nicht erst abkratzen müsst, bevor das geschieht. Ihr könnt in eurem physischen Körper bleiben und euch, indem ihr darauf achtet, wie ihr euch *fühlt* – Schritt für Schritt, Tag für Tag –, auf die Schwingung im Zentrum eures Seins einstimmen. Und während ihr euch auf *Den-der-ihr-wirklich-seid* einstimmt, werdet ihr allmählich verstehen, wie gut sich das Leben anfühlt und wie gut sich das Leben für euch anfühlen sollte. Das Leben sollte sich gut anfühlen.

Jerry und Esther hatten im vorigen Sommer eine wundervolle Erfahrung: Sie haben sich ein Wildwasser-Rafting gegönnt. Und als sie ihr Floß zum Flussufer brachten ... (Sie waren nicht allein: Sechs Personen hatten sich zusammengetan, und in den anderen Booten befanden sich noch viele andere – darunter übrigens Dutzende von Highschool-Wrestlern. Den ganzen herrlichen Tag lang spritzten sie sich gegenseitig nass. Nicht die Highschool-Wrestler fingen an, sondern Jerrys und Esthers Freunde ... doch als sie angefangen hatten, wurde es ein sehr nasser Tag.) ... Als sie also das Flussufer erreichten, kam keinem von ihnen, nicht einem Einzigen, in den Sinn, das Boot *flussaufwärts* zu richten und *gegen* die Strömung zu paddeln. Es war völlig klar, dass sie sich nach dem Willen des reißenden Flusses richten mussten.

Und so ziemlich das Erste, was der Flussführer zu ihnen sagte, war: »Freunde, wir sind hier nicht in Disneyland, wir können diesen Fluss nicht abschalten.« Er wollte, dass sie die Macht dieses Flusses begriffen. Und wir wollen euch genau das Gleiche sagen: Ihr sollt die Macht des Flusses verstehen und dass wir diesen Fluss nicht einfach abstellen können. Ihr habt euren Fluss in Bewegung gesetzt, lange bevor ihr in diesen physischen Körper kamt. Und seit ihr in diesem physischen Körper seid, bewegt sich dieser Fluss sehr schnell. Und jedes Mal, wenn ihr wisst, was ihr *nicht wollt*, bringt ihr den Fluss dazu, noch etwas schneller zu fließen, weil ihr dann das Feuer der Sehnsucht nach dem *Gewünschten* entfacht, nach dem, was ihr *wollt*.

Der Fluss fließt deshalb immer schneller und schneller, weil immer dann, wenn ihr auf irgendeiner Seinsebene eine Vorliebe oder einen Wunsch identifiziert, wie das Leben besser zu euch sein könnte, euer nichtkörperlicher Anteil diesen Gedanken vollkommen umschließt und ihn an sich drückt und ganz und gar zu seinem Schwingungsangebot macht. Und wenn das machtvolle *Gesetz der Anziehung* dann auf diese sich immer stärker werdende Schwingung, die ihr hervorbringt, reagiert, habt ihr das Gefühl eines mächtigen Sogs, der euch dorthin zieht. (Ergibt das für euch einen Sinn?)

Wir versuchen, euch klarzumachen, wie schnell dieser Fluss sich bewegt, und wie wichtig es ist, dass ihr euch auf ihn einlasst. Wenn ihr zulasst, dass ihr euch in die Richtung dessen bewegt, zu dem ihr geworden seid, spürt ihr, wie leicht es euch fällt, euch mit dem Strom zu bewegen. Und wenn ihr euch gegen ihn wendet, spürt ihr die Beschwernis, die es mit sich bringt, sich nicht mit dem Strom zu bewegen. Und genau darum geht es immer bei euren Emotionen. Wenn ihr eine negative Emotion spürt, bedeutet das jedes einzelne Mal: Das Leben hat euch dazu gebracht, zu etwas mehr zu werden, als dieser Gedanke, diese Handlung, dieses Wort euch zu sein erlaubt. Mit anderen Worten: »Das Leben hilft mir zu wissen, dass ich mehr Geld will – und dann wird der Quellenergie-Anteil von mir zu einem reicheren Wesen.«

Könnt ihr euch vorstellen (wir *wissen* es), wie viel Überfluss sich auf eurem Schwingungskonto bereits angesammelt hat? Ein wahres Vermögen liegt dort, das euch zu sich ruft. Ihr findet dort den gesamten Überfluss, den ihr in all euren Leben angehäuft habt. Und da sagt ihr immer: »Ich habe nicht genug Geld« – und mehr noch, empfindet Enttäuschung darüber, nicht genug Geld zu haben.

»Ich habe nicht genug Geld. Ich habe nicht genug Geld. Ich würde mir das gerne kaufen, aber ich kann es mir nicht leisten. Ich wünschte, ich könnte es mir kaufen, aber ich kann es mir nicht leisten. Ich habe es so satt, Dinge zu wollen, die ich nicht haben kann. Ich habe es so satt, nicht genug Geld zu haben. Ich habe nicht genug Geld. Ich habe nicht genug Geld. Ich habe nicht genug Geld. Ich habe nicht genug Geld. Ich habe nicht genug Geld. Ich habe nicht genug Geld. In meinem Bekanntenkreis hat kaum jemand genug Geld. [Lachen] In meinem Bekanntenkreis hat kaum jemand genug Geld. Ich kenne niemanden, der genug Geld hat. Niemand hat genug Geld. Niemand hat genug Geld. Niemand hat genug Geld. Dieser reiche Mistkerl da drüben hat jede Menge Geld. [Lachen] Dieser reiche Mistkerl da drüben hat jede Menge Geld – so viel mehr als seinen gerechten Anteil am Geld. Er verprasst es und verplempert es für unnötige Dinge. Weiß er nicht, dass es Menschen gibt, die hungern? [Lachen] Ich habe nicht genug Geld. Ich habe nicht genug Geld. Ich habe nicht genug Geld. Bestimmt ist er ein Drogendealer. [Lachen] Ich habe nicht genug Geld. Ich habe nicht genug Geld. Ich habe nicht genug Geld. Ich habe nicht genug Geld. Ich habe nicht genug Geld.«

Und wir wollen euch klarmachen, dass ihr so nicht *fühlen* könnt, wenn ihr wollt, dass Geld zu euch kommt. Das geht einfach nicht. Die Schwingungsfrequenzen liegen zu weit auseinander.

Eure Enttäuschung ist ein Hinweis darauf, dass ihr nicht genug Geld zu euch lasst – und dass kein Geld zu euch kommt, ist ebenfalls ein Hinweis. Anders ausgedrückt: Es gibt emotionale Hinweise darauf, wie gut oder wie schlecht ihr euch anstellt, und dann gibt es noch das Gewahrsein nach der Manifestation, nicht wahr? Wir wollen euch bewusst machen, dass das Leben, das ihr führt, schwingungsmäßig gesehen immer ein Hinweis darauf ist, was ihr tut. Und mehr noch … (Oh, wir wünschen uns so sehr, dass das bei euch ankommt. Wir werden hier bei euch bleiben, bis ihr es begreift. [Lachen] Dauert nicht lange.) … *Das Leben, das ihr führt, ist ein Hinweis darauf, was ihr schwingungsmäßig aussendet.* Nun, wie klingt dieser Satz für euch? Klingt er wichtig? *Das Leben, das ihr führt, ist ein Hinweis auf eure Schwingung* klingt wichtig, aber wir wollen gar nicht, dass es so wichtig ist, aus folgendem Grund: *Es bietet nur einen Hinweis auf eure Schwingung.*

»Mein Bankkonto bietet einen Hinweis auf meine Schwingung. Ich hasse den Zustand meines Bankkontos. Ich habe so wenig auf dem Konto. Warum wächst mein Kontostand nicht? Warum wächst er nicht? Warum wächst er nicht? Warum wächst er nicht? Warum wächst er nicht? Warum?« Weil er einen Hinweis darauf bietet, *warum* er nicht wächst, *warum* er nicht wächst, *warum* er nicht wächst …

»Mein Körper schmerzt. Er fühlt sich so unangenehm an. Dabei will ich doch, dass mein Körper beginnt, sich besser zu fühlen. Ich habe diese Diagnose bekommen, und mir gefällt nicht, was mit meinem Körper passiert.« *Euer Körper und das Leben, das ihr führt, ist ein Hinweis auf eure Schwingung.* Punktum. »Ich weiß nicht, was mit meinem Körper passiert. Ich habe keine Kontrolle über meinen Körper. Ich weiß nicht, was passiert. Ich habe Angst. Ich weiß nicht, was ich tun soll ...« Alles, was ihr lebt, ist nichts als ein Hinweis darauf, welche Tirade ihr gerade anstimmt – das ist alles.

Die Menschen reden von der Wirklichkeit ihres Lebens, als hätte sie Bedeutung. Wir wollen euch klarmachen, dass sie nur ein vorübergehender Hinweis ist. Wenn ihr zur Tankstelle fahrt, weil eure Benzinuhr anzeigt, dass ihr keinen Sprit mehr habt – wenn ihr zur Tankstelle fahrt, starrt ihr dann auch eure Benzinuhr an? »Wie konnte das passieren? [Lachen] Warum nur, warum passiert ausgerechnet mir so etwas?« Lasst ihr dann eure Stirn aufs Lenkrad sinken und fangt an zu schluchzen? »Ach, seht doch nur, was aus mir geworden ist. [Lachen] Ich bin am Ende. Da habe ich so lange gelebt, und es lief doch ganz gut, und jetzt seht, was aus mir geworden ist.« Oder tankt ihr einfach nach?

Aber wenn mit eurem Körper etwas nicht stimmt, schleppt ihr euch mühsam ins Sprechzimmer des Arztes, mit Furcht im Herzen, weil er euch genau das sagen könnte, was ihr nicht hören wollt. Vielleicht zückt er seine Instrumente und blickt tief in die Öffnungen eures Körpers, an Stellen, die ihr nicht sehen könnt, und erzählt euch, dass es in eurem Körper einen *Hinweis* gibt. Und wir wollen, dass ihr dann sagt: »Schön zu wissen. Gut zu wissen. Aber das brauchen Sie mir nicht zu erzählen, ich weiß es schon. Ich kann die fehlende Harmonie spüren.«

Was für ein Leben ihr auch gerade führt, ob es um euren Körper geht oder um eure Beziehung oder um Geld – egal, worum es geht –, was für ein Leben ihr auch gerade führt, es ist nichts als ein vorübergehender Hinweis der Schwingung, die ihr vorübergehend aussendet, eine Momentaufnahme – mehr nicht.

Das Problem ist nur, ihr wisst nicht, dass die ausgesandte Schwingung *vorübergehend* ist, denn ihr bringt diese Tirade schon so lange vor, dass sie euch wie ein Kloß in der schwingungsmäßigen Kehle sitzt. Ihr erzählt dieselbe Geschichte schon so lange, dass euch keine neuen Geschichten mehr einfallen. Irgendwie hat man euch davon überzeugt, dass ihr es »so erzählen sollt, wie es ist«.

Wiederholen wir noch einmal, was wir gerade gesagt haben: »Es so erzählen, wie es ist.« Eure Mutter verlangte von euch: »Sag mir die *Wahrheit* über *Das-was-ist*.« Also sagst du: »Ich habe nicht genug Geld. Ich habe nicht genug Geld ... Ich hasse dich. Ich hasse dich. Ich hasse dich. Ich hasse dich ... Mir gefällt nicht, was du tust. Mir gefällt nicht, was du mit meinem Geld tust. Mir gefällt nicht, was du mit meiner Regierung tust. Mir gefällt nicht, was du tust ...« Wir beenden die Sache hier, weil wir wissen, dass es euch langsam auf die Nerven geht. [Lachen] Aber ihr sollt verstehen, dass *ihr eine andere Geschichte erzählen müsst*.

Ist bei euch angekommen, dass ihr es bei einer ausgesandten Schwingung immer mit zwei Ausgangspunkten zu tun habt? Da gibt es euer *umfassenderes* Selbst, und da gibt es euer *körperliches* Selbst. Habt ihr das verstanden? Glaubt ihr daran? Versteht ihr, dass *ihr* dieses Quellenergiewesen seid? Achtet einmal auf den Unterschied in der Tirade, die angestimmt wird: »Ich habe nicht genug Geld. Ich habe nicht genug Geld. Ich habe nicht genug Geld. Ich habe nicht genug Geld. Ich habe nicht genug Geld ... Es gibt jede Menge Geld. Das Geld ist hier. Alles wartet nur auf mich. Die Ressourcen sind an ihrem Platz. Umstände und Begebenheiten sind arrangiert. Das Geld ist da. Das Geld ist da. Schau hier drüben. Schau hier drüben. Schau hier drüben.«

Jetzt wollen wir uns einmal den emotionalen Unterschied ansehen: »Ich habe nicht genug Geld. Ich habe nicht genug Geld. Warum habe ich nicht genug Geld? Es tut mir so leid, dass ich nicht genug Geld habe. Was habe ich nur falsch gemacht. Ich hätte es besser wissen sollen. Sie hätten es besser wissen sollen.«

Es gibt jede Menge Geld. Nichts ist schiefgegangen. Alles, was du willst, steht für dich bereit. Wenn du so weit bist, steht es für dich bereit.

Du brauchst nichts zu tun; du hast alle Arbeit bereits getan. Du brauchst dich nur zu entspannen und das in deine Erfahrung fließen zu lassen, was du in deine Erfahrung fließen lassen willst. Du willst endlich auf die Stimme der Quelle in dir hören. Du willst endlich auf den Ruf der Quelle hören. Die Quelle ruft dich in Richtung dessen, was du willst. Und dass du dich in diese Richtung bewegst, erkennst du daran, dass alles für dich ungezwungener wird, es dir leichter fällt, und das heißt, dass die Dinge sich für dich zunehmend richtig gut anfühlen.

Wenn ihr anfangt, dem Pfad zu folgen, den ihr euch selbst geebnet habt und für den die Quelle in euch sorgt und auf den sie euch führt, damit ihr euch dem nähert, was ihr euch wünscht, fühlt ihr euch energetisiert. Ihr empfindet dann Begeisterung. Doch wisst ihr, zu was eure körperliche Welt euch erzieht? Eure körperliche Welt sagt: »Wenn es sich gut anfühlt, müsst ihr euch vorsehen.«

Ihr sagt zu euren Freundinnen: »Oh, ich freue mich so sehr.« Und sie sagen: »Sieh dich vor. Sieh dich vor – diese positive Emotion könnte bedeuten, dass für dich etwas schrecklich schiefläuft. [Lachen] Du wärst nicht die Erste, die ich kenne, die alles sehr positiv gesehen hat – und dann ging es schlimm aus. Ich finde, du solltest auf Nummer sicher gehen. Ich finde, du solltest bei deinen Leisten bleiben. Ich weiß, er schlägt dich, aber er verdient auch recht gut ...«

Und wir wollen ganz einfach, dass ihr Folgendes versteht: *Es geht nur darum, wie ihr euch fühlt, denn eure Gefühle geben einen Hinweis darauf, ob ihr den Abstand zwischen dem, der zu sein ihr euch erlaubt, und Dem-der-ihr-wirklich-seid schließt – oder ob ihr ihn noch vergrößert.*

Mit jeder weiteren Aussage werdet ihr spüren, ob es für euch *stromabwärts* oder *stromaufwärts* geht, *stromabwärts* oder *stromaufwärts*. Die Aussage, die euch *stromabwärts* bringt, fühlt sich immer wie eine *Erleichterung* an. Es ist nicht immer eitel Sonnenschein, ein Zuckerschlecken und ein Gebettetsein auf Rosen – es kommt dir nicht immer wie das beste Gefühl vor, das du kennst –, aber der Gedanke, der dich von deinem gegenwärtigen Standort *stromabwärts* führt, fühlt sich immer besser an als der stromaufwärts führende Gedanke. Du wirst immer den Unterschied erkennen zwischen dem, was sich ein wenig schlechter oder ein wenig besser anfühlt, ein wenig schlechter oder ein wenig besser.

Oft lässt euch eine Zusammenkunft wie diese hier mit dem Eindruck zurück, dass ihr auf die Seite der positiven Emotionen wechseln müsstet, auf der sich alles gut anfühlt. Und ihr habt schon so lange die Nase gestrichen voll von positiven Menschen, dass die Vorstellung, zu einem davon zu werden, den meisten von euch ein Gräuel ist. Mit anderen Worten: Es gibt nichts Ärgerlicheres, als jemanden glücklich zu sehen, wenn man selbst nicht glücklich ist. Es gibt nichts Ärgerlicheres, als jemanden das Leben führen zu sehen, das man selbst gern führen würde, aber nicht führt, und der dann vielleicht noch die Tirade anstimmt: »Ach, ihr glaubt ja nicht, was für ein schönes Leben ich führe.« »Darauf kann ich dankend verzichten«, sagt ihr. [Lachen]

Wir wollen nicht, dass ihr euch mit jemandem vergleicht. Wir wollen nur, dass ihr ein Bewusstsein für den Unterschied entwickelt, ob der Gedanke, den ihr gerade habt, euch stromaufwärts *oder* stromabwärts *führt.* Und wisst ihr, warum? Weil der Gedanke, den ihr gerade habt, euer Ort der Anziehung ist. Der Gedanke, den ihr gerade habt, wird zum Hinweis auf euer Leben. Aber es gibt da noch etwas, was wir euch sagen müssen (wahrscheinlich wisst ihr es bereits): *Es gibt einen Zeitpuffer zwischen dem Aussenden einer Schwingung und ihrer Manifestation. Mehr als 99 Prozent aller Schöpfung ist schwingungsmäßig bereits von euch abgeschlossen, bevor die Hinweise sich überhaupt einstellen.* Deshalb könnt ihr auch für eine Weile in die *stromabwärts* führende Richtung gehen, bevor ihr darauf Hinweise bekommt. Deshalb merkt ihr es auch nicht. Ihr erwartet die sofortige Manifestation.

Könnt ihr euch Jerry und Esther vorstellen, wie sie auf dem Fluss zu ihrem Führer sagen: »Oh, wir stehen auf sofortige Manifestation. Wir wollen uns nicht die Zeit nehmen, den Fluss hinunterzutreiben. Bringen Sie unser Boot zum Bus zurück. Wir *fahren* durch die Schlucht. Das wird viel schneller gehen. Lassen Sie es ein paar hundert Meter von der Stelle, an der wir es an Land holen, wieder zu Wasser, dann haben wir's hinter uns.« Er würde dann sagen:»Ich dachte, ihr wolltet eine Floßfahrt machen.«[Lachen] Und wir wollen, dass ihr das Folgende versteht: *Ihr wollt diese Floß-fahrt machen. Ihr wollt den Kontrast erleben.* Oh, ihr glaubt, wenn ihr die Wahl hättet (und die habt ihr) – aber ihr glaubt, wenn ihr *aus dieser körperlichen Erfahrung heraus* die Wahl hättet (und die habt ihr zum Glück nicht) –, dass ihr dann nur in diese körperliche Erfahrung einzu-treten bräuchtet, und schon hättet ihr ein kuscheliges Nest, das mit allem angefüllt ist, was ihr wollt, und nichts in eurer Umgebung, das auch nur ansatzweise eure Aufmerksamkeit auf sich zöge, würde euch ein schlechtes Gefühl bereiten.

Viele von euch sind Eltern und versuchen, genau das für ihre Kinder zu leisten, und damit berauben sie sie vorübergehend des Kontrastes, um dessentwegen sie auf die Welt gekommen sind. Ihr habt euch ge-sagt:»Ich gehe meinen Weg im Kontrast, und dabei werde ich feststel-len, was ich bevorzuge. Und das wird ganz wundervoll sein, denn wenn ich weiß, was ich bevorzuge, wird das zu einem Teil meiner schwin-gungsmäßigen Einstellung, und das *Gesetz der Anziehung* wird es mir zuführen. Und dann stelle ich mich auf eine neue Plattform, von der aus ich wieder Dinge bevorzugen kann. Und das wird dann wieder zu mei-ner schwingungsmäßigen Einstellung, und das *Gesetz der Anziehung* führt es mir abermals zu. So werde ich aus dem Überfluss des Lebens Dinge beziehen, die ich am meisten bevorzuge, und daraus schneidere ich mir dann das perfekte Leben, aus meiner persönlichen Sicht.«

Aber stattdessen waren, als du in diese Welt kamst, zahlreiche»dys-funktionale« Menschen um dich herum, die ihr eigenes *Leitsystem* schon aus den Augen verloren hatten, und sie erzählten euch:»Ich liebe und lebe das Leben unter großem Vorbehalt – das heißt, gute Umstände bereiten mir ein gutes Gefühl, aber schlechte Umstände bereiten mir ein schlechtes Gefühl. Und das hier sind die Regeln für die guten Umstände, die ich in dir entwickeln muss. Und da du schon ein-mal in meinem Leben bist, werde ich dich im Auge behalten. (Da ich dein Arbeitgeber oder deine Mutter oder dein Vater oder dein Lehrer bin, ist es meine Aufgabe, dich im Auge zu behalten.) Und während ich dich im Auge behalte, will ich mich gut fühlen, und das heißt, du musst dich auf eine Weise verhalten, die *mir, mir, mir, mir, mir* ein gutes Gefühl bereitet. Ich will nicht, dass *du* egoistisch bist. Du musst dich auf eine Weise verhalten, die *mir* (ich bin deine selbstlose Mutter) ein gutes Gefühl bereitet. [Lachen] Und wenn ich Dinge sehe, die mir ein schlechtes Gefühl bereiten, wirst du eine Menge Ärger bekommen.«

Was ja vielleicht noch in Ordnung wäre, wenn es nur einen geben würde, der diese Anforderung stellte, und alle anderen damit einverstanden wären. Aber die Anforderungen sind so unbeständig, und es sind so viele, die sie stellen und die ganz unterschiedliche Dinge von dir wollen – und du kannst dich einfach nicht auf soundso viele Arten auf den Kopf stellen, um sie glücklich zu machen. Und ziemlich bald kommst du darauf, dass du dich noch so sehr bemühen kannst, es gelingt dir einfach nicht, sie glücklich zu machen. *Wir wollen euch damit sagen, dass keiner von euch mit der Absicht in diese Welt kam, auf jemanden außerhalb von euch zu hören. Jeder Einzelne von euch wusste, dass das Leben euch dazu bringen würde, zu wachsen und euch auszudehnen, und dass dieses ausgedehnte Wesen euch rufen würde und ihr, wenn ihr in Richtung dieses Wachstums geht, euch gut fühlen würdet. Und ihr hattet vor, alle anderen aus der Gleichung herauszulassen. (Das war wirklich eure Absicht.)*

Ihr hattet nicht vor, euer Leben danach zu richten, was andere Menschen sagen. Einmal ist ihre Aufmerksamkeitsspanne nicht sehr groß. (Ist euch das schon aufgefallen?) Wie lange hat euer Liebster oder eure Liebste euch seine/ihre ungeteilte Aufmerksamkeit geschenkt? Niemand wagt es zu sagen, aber alle wissen es. *Nicht sehr lange. Ganz und gar nicht lange.* [Lachen] Wie lange hat eure Mutter euch ihre ungeteilte Aufmerksamkeit geschenkt? Nicht sehr lange. Niemand ist dazu imstande, denn niemand wurde dazu geboren, euer Hüter zu sein. Alle wurden dazu geboren, die Schöpferin oder der Schöpfer ihrer eigenen Erfahrung zu sein. Und ... was wir für die größte Scheinheiligkeit halten (die Sache, die euch die meisten Probleme eingehandelt hat) ... sie erzählen euch auch noch, wie wichtig ihr ihnen seid, doch letztes Endes geht es nur darum, dass ihre *Gefühle* ihnen am wichtigsten sind. Also versuchen sie, euch und euer Verhalten weiter dadurch zu gängeln, was *ihnen* ein gutes Gefühl bereitet.

Und dann, ach, steigt in euch ein solcher Groll auf, weil ihr wisst, dass euer Leben postwendend wirklich wundervoll wäre, wenn ihr nur akzeptieren könntet, dass jeder in diesem Leben für sich allein ist.

Und das ist ganz und gar keine schlechte Sache, denn ihr dürft nicht vergessen, dass jeder Quellenergie ist und dass jeder in diese Welt kam, um neuen Sehnsüchten und Wünschen Ausdruck zu verleihen. Und dass jeder in sich eine Quelle hat, die ihn zu seinem größten Vorteil führt. Stellt euch also vor, was für eine wundervolle Welt das ist.

Wenn jeder sein persönliches *Leitsystem* hat, und das ist die *Quelle*, und jeder wird zur Verbesserung seiner Lebensumstände geführt, und alle – oder doch die meisten oder wenigstens manche von ihnen – vernehmen diesen Ruf und bewegen sich auf diese Verbesserung hin ... Könnt ihr euch vorstellen, wie großartig diese Welt dann werden würde?

Wisst ihr, dass niemand, der in Harmonie mit der *Quelle* ist, ein gewalttätiges oder irgendwie *negativ* geartetes Verhalten an den Tag legt? So etwas gibt es einfach nicht. Hundert Prozent dessen, was ihr negatives Verhalten nennt, spielt sich ab, weil jemand da draußen sich auf Messers Schneide bewegt – die Leere zu füllen versucht, an einen Ort zu gelangen versucht, an dem er sein will –, *aber sich auf eine Weise darum bemüht, die einfach nicht funktionieren kann.*

Wovon erzählt eure Geschichte?

Wir glauben, dass wir euch auf einen wichtigen Punkt hingewiesen haben. Wir haben alles aufgeboten, was Esther verkraften kann. [Lachen] Wir haben ihr das Gedankenkonstrukt übermittelt, das euch sagt: *Ihr seid die Schöpfer eurer Erfahrung, und ihr müsst eure Erfahrungen <u>bewusst</u> erschaffen, wenn ihr das freudvolle Leben führen wollt,* *das euer Geburtsrecht ist. Solange ihr die Welt nicht in jedem Moment durch die Augen der Quelle seht, seid ihr nur ein Schatten des Wesens, das ihr werden wolltet. Wenn ihr weniger als eure ganze Liebe in alles hineingebt, auf das ihr eure Aufmerksamkeit richtet, seid ihr nicht das Wesen, zu dem ihr werden wolltet, als ihr in diese Welt kamt. Eine negative Emotion bedeutet, dass ihr euch bis zu einem gewissen Grad von Dem-der-ihr-wirklich-seid entfernt habt.*

Nun, da reden wir von all diesen starken und wundervollen positiven Emotionen, und dabei möchten wir doch, dass ihr nur nach der einen Emotion greift. Geben wir ihr einen schlichten Namen: *Es ist die Emotion der Erleichterung.* Seid versichert: Ganz gleich, wo ihr gerade steht – und das solltet ihr euch wirklich hinter die Ohren schreiben –, *ihr seid genau da, wo ihr seid.* »Ich bin da, wo ich bin. Ich bin da, wo ich bin, hinsichtlich meiner Beziehung, hinsichtlich meines Körpers, hinsichtlich meines Geldes, hinsichtlich meiner Weltanschauung, hinsichtlich meiner familiären Erfahrungen – relativ zu allen Dingen bin ich genau da, wo ich bin. Und das heißt nichts weiter, als dass ich Schwingungen ausgesendet habe, die mich an einen Punkt brachten, von dem aus ich dauerhaft jedes vorstellbare Thema anziehe.«

Anders ausgedrückt: Nichts, was ihr lebt, widerfährt euch einfach so. Alles widerfährt euch als Reaktion auf die Gedanken und Gedankenmuster, die ihr aussendet. Und das meiste ist doch recht gut, oder nicht? Wir sprechen hier also lediglich von der Feinjustierung. Wir sprechen lediglich von der bewussten Hinwendung zu dem, was ihr wollt.

Wir teilen euch das deshalb mit solcher Begeisterung mit, weil uns klar ist: Wenn ihr diese Zusammenkunft in dem Wissen verlasst, dass ihr der Punkt eurer Anziehung seid und dass ihr ein schwingungsmäßiges Signal aussendet, durch das sich das *Gesetz der Anziehung* reproduziert, und dass ihr an euren Gefühlen erkennen könnt, wie gut ihr mit dem Leben zurande kommt, das ihr durch die Erfahrungen, die ihr gemacht habt, gerade mehr oder weniger bewusst führt – und sobald für euch nichts anderes mehr wichtig ist, als dass ihr euch gut fühlt, sobald ihr beginnt, auf eure Gedanken, eure Worte und euer

Verhalten zu achten, weil euch das ein bestimmtes *Gefühl* vermittelt, und nicht deshalb, weil es die *Wahrheit* ist, sobald euer Wohlgefühl euch wichtiger geworden ist als alles andere –, werdet ihr die freudvollen, bewussten Schöpfer sein, die ihr sein wolltet, als ihr in diese Welt kamt. Und alles, was dem nicht einmal annähernd entspricht, entfernt euch nur noch weiter von *Dem-der-ihr-wirklich-seid*.

Ihr greift also nach dem Gefühl der <u>*Erleichterung*</u>*. Und heute werden wir euch zeigen, wie ihr auf Gedanken kommen könnt, die euch dieses Gefühl der* <u>*Erleichterung*</u> *bereiten.*

Wir wissen, dass es bei jeder Zusammenkunft die Tendenz gibt, endlos diskutieren und spekulieren zu wollen. Und wir sind auch bereit, über alles mit euch zu reden, was für euch wichtig ist. Ihr solltet nur nicht vergessen, dass ihr gerade ein schwingungsmäßiges Signal aussendet ... das, nachdem ihr es eine Weile ausgesendet habt (es dauert wirklich nicht sehr lange), eine Frequenz annimmt, die schließlich das Muster der Anziehung ins Leben ruft. Und deshalb ist es wirklich hilfreich, wenn ihr unverzüglich damit beginnt, eure Lebensgeschichte so zu erzählen, wie ihr sie haben wollt, und nicht so, wie sie gewesen ist. Wenn ihr sie nämlich so erzählt, wie sie gewesen ist, hält euch das nur in der Warteschleife der Anziehung fest.

Könnt ihr spüren, dass das, was ihr *negative Anziehung* nennt, eigentlich bloß darin besteht, dass die bereits erfolgende *positive Anziehung* nicht zugelassen wird? Genau das wollen wir euch deutlich machen. Es gibt keine Quelle der Dunkelheit. Ihr geht nicht in ein dunkles Zimmer und sucht nach einem Dunkelschalter.»Ach ja, drück doch mal da drauf, dann kriecht dieses tintige, schlierige Zeug ins Zimmer und erstickt das Licht.« So etwas geschieht nicht, müsst ihr wissen. Es gibt keine Quelle der Schlechtigkeit und keine Quelle des Bösen und keine Quelle der Krankheit – ihr lasst nur den Fluss nicht zu. Ihr erlaubt es euch nicht, im Leben die Richtung einzuschlagen, in die eure Erfahrungen euch geführt haben. Mehr ist es nicht.

Alles ist demnach so viel einfacher, als ihr geglaubt habt, denn ihr könnt einzig und allein in dem Moment, in dem eure ganze Kraft steckt, eine Schwingung aktivieren. Oh, ihr könnt eine Schwingung auch mithilfe von etwas aktivieren, was vor langer Zeit geschah – aber ihr tut es *jetzt.* Ihr könnt euch an etwas erinnern, was vor langer Zeit oder gestern geschah – aber ihr tut es *jetzt.* Ihr könnt etwas vorwegnehmen, was morgen geschehen wird oder in zehn Jahren – aber ihr tut es *jetzt.*

Ganz gleich, was ihr denkt, es bewirkt immer, dass ihr *jetzt* ein Signal aussendet, und das ist euer Ort der Anziehung. Wenn ihr nur siebzehn Sekunden lang einen Ort der Anziehung aussendet, tritt das *Gesetz der Anziehung* in Kraft. Das ist der Zeitraum, in dem ein anderer, passender Gedanke hinzukommt. Haltet den Gedanken für weitere siebzehn Sekunden aufrecht, und es wird wieder ein Gedanke hinzukommen. Wenn ihr das nur 68 Sekunden lang macht, habt ihr eine schwingungsmäßige Angleichung an jeden beliebigen Gedanken erreicht, und die Dinge geraten so sehr in Bewegung, dass ein aufmerksames Auge das Einsetzen der Manifestation erkennt. Mehr ist nicht nötig: *68 Sekunden, in denen ihr die Geschichte so erzählt, wie sie sein soll, statt so, wie sie ist. Sind Dinge in eurem Leben so, wie ihr sie haben wollt? Erzählt weiter diese Geschichte. Sind Dinge in eurem Leben nicht so, wie ihr sie haben wollt? Hört auf, diese Geschichte zu erzählen.*

»Aber ich habe wirklich viel zu tun. Ich habe so viel zu tun, dass ich es unmöglich schaffen kann. Hast du gehört, was sie gerade gesagt hat?« Die guten Neuigkeiten sind, dass ihr nie mehr eine negative Tirade anstimmen werdet, ohne euch dessen bewusst zu sein. Und das ist deshalb so gut, weil ihr euch für ein besseres Gefühl entscheiden könnt, wenn euch erst bewusst ist, wofür ihr euch da eigentlich entscheidet. *Erleichterung* ist also das Motto des Tages.

Worüber wollt ihr reden?

Die Schwingungsessenz von Geld

FRAGE: Ich danke euch vielmals. Dieses wahre Vermögen, das mich zu sich ruft und das ich schon mein Leben lang anhäufe …

✎ ABRAHAM:

Sei nicht so sarkastisch. [Lachen]

FRAGE: Ich würde gern mehr von euch darüber erfahren, wie ich das *Zulassen* bewusster bewerkstelligen kann.

✎ ABRAHAM:

Nun, jedem, der genau hingehört hat, liegt jetzt vielleicht auf der Zunge: »Abraham steht ja ganz schön auf Details.« Aber wir wollen, dass ihr den *Gefühlsort* spürt, von dem diese Frage ausgeht – mit anderen Worten: Dieses »wahre Vermögen« kam doch mit einem spöttischen Unterton daher. »Wenn es so ist ... [Lachen] ... wo bleibt mein Kram dann? Wenn das *Gesetz der Anziehung* so funktioniert, wie ihr sagt, und ich dieses Vermögen anhäufe, wo ist es dann und wie komme ich an dieses Vermögen heran?«

Wir wollen, dass ihr nur einen Moment lang spürt, welche vorherrschende Schwingung dieser Empfindung zugrunde liegt, die ihr gerade ausgesendet habt. Also, habt ihr die Schwingung vom Ort der *Abwesenheit* des Geldes oder vom Ort seiner *Anwesenheit* ausgesandt? [Abwesenheit]

Wir wissen schon, was ihr jetzt sagt: »Na, ist doch klar, wir sind doch nicht am Ort der Anwesenheit. Wie sollen wir eine Schwingung über einen Seinszustand aussenden, den wir noch nicht erreicht haben?« Und wir antworten darauf: Findet heraus, wie man das macht, denn vorher werdet ihr den Seinszustand, den ihr erreichen wollt, nicht einnehmen können. *Ihr müsst seine schwingungsmäßige Essenz finden.*

Es erscheint uns durchaus logisch, dass sich euch anfangs einige Fragen stellen. »Wo ist dieser Ort? Was mache ich falsch? Was sollte ich anders machen?« Das sind eure Fragen. Aber wir wollen, dass ihr die Falle spürt, in die eure Worte und eure Einstellung euch führen. Die eigentliche Aufgabe besteht darin, *eine Möglichkeit zu finden, euch von der Abwesenheit des Geldes, seinem Fehlen, abzulenken, während ihr in euch ein Gefühl für das Geld aktiviert.*

Empfindet *Wertschätzung für den Wohlstand, in dem ihr bereits lebt, empfindet Wertschätzung für die Möglichkeit, dass weiterer Wohlstand kommt.* Es ist sogar besser, eine *Haltung der Hoffnung* einzunehmen – schwingungsmäßig seid ihr damit dem Zulassen sehr viel näher, als wenn ihr euch in der *Schwingung des Zweifels* befindet.

Als du so sarkastisch von dem »wahren Vermögen« gesprochen hast, haben wir ein wenig gefrotzelt, aber wir wollen euch klarmachen: *Wenn ihr Sarkasmus empfindet, wenn ihr Pessimismus empfindet, dann seid ihr weit entfernt von optimistischen und hoffnungsvollen Gefühlen.* Die Antwort auf deine Frage: »Wie ermögliche ich es, dass mein Vermögen zu mir kommt und dass ich zu meinem Vermögen gelange?«, besteht also darin, so zu tun, als wärst du bereits vermögend. Nimm einen Teil deines Vermögens und gib ihn geistig aus. Und stell dir dabei vor, wie viel Spaß es dir macht, es zu besitzen. Erfreue dich an dem Gefühl der Erleichterung, noch bevor du wirklich einen Grund hast, diese Erleichterung zu empfinden. Achte so sehr auf die Qualität deiner Gefühle, dass du deine Gedanken von der Realität wegführst.

Bei *Sarkasmus* (wir ziehen dich damit jetzt ein wenig auf) bist du weiter davon entfernt, zuzulassen, dass dein Vermögen zu dir kommt, als bei *Optimismus* oder *positiver Erwartung.* Spüre einmal in die Aussage hinein: »Mein Geld lässt auf sich warten. Langsam glaube ich zwar, dass es auf meinem Schwingungskonto liegt, aber ich kann nicht herausfinden, wie ich es zu mir lasse.« Spürt ihr die innere Einstellung? Und dann lasst auf euch wirken, wie anders die folgende Aussage sich anfühlt: »Ich freue mich schon darauf, es herauszufinden. Das wird herrlich, wenn ich es herausgefunden habe.« Der Widerstand lässt nach, nicht wahr? »Ich habe es noch nicht herausgefunden – ich arbeite jetzt schon so lange daran, und ich weiß es immer noch nicht«, führt absolut *stromaufwärts* und baut einen Widerstand auf. »Ich freue mich schon darauf, es herauszufinden«, sorgt dafür, dass der Widerstand sich auflöst.

»Es wird großartig sein, wenn ich das herausgefunden habe. Tagtäglich erlebe ich einen Vorgeschmack darauf. Ich erlebe es bereits in vielerlei verschiedener Hinsicht. Ich werde darin immer besser. Es gefällt mir, zu wissen, dass ein Vermögen auf mich wartet, das für mich angehäuft wurde. Es gefällt mir, zu wissen, dass meine Lebenserfahrung mich dazu gebracht hat, einiges auf meinem Schwingungskonto zu deponieren. Es gefällt mir, wenn ich erkenne, dass die Quelle in mir meine Erwartungen vorweggenommen hat.

Es gefällt mir, zu wissen, dass meine negative Emotion mich darauf hinweist, dass ich mich von der Perspektive der Quelle auf mich entfernt habe. Es gefällt mir, zu wissen, dass die negative Emotion mein Hinweis darauf ist, dass die Quelle mich als reich betrachtet und dass meine negative Emotion anzeigt, wie weit ich gerade von Reichtum entfernt bin. Mir gefällt die Vorstellung, dass die Quelle mich zu weiteren positiven Gefühlen leiten kann, und es gefällt mir, zu wissen, dass die negativen Gefühle mich darauf hinweisen, dass ich mich nicht in die Richtung bewege, die der Quelle vorschwebt. Das zu wissen gefällt mir.

Ich bin schon ziemlich gut darin. Ich bin mir bewusst, wie ich mich fühle – ich erkenne den Unterschied. Mir ist der Zusammenhang aufgefallen zwischen meinen Gedanken und Gefühlen und dem, was sich manifestiert. Ich weiß, dass die Realität sich so verlagert, dass sie meinem ständigen Gefühl entspricht.

Und ich verstehe, dass anfangs etwas mehr Aufmerksamkeit und Konzentration nötig ist, etwas zu denken, was sich von früheren Gedanken unterscheidet. Ich weiß, dass es mir immer leichter fallen wird, je öfter ich mich darauf konzentriere.

Und ich weiß: Je *öfter* ich etwas sage, desto *leichter* wird es mir fallen, das zu sagen, und je *öfter* ich es sage, desto *leichter* wird es mir fallen, es zu *erwarten*. Und ich weiß, dass die *Erwartung* ein anderes Gefühl herbeiführt. Ich kenne den Unterschied zwischen dem Gefühl der *Hoffnung* und dem Gefühl des *Zweifels*. Ich kenne den Unterschied zwischen dem Gefühl der *freudigen Erwartung* und dem Gefühl der *Mutlosigkeit*. Ich kann das. Ich weiß, dass ich es kann.« Einfache Gespräche wie diese machen den ganzen Unterschied aus. Darum geht es in der Welt.

Wir wissen, dass es nur langsam voranzugehen scheint, und trotzdem geht es genau darum. Ihr kommt nicht hopplahopp zu euren ständigen Gedanken. (Und mit *ständig* meinen wir nicht unbedingt negative Gedanken. Mit ständig meinen wir: *Was ich gewöhnlich über dieses Thema denke.*) Sie stellen sich ganz allmählich ein. Und ihr werdet sie nicht im Handumdrehen »draufhaben«. Ihr werdet sie euch allmählich aneignen ... Wenn ihr sie sofort beherrschen wollt, wird das nicht klappen – und es wird euch *entmutigen*. Aber wenn ihr davon ausgeht, dass ihr euch nach und nach umstellt, und das dann auch macht, fühlt ihr euch *ermutigt* – begnügt euch also mit einer Aussage nach der anderen, erzählt die Geschichte so, wie sie euch gefällt, wie ihr sie haben *wollt*.

Wir würden eure Geschichte zum Beispiel so erzählen: »Kürzlich habe ich gehört, dass mich auf meinem Schwingungskonto ein *wahres Vermögen* erwartet. Und ich finde, das klingt gut. Die Vorstellung, dass es dort aufgrund meiner Lebenserfahrung und der Art, wie ich mein Leben führe, liegt, begeistert mich. Mir gefällt die Vorstellung, dass ich alles sein, tun und haben kann, was ich will. Deshalb erzähle ich meine Geschichte auch immer öfter so, wie ich sie haben will. Ich glaube nicht, dass Geld der Garant für Glück ist, aber ich halte es auch nicht für die Wurzel allen Übels. Für mich ist Geld ein Weg zur Freiheit. Ich finde, je mehr Geld man hat, desto mehr Möglichkeiten hat man, und je mehr Möglichkeiten man hat, desto mehr Spaß hat man. Mir gefällt die Vorstellung, meine Entscheidungen aufgrund dessen zu treffen, wie es sich anfühlt, etwas zu tun, statt aufgrund dessen, ob ich es mir finanziell leisten kann.

Es gefällt mir, zu wissen, welche Möglichkeiten Geld mir eröffnet, und deshalb bin ich, glaube ich, nicht nur von dem wahren Vermögen begeistert, das mich erwartet. Ich glaube, ich bin auch davon begeistert, was das für mich und meine Familie bedeutet, was das für diejenigen um mich herum bedeutet, was das für meinen Lebensweg bedeutet, der sich nun vor meinen Augen abzeichnet, was das für die Art und Weise bedeutet, in der ich das Leben erfahre. Ich finde es aufregend, über solche Veränderungen nachzudenken.

Ich liebe mein Leben in so vieler Hinsicht, und ich sehe bereits, wie das Geld, das zu mir unterwegs ist, mein Leben in *dieser, jener* und noch *anderer* Hinsicht verbessern wird. 100 Euro mehr heute würden *diese* Veränderungen herbeiführen, 1000 Euro mehr heute würden *jene* Veränderungen herbeiführen. Wenn ich weitere 100 000 Euro dieses Jahr zuließe, würde ich *Folgendes* damit tun können. Wenn ich weitere 500 000 Euro *jedes* Jahr zuließe, oh, das würde bedeuten, dass ich künftig *da-und-da* leben könnte. Und es würde bedeuten, dass ich *das-und-das* machen und *den-und-den* Wagen fahren könnte. Und in Bezug auf meine Arbeit würde es bedeuten ... es würde bedeuten, dass ich *dort* nicht mehr arbeite.« [Lachen] Malt es euch vor eurem geistigen Auge aus – stellt es euch vor!

Wir haben euch schon einige Spiele vorgeschlagen, aber das hilfreichste Spiel, das wir jemals kennengelernt haben (und wir haben vielen Menschen dabei zugesehen, wie sie diese Prozesse durchliefen), ist wirklich ein sehr, sehr mächtiges Spiel: *Steckt 100 Euro ein in der Absicht, sie* mental *jeden Tag immer und immer und immer wieder auszugeben. Überlegt euch einfach, was ihr für diese 100 Euro alles bekommen könntet, wenn ihr es haben wolltet.*

Es ist ganz erstaunlich, was dieses einfache Spiel vermag. Ihr entwickelt damit ein ganz anderes Gefühl für Geld. Es befreit euch, denn jetzt sagt ihr noch:»Oh, das will ich haben, aber ich lege es mir besser nicht zu« – während ihr mit den 100 Euro sagt:»Ich könnte ja, wenn ich wollte. Ich könnte ja, wenn ich wollte. *Ich kann es haben.*« Statt also immer wieder zu sagen:»Ich kann es mir nicht leisten«, sagt ihr dann immer wieder:»Ich könnte ja, wenn ich wollte. Ich könnte ja, wenn ich wollte. Ich könnte ja, wenn ich wollte. Ich könnte ja, wenn ich wollte.«

Jemand hielt uns entgegen:»Nun, Abraham, ihr solltet einmal körperliche Gestalt annehmen, dann wüsstet ihr, dass man für 100 Euro nicht viel kaufen kann.« Worauf wir antworten: *Wenn du heute tausendmal 100 Euro ausgibst, hast du heute den Gegenwert von 100 000 Euro ausgegeben – und das verändert deine Schwingung ganz erheblich.* Und dann entgegnen uns die Leute:»Aber dieses Geld ist doch nicht real.«

Und wir sagen: Es wird real *sein*. Es wird real *sein*. *Erst musst du dieses Geld <u>spüren</u>, und wenn die Schwingung dann in dir stabil ist, muss es Wirklichkeit werden.*

Das *Gesetz der Anziehung* muss euch den Weg, die Methode, die Mitschöpfer und die Resultate bringen, die ihr schwingungsmäßig heraufbeschwört. *Wenn ihr durch eure Schwingung Wohlstand heraufbeschwört, muss sich in eurer realen Lebenserfahrung Wohlstand einstellen, und er wird auf vielerlei Weise kommen – er wird euch auf Schritt und Tritt begegnen. Sobald ihr etwas, was ihr schon aktiviert habt, noch etwas stärker aktiviert, wird sich euch, wohin ihr auch seht, ein deutlicher Hinweis auf Wohlstand zeigen.*

Es ist keine so große Sache, wie ihr immer meint. Wisst ihr, warum ihr das Gefühl habt, es sei eine so große Sache? Weil ihr den Blick auf *Das-was-ist* richtet, die Schwingung *Dessen-was-ist* aussendet und dann noch mehr von *Dem-was-ist* bekommt, worauf ihr sagt: »Ich habe mir so viel *Mühe* gegeben, und ich habe so viel *Arbeit* hineingesteckt, und ich habe all diese Jahre darauf verwendet – und das hat mich alles nur dorthin gebracht, wo ich jetzt bin. Was soll mir also diese erbärmliche kleine Mühe schon bringen, nachdem ich so viel *Arbeit* hineingesteckt habe und keinen Schritt weitergekommen bin?«

Und wir sagen euch: Ihr habt euch durch *Handeln bemüht*, und jetzt ermutigen wir euch zu *schwingungsmäßiger Bemühung. Wenn ihr euch um Schwingungen bemüht, könnt ihr die Macht und die Energie nutzen, die Welten erschafft. Bleibt beharrlich, dann führt schwingungsmäßige Veränderung zu veränderter Manifestation, aber wenn ihr sagt: Ich will, aber ... Ich will, aber ... Ich will, aber ... Ich will, aber ...«, macht ihr keinerlei Fortschritte. Sagt ihr hingegen: »Ich will, weil ... Ich will, weil ... Ich will, weil ... Ich will, weil ... Ich will, weil ...«, dann macht ihr Fortschritte.*

Wenn ihr sagt: »Ich glaube, ich kann es. Ich denke, ich kann es. Ich bezweifle, dass ich es kann. Ich schaff's nicht so richtig. Ich glaube, ich kann es. Ich tät's gern, aber ich bezweifle, dass ich es kann. Ich schaff's nicht so richtig. Aber ich täte es gern. Ich täte es wirklich gern, nur kann ich es nicht, weil ich es noch nie getan habe. Aber ich täte es gern. Ich will es tun, aber ich schaff's nicht. Kaum jemand schafft es. Aber ich täte es wirklich gern, ich will es auch tun, aber es fällt mir schwer, und ich mache keinerlei Fortschritte. Ich will es tun, aber ich weiß nicht, was ich tun soll ...«, dann ändert sich nichts. Es ist die gleiche alte, die gleiche profane, die immer gleiche Gewohnheit, so zu schwingen, »wie man sich fühlt«. *Ihr müsst eure Willenskraft einsetzen, um eure Gedanken auf eine andere Geschichte einzustimmen. Deshalb erzählt uns jetzt die Geschichte eurer finanziellen Vorstellungen.*

Meine Geschichte des finanziellen Erfolgs

FRAGE: Alles ist gut – das denke ich schon während des gesamten Gesprächs, dass alles gut ist. Und ich spüre es in meinem Inneren. Es fühlt sich so wundervoll an und irgendwie auch so organisch. Und genau das ist meine Frage: Gehört das alles zu dem Prozess?

✍ ABRAHAM:

Es gehört zu dem Prozess, denn wie gesagt sind 99 Prozent aller Schöpfung schwingungsmäßig bereits vollendet, bevor ihr Hinweise darauf erhaltet. Es ist praktisch so, als würdet ihr von Phoenix nach San Diego reisen und *wollt* in San Diego sein, seid aber die meiste Zeit auf dieser Strecke von 400 Meilen eben *nicht* dort, wo ihr sein wollt. Und wenn es euch frustriert, dass ihr nicht dort seid, braucht ihr schwingungsmäßig gesprochen nur umzukehren und nach Phoenix zurückzufahren. Ihr würdet nie in San Diego ankommen. Aber in den Begriffen dieser körperlichen Reise von Ort zu Ort sagt ihr: »Nun, *diese* Reise verstehe ich, *deshalb* kann ich sie machen. Ich sehe meine Fortschritte. Ich sehe mit jeder Meile, dass ich die Richtung beibehalte, dass ich mich weiter von dort entferne, wo ich *nicht* sein will, und mich dem Ort nähere, an dem ich sein *will*.«

Ihr behaltet also den Glauben daran, weil es Hinweise gibt, die euch zeigen, dass ihr näher kommt, dass ihr näher kommt, dass ihr näher kommt. Deshalb entmutigt diese Reise auch niemanden (wenn er nicht zu Fuß geht). Anders ausgedrückt: Ihr behaltet euer Vertrauen. Ihr sagt nicht: »San Diego ist ein unmöglicher Traum.« Ihr sagt nicht: »San Diego ist *unerreichbar* – ich habe es immer und immer wieder versucht, und ich komme einfach nicht hin«, denn ihr *könnt* dorthin gelangen, und ihr wisst auch, dass ihr es könnt.

Wenn ihr den Zusammenhang herstellt, dass *die Art eures Gefühls ein Hinweis auf die Richtung ist, in die ihr geht*, und ihr ehrlich sagen könnt: »Ich *fühle* mich optimistisch – wenn ich sage: ›Alles ist gut‹, meine ich das auch ... Ich *spüre* es wirklich«, dann sagen wir, es wird euch unmöglich sein, *nicht* dorthin zu gelangen. Wenn ihr diese Erwartung, Einstellung und Schwingungsfrequenz beibehaltet, wird es eintreten – und es wird schnell eintreten.

Sagt also: »Okay, ich bin unterwegs. Ich habe mit Abraham gesprochen, und Abraham war erheblich länger als 68 Sekunden bei der Sache, und ich habe ein Gefühl für die Schwingung bekommen. Und als ich sagte: ›*Alles ist gut*‹, da habe ich es gespürt. Und dann habe ich mir meine Situation im wirklichen Leben angesehen und erkannt, dass ich noch nicht in ›San Diego‹ bin. Mit anderen Worten: Ich habe mir etwas angesehen und diesen negativen Eindruck davon empfangen, weil ich noch nicht dort bin, wo ich sein will (ich will etwas tun, habe jedoch nicht das Geld, es zu tun), und ich spürte die Enttäuschung.«

Und wir sagen dazu: Gut. Die *Enttäuschung* ist euer *Hinweis* darauf, dass das, was gerade geschehen ist, bei euch dazu führte, dass ihr die *Erwartungshaltung* verloren und begonnen habt, euch auf etwas anderes als eure Erwartung zu fokussieren. Was könnt ihr jetzt tun, um euch wieder in dieses Gefühl zu versetzen?

Wenn ihr an diesem Gefühl der Mutlosigkeit arbeitet, um euch zu etwas zu bringen, was sich besser anfühlt, reinigt ihr eure Schwingung auf eine Weise, dass sie nie wieder an diesen negativen Ort zurückkehren wird. Anders ausgedrückt: Wenn ihr eine negative Emotion spürt und euch die Zeit nehmt, daran zu arbeiten (wie wir es hier tun), bis ihr wirklich Erleichterung empfindet – was normalerweise 68 Sekunden oder länger dauert –, *wenn ihr wirklich und wahrhaftig die Erleichterung spürt, werdet ihr diese Schwingung in Bezug auf dieses Thema nie mehr so beseitigen müssen. Ihr habt euch dann im Universum weiterbewegt. Ihr seid dann an einen anderen Schwingungsort gelangt.*

Und jetzt kommt das Allerwichtigste, was wir euch diesbezüglich mitteilen können: *Da ihr an einen anderen Schwingungsort gelangt seid, müssen sich auch die Hinweise auf die Manifestation ändern. Sobald ihr euch darum bemüht, reagiert also alles im Universum hinsichtlich dieses Themas auf die neue Schwingung, die ihr aussendet.*

Das ist der Tag, an dem ihr eine Idee habt, die sich für euch auszahlt. Das ist der Tag, an dem ihr jemandem begegnet, der euch etwas zu bieten hat – und dem ihr etwas zu bieten habt –, und als Resultat davon kommt es zu einem finanziellen Austausch. Diese kleine Kraftanstrengung also – ihr konntet nicht sehen, dass sie euch »San Diego« näher brachte; ihr konntet es nicht sehen, denn es ist anders, als sein Auto auf ein Ziel zuzusteuern, aber ihr habt es gespürt und gewusst; und weil ihr es *gespürt* und gewusst habt, wie wichtig die Art eurer Empfindung war, habt ihr sie beibehalten und beibehalten und beibehalten ... und schon bald habt ihr nicht mehr nur *gehofft*, dass ihr die Fülle leben werdet – ihr habt es nicht nur *geglaubt* – ihr habt es *gewusst*, weil die Hinweise darauf euch so nachdrücklich umgeben.

So ebnet ihr Gedanke für Gedanke den Weg, ebnet ihr Gedanke für Gedanke den Weg. Was meinen wir mit »den Weg ebnen«? *Ihr erzählt es so, wie ihr es haben <u>wollt</u>, und weniger so, wie ihr es <u>nicht</u> haben wollt. Ihr <u>stellt euch</u> nicht mehr der Realität, ihr beginnt die Realität zu <u>erschaffen</u>.*

Eure Freunde fragen euch vielleicht: »Worauf bist du aus?«

Und ihr antwortet: »Auf lauter gute Dinge.«

Und sie erwidern: »Hast du dir kaufen können, was du dir kaufen wolltest?« Oder: »Hast du den Job bekommen, den du bekommen wolltest?«

Und ihr antwortet:»Ich bin dabei.«

Und sie erwidern:»Nein, du hast meine Frage nicht richtig verstanden. [Lachen] Hast du ihn *bekommen*?«

Und ihr antwortet:»Du hast meine Antwort nicht richtig verstanden. Ich bin dabei.«

Und sie erwidern:»Also, wenn du ihn nicht bekommen hast, hast du ihn nicht bekommen.«

Und ihr antwortet:»Oh, das stimmt so ganz und gar nicht. *Schwingungsmäßig* habe ich ihn schon. Und jetzt, da ich ihn schwingungsmäßig habe, muss er zu mir kommen – so will es das *Gesetz*. *Schwingungsmäßig habe ich ihn schon.*«

»Und woher willst du wissen, dass du ihn bekommst?«

»Weil ich mich so gut *fühle*.«

»Ach, du fühlst dich schon gut, *bevor* du ihn bekommen hast? [Lachen] – Was stimmt denn mit dir nicht?«

»Ich kenne den Prozess. Ich stehe mit meinem Wunsch schwingungsmäßig in Harmonie, und deshalb muss er sich erfüllen – so will es das *Gesetz*.«

»Woher weißt du, dass du mit etwas schwingungsmäßig in Harmonie stehst?«, fragt dein negativer Freund.»Woher weißt du, dass du mit dem, was du willst, schwingungsmäßig in Harmonie stehst?«

»Immer wenn ich daran denke, fühle ich mich gut. Ich fühle mich gut, wenn ich an mein Vermögen denke. Ich bin nicht sarkastisch, ich fühle mich nicht enttäuscht, und ich habe nicht den Eindruck, entmutigt zu sein. Ich bin optimistisch, weil ich weiß, dass es näherkommt. Ich bin sogar so optimistisch, dass ... schau, dies ist meine Liste, auf der steht, was ich damit anfangen werde. Dies ist meine Liste mit allem, was ich damit anfangen werde.«

Es gibt noch ein Spiel, das wir euch vorschlagen möchten. Dabei geht es darum, dass ihr 1000 Euro (Schwingungseuro) Guthaben auf eurem Konto habt, und diese 1000 Euro gebt ihr jetzt aus. Am zweiten Tag habt ihr ein Guthaben von 2000 Euro, das ihr ausgebt. Am dritten Tag habt ihr ein Guthaben von 3000 Euro, das ihr ausgebt ... Am 365. Tag habt ihr ein Guthaben von 365 000 Euro, das ihr ausgebt.

Während ihr dieses Geld (schwingungsmäßig) ausgebt – während ihr es *mental* ausgebt –, erschafft ihr da draußen Märkte, in die es wandern kann ... Wenn ihr einen Schwingungsmarkt erschafft, bezieht er alles, was er zu seiner Entstehung braucht, von euch. Das ist *Begierde* oder *Verlangen*. Das ist *Leidenschaft*. Daraus speist sich euer Gefühl der *Begeisterung*.

Mit anderen Worten: Wenn ihr in dieser Raum-Zeit-Realität schwingungsmäßig einem Verlangen den Weg ebnet, setzt das Dinge in Gang, auf die ihr euch nur einzulassen braucht – und schon fühlt ihr euch wundervoll. Wenn ihr euch nicht darauf einlasst, fühlt ihr euch grässlich. (Habt ihr das gehört?) Das heißt, wenn ihr euch wegen etwas wirklich elend fühlt, habt ihr um etwas gebeten, und der umfassendere Teil von euch hat es auch bekommen, und jetzt erlaubt ihr dem Rest von euch nicht, damit Schritt zu halten.

Wir wollen euch bewusst machen, dass der Fluss immer euretwegen so schnell strömt und dass ihr euch entweder mit dem Strom bewegt oder gegen die Strömung angeht – eure Gefühle handeln von nichts anderem.

Ihr wollt alles aus dem einzigen Grund, weil ihr glaubt, dass ihr euch besser fühlt, wenn ihr es besitzt. Ob es sich um Geld, einen materiellen Gegenstand, eine Beziehung oder Erfahrung, um Umstände oder ein Ereignis handelt – *ihr wollt etwas nur deshalb, weil ihr glaubt, wenn ihr es besitzt, würdet ihr euch besser fühlen; und dann stellt ihr fest, dass schon die <u>Vorstellung</u> davon euch ein besseres Gefühl verschafft, jetzt, da ihr seine <u>schwingungsmäßige Essenz</u> erlangt habt. Und dann muss das <u>Gesetz der Anziehung</u> es euch in all den Einzelheiten bringen, in denen es durch das Leben, das ihr geführt habt, für euch Gestalt angenommen hat. So muss es sein, und so <u>ist</u> es auch.*

In eurer derzeitigen Umgebung projiziert ihr (durch das, was ihr jetzt lebt) verbesserte Lebenserfahrungen in die Zukunft, damit sie, wenn neue Energien in neue Kinderkörper geboren werden, die noch nicht resistent sind (weil sie noch neu sind), den Nutzen daraus ziehen können, was ihr auf das Schwingungskonto des Massenbewusstseins eingezahlt habt – so wie ihr in *eurer* Zeit und eurem Raum den Nutzen aus dem zieht, was frühere Generationen vorbereitet haben –, denn ihr als Menschheit könnt einfach kein Leben führen, ohne nach Verbesserungen zu streben. Wir wollen euch vorschlagen, dass ihr nicht erst abkratzen müsst, um die Lücke zu schließen, und dass ihr nicht erst wiedergeboren werden müsst, um den Nutzen aus dem zu ziehen, was ihr angestoßen habt. Ihr könnt das alles hier und jetzt in dieser Lebensspanne erledigen; und tatsächlich habt ihr es auch so geplant.

Ihr habt euch gesagt:»Ich werde auf die Welt kommen, und die Vielfalt wird mir eine Idee eingeben. Und sobald diese Idee sich in mir eingenistet hat, werde ich ihr meine ungeteilte Aufmerksamkeit schenken.« Nun, haben wir euch nicht gerade genau das gesagt? *Schenkt euren neu entstandenen Wünschen eure ungeteilte Aufmerksamkeit und kümmert euch nicht um die Realität, die die Grundlage dafür bot, dass ihr diese Wünsche überhaupt erst hattet.*

Und das ist unser dringlichstes Anliegen, das wir mithilfe dieses Seminars an euch weiterzugeben versuchen: Lasst nicht euer Sein sprechen:»*Ich bin hier*«, sondern lasst euer Gewahrsein sprechen: *Es spielt keine Rolle, wo ihr seid, weil es nur vorübergehend ist.* Es ist genau wie der Zeiger in eurer Benzinuhr. Habt ihr schon bemerkt, wie schnell er sich bewegt [Lachen], besonders in letzter Zeit? Anders ausgedrückt, er gibt bloß einen *Hinweis*, mehr nicht. Er gibt nichts weiter als einen *Hinweis*.

Es manifestiert sich also nur der vorübergehende Hinweis auf eine vorübergehende Schwingung. Ihr sagt:»Nun, so vorübergehend fühlt sich das nicht an, ich lebe das schon geraume Zeit.« Aber wir sagen euch, das liegt daran, dass ihr immer wieder die *gleichen* Reaktionen zeigt und die *gleiche* Schwingung aussendet, sodass immer wieder das *Gleiche* geschieht – und doch ist es neu. *Ihr führt nicht immer wieder das gleiche Leben. Ihr führt immer wieder ein neues Leben aufgrund einer neuen Schwingung. Nur ist die Schwingung, die ihr jetzt aussendet, die gleiche, die ihr schon gestern ausgesendet habt, weil ihr die Gewohnheit habt, auch weiterhin so über alles zu denken, wie ihr gestern darüber gedacht habt.* Wenn ihr eine Zeit lang nicht mehr an dem Ort wart, an dem ihr aufgewachsen seid, oder nicht bei den Menschen, die euer Aufwachsen miterlebt haben, und wenn es diesen Ort noch gibt und diese Menschen noch leben, geht rasch dorthin und stellt fest, wie gut ihr euch einfügt, während ihr euch bewusst macht, wie viel in eurem Leben geschehen ist, das euch so sehr verändert hat, dass ihr nicht mehr die Person seid, die ihr wart, als ihr dort lebtet. Und dann macht euch klar, dass diese Art von Wachstum in jedem Augenblick eines jeden Tages in euch stattfindet.

Wir lieben eure Frage. Wir lieben die Frage:»Wie komme ich von dem Ort, an dem ich bin, an den Ort, an den ich sein will?« Und die Antwort lautet: Blickt in die Richtung, in die ihr wollt, und sprecht in die Richtung, in die ihr wollt, und werft nie einen Blick über die Schulter zurück dorthin, woher ihr gekommen seid. Und wenn ihr das durchziehen könnt, werdet ihr schon morgen Hinweise auf euer »wahres Vermögen« bekommen.

FRAGESTELLER: Erstaunlich, vielen Dank.

Abschluss des Workshops in Boston

✍ ABRAHAM:

Dieser Austausch war uns eine Freude. Wir haben den Austausch mit jedem genossen, der heute hier auf diesem Stuhl saß. Wir haben die Bereitschaft derjenigen unter euch genossen, die da draußen sitzen und geduldig zuhören, um nach dem Goldstück zu greifen, das irgendwo in unseren ausführlichen Darlegungen verborgen liegt.

Wir erzählen euch das, was wir euch erzählen, nicht so sehr deshalb, damit ihr die Resultate erzielen könnt, die ihr erzielen wollt, sondern damit die Erleichterung für euch greifbar wird und ihr wisst, dass ihr sie jederzeit wieder spüren könnt, wenn ihr danach greift.

Wir führen euch nicht zu Manifestationen, weil wir glauben, sie seien wesentlich für eure Erfahrung. Wir führen euch zur erfolgreichen Schöpfung von Manifestationen, weil wir wollen, dass ihr eure Schwingung in den Griff bekommt – denn eure Schwingung ist jetzt euer Leben.

Was ihr gerade empfindet, ist eine Mischung aus dem, zu dem ihr geworden seid, und dem, der ihr zulasst zu sein. Und nichts anderes entspricht jemals der Wahrheit. Und wenn ihr ein bewusstes Gewahrsein der Instrumente in eurer Trickkiste besitzt, die euch helfen, euch der Richtung *Dessen-der-ihr-seid* zuzuwenden, besitzt ihr jetzt die Werkzeuge, die euch helfen werden, das freudvolle Wesen zu sein, das ihr sein wolltet, bevor ihr in diese Welt kamt.

Wir wollen nicht, dass ihr ein erfolgreicher Verwalter von Millionen von Euro werdet, auch wenn ihr es werdet. Wir wollen, dass ihr das freudvolle Wesen seid, das sich an der Entdeckung erfreut, wie man so etwas werden kann. Wir wollen, dass die Reise auf dem Fluss für euch in eurer körperlichen Gestalt ebenso wichtig wird, wie sie es für euch war, als ihr beschlossen habt, in diese Welt zu kommen.

Wir wollen, dass ihr wisst, was ihr *nicht* wollt, damit ihr erkennt, *was* ihr wollt, und wir wollen, dass ihr den Unterschied spürt. Wir wollen, dass ihr die Erleichterung spürt, wenn ihr euch dem zuwendet, was ihr wollt, und wir wollen, dass ihr es deutlich spürt, wenn ihr eure Schwingung verbessert habt, wie ihr es gerade getan habt. Und dann wollen wir, dass ihr den Kitzel verspürt, wenn ihr beobachtet, wie die Universellen Kräfte um euch herum zusammenfließen und euch einen neuerlichen Hinweis auf die Ausrichtung geben, die gerade erfolgt.

Und dann wollen wir, dass ihr euch auf diese neue Bühne stellt, und wir wollen, dass ihr den Kontrast spürt, der den nächsten Wunsch und das nächste Verlangen in euch hervorruft.

Wir wollen, dass ihr die Kraft des neuen Verlangens spürt und eure schwingungsmäßige Beziehung dazu, und wir wollen, dass ihr dann wieder spürt, dass ihr in Bezug auf das, was das Leben aus euch gemacht hat, nicht auf dem neuesten Stand seid. Aber wir wollen auch, dass ihr das Wissen genießt, nun zu wissen, was zu tun ist, weil ihr es schon so oft getan habt. Und wir wollen, dass ihr bewusst nach dem Gedanken strebt, der sich besser anfühlt. *Strebt nach dem Gedanken, der sich besser anfühlt, und wendet euch dem zu, was ihr wollt – und dann spürt die neue Manifestation.*

Wir wollen, dass ihr eure Hände in den Ton eures Lebens grabt, und wir wollen, dass ihr diesen Ton *freudig* formt. Wir wollen nicht, dass es dabei nur um Ergebnisse geht; wir wollen, dass es ein Prozess der Ausrichtung ist. Wir wollen, dass es dabei um die Energie in eurem Bauch geht. Wir wollen, dass es um die Emotion geht, die ihr verbessern könnt. Wir wollen, dass ihr dadurch, dass ihr die Emotion verbessert habt, den Hinweis erkennt, der zu euch kommt.

Es hat uns gefallen, wie ihr empfunden habt, und es gefällt uns immer noch, wie ihr *empfindet*. Und es hat uns gefallen, dass ihr nicht hättet empfinden können, wie ihr empfunden habt, wenn ihr nicht empfunden hättet, wie ihr empfunden habt.

Anders ausgedrückt: Diese schwingungsmäßige Beziehung ist das Leben – und daran ist nichts Falsches. Es geht einzig und allein um das Formen des Tons.

Wir haben das mehr genossen, als Worte zum Ausdruck bringen können. Aus unserer Sicht ist das Leben grenzenlos schön. Wir wollen, dass ihr eure Welt durch unsere Augen seht (wir laden euch dazu ein), denn was wir sehen, ist wirklich einmalig und unendlich schön! Gute Zeiten stehen euch bevor als Ergebnis dieser Zusammenkunft.

Bei uns herrscht große Liebe für euch. Und wie immer bleiben wir freudig unvollendet.

Über die Autoren

Begeistert von der Klarheit und praktischen Umsetzbarkeit der gechannelten Informationen jener Wesen, die sich selbst *Abraham* nennen, begannen *Jerry* und *Esther Hicks* im Jahre 1986, ihre erstaunlichen Erfahrungen mit Abraham einigen engen Geschäftspartnern offenzulegen. Die beiden stellten gezielte Fragen über die *Anwendbarkeit der Prinzipien* des *Gesetzes der Anziehung* auf finanzielle, gesundheitliche und Beziehungsprobleme und waren von den Ergebnissen so beeindruckt, dass sie beschlossen, Abrahams Lehren einem immer größeren Personenkreis zu öffnen, der sich genau wie sie um ein besseres Leben bemüht.

Mit dem Kongresszentrum in San Antonio, Texas, als Ausgangspunkt bereisten Esther und Jerry seit 1989 jährlich an die fünfzig Städte, in denen sie vor Personen, die an diesem progressiven Gedankenstrom teilnehmen wollten, eine Vielzahl interaktiver Workshops über das *Gesetz der Anziehung* abhielten. Und obwohl führende Denker und Lehrer auf der ganzen Welt dieser Philosophie des Wohlbefindens beträchtliche Aufmerksamkeit schenkten und viele von Abrahams Konzepten in ihre Bestseller, Vorträge, Reden, Filme und sonstigen Veröffentlichungen aufnahmen, wurde das Material doch vorwiegend mündlich weitergegeben, sobald die Teilnehmer begannen, den Wert dieser Form spiritueller Pragmatik für ihre persönliche Lebenserfahrung zu entdecken.

Abraham – eine Gruppe offensichtlich nichtkörperlicher Lehrer – spricht durch Esther von einer Umfassenderen Perspektive aus zu unserer Ebene des Verstandesvermögens, festgehalten in Schrift und Ton durch zahlreiche liebevolle, herzliche, brillante und erstaunlich schlichte Essays. Dabei verdeutlichen diese Wesen unsere Verbundenheit mit unserem liebenden und führenden *Inneren Wesen* und ermutigen uns zur beherzten Selbstermächtigung unseres Totalen Selbst.

Mit dem universellen *Gesetz der Anziehung* als zentralem Thema haben das Ehepaar Hicks und Abraham mittlerweile mehr als 800 Bücher, Kassetten, CDs und DVDs veröffentlicht. Erreichbar sind sie über ihre große interaktive Website *www.abraham-hicks.com* und per Post unter Abraham-Hicks Publications, P. O. Box 690070, San Antonio, TX 78269.

Die Wunsch-
Bücher mit
Abraham

The Law of Attraction
Das Gesetz der Anziehung erleben

Allegria

ESTHER & JERRY HICKS
The Law of Attraction
Gebunden, 256 Seiten
€ [D] 16,90
ISBN 978-3-7934-2124-5

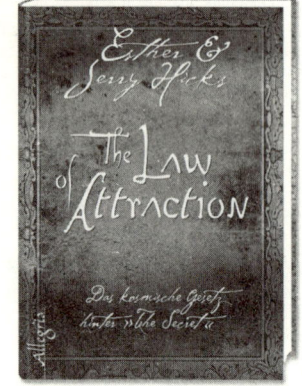

ESTHER & JERRY HICKS
The Law of Attraction
In Action - DVD
€ [D+A] 24,95
ISBN 978-3-7934-2134-4

ESTHER & JERRY HICKS
The Law of Attraction
Das Orakel - Kartendeck
€ [D] 19,95
ISBN 978-3-7934-2159-7

ESTHER & JERRY HICKS
The Law of Attraction
Das Hörbuch - 3CDs, ca.190 min
€ [D+A] 19,95
ISBN 978-3-89903-573-5